Meijie Ronghe Yu Meij
Shengchan Yan

媒介融合与媒介文化
生产研究

王俊义 ————◎ 编著

中央民族大学出版社
China Minzu University Press

图书在版编目（CIP）数据

媒介融合与媒介文化生产研究 / 王俊义编著 . —北京：中央民族大学出版社，2023.9

ISBN 978-7-5660-2244-8

Ⅰ . ①媒…　Ⅱ . ①王…　Ⅲ . ①传播媒介—文化研究—中国　Ⅳ . ① G219.2

中国国家版本馆 CIP 数据核字（2023）第 174648 号

媒介融合与媒介文化生产研究

编　　著	王俊义	
策划编辑	门泽琪	
责任编辑	陈　琳	
封面设计	舒刚卫	
出版发行	中央民族大学出版社	
	北京市海淀区中关村南大街 27 号	邮编：100081
	电话：（010）68472815（发行部）	传真：（010）68933757（发行部）
	（010）68932218（总编室）	（010）68932447（办公室）
经 销 者	全国各地新华书店	
印 刷 厂	北京鑫宇图源印刷科技有限公司	
开　　本	787×1092　1/16　　印张：19	
字　　数	282 千字	
版　　次	2023 年 9 月第 1 版　2023 年 9 月第 1 次印刷	
书　　号	ISBN 978-7-5660-2244-8	
定　　价	85.00 元	

序

　　媒介是社会发展的基本动力，每一种新媒介的产生和运用都宣告着一个新的传播时代的到来。本书以当前新闻传播学的两个热门话题"媒介融合"和"媒介文化"作为研究对象，既从理论上探讨媒介融合的历史逻辑和现实逻辑，更致力于将媒介融合置于不同区域或不同传播形态的媒介实践中，通过案例分析来丰富媒介融合研究的进路，并提供具有可操作性的建议和对策；同时聚焦各类媒介文化现象，进一步分析了当前媒介文化的社会动因，为我们理解媒介文化的走向提供一种批判、省思的入口。本书的特点在于基本上涵盖了当前新闻传播研究领域的热点问题，走出"媒体中心主义"，以泛媒介的视角考察现实世界，在研究和探讨中注意将理论研究与经验材料融合，从而做到理论来源于实践，又回归并指导实践，兼有理论前沿性和现实意义。

　　上篇"媒体融合的地方实践"统合了国家战略和媒介实践，由上到下、由下到上勾勒出各类媒体的发展现实。2014年8月18日，中央全面深化改革领导小组第四次会议审议通过了《关于推动传统媒体和新兴媒体融合发展的指导意见》，这标志着传统媒体与新兴媒体融合发展已经成为国家战略，对于全面深化改革、推进宣传文化领域改革和创新具有重要的指导意义。到2023年，媒介融合已走到了第十个年头，积累了诸多宝贵的经验和教训。这样一个历史性的时刻，正是我们盘点媒介融合的良好契机，以厘清我国媒介融合的发展脉络，并对未来的发展道路进行展望。这部分内容主要对地方主流媒体的融合转型做出总结，包括对党报、广播电视台、都市报等媒体的新闻生产实践，以及新闻从业人员的生存状况进行了较为全面的考察，展现了地方主流媒体在媒介融合中的经验和启示，希望为地方主流媒体融合转型提供一定的参考。

在下篇"媒介文化生产与实践"中，各项研究以当前各类媒介文化现象为个案，阐述了传播理论、社会理论与一系列媒介文化现象的联系，通过分析具象化的媒介文化生产实践过程，探讨媒介在当前社会文化生产和再生产中的中介作用，并试图对各类媒介文化现象做出批判性审视和再评价。这部分内容从网络游戏的媒介记忆和传播实践、网络公益传播实践、老年群体媒介实践、媒介形象传播研究、媒介与多元文化生产实践等议题出发，关注当前学术和现实领域的前沿命题。既有从媒介物质性角度出发，以摆脱人类中心主义的视角，以"犬"作为研究对象探究动物与人的交往、互动的实践，也有立足平台这一新的社会基础设施考察老年人、游戏、女性等群体的媒介展演的实践。多元内容的横纵勾连为读者展现出媒介文化生产的学术图谱，使读者认识媒介文化的具体运作逻辑和构成方式，从而提高解析各类大众文化和网络文化现象的能力。

本书在内容选取和编排上充分考虑了媒介融合和媒介文化生产的诸多面向，在一定程度上为一般读者和媒体从业者理解、掌握相关理论和知识，增长相关方面的经验指明了方向，同时丰富了相关领域的案例。感谢本书的编辑及中央民族大学出版社的各位同人，使本书终得付梓；更要感谢我的研究生刘姝冶、胡少雄、时静、屈涵、秦红星、邬宇皓、贾荣乐、刘思雨、康萌、薛艺格、张璐、李姝颖、杨欣、胡子彤、王雅茹、贾卓昀、王瑄、王睿涵等，这本书是我们的合作成果的结晶。由于笔者能力有限，本书在选题和具体内容上还存在很多不足，希望社会各界及时提出中肯批评和宝贵意见，督促我们不断进步。

王俊义

2023 年 6 月于赛罕

目　　录

上篇

媒体融合的地方实践

第一章　媒体融合背景下地方党报的转型

　　媒介是社会发展的基本动力，每一种新媒介的产生和运用都宣告着一个新的传播时代的到来。进入21世纪后，互联网已无可厚非地成为人们生活的重要组成部分，与此同时，依托数字技术和通信技术迅猛发展的新媒体深深地影响着人类的思维、工作和生活。人们获取信息的习惯因新媒体即时、快速的特点而发生改变，媒介之间的界限也因新媒体的强大技术支撑而日渐模糊。正如时髦与落伍相伴而生，相比于新媒体，传统媒体的滞后性也越发突出，这在报业方面表现得尤为显著：不仅读者数量不断下滑，其运营收益也每况愈下。无论是新闻发布还是市场运营，其主体地位早已不见。于是不断有悲观者预测，"报业寒冬""报业灭亡的时代"已经到来。2004年，报业广告第一次出现负增长，较2003年减少了12.2亿元。2005年初，全国报业广告收入陡然下降。典型的如《北京青年报》，由上年同期的1亿多元下降到17万元。2009年8月27日，《中华新闻报》正式宣布停止印刷，这是我国第一家倒闭的中央级新闻报纸。种种情况显示，传统报业遭受发展瓶颈已是一个不争的事实。

　　面对困境，北大文化产业研究院副院长陈少峰表示：传统纸质媒体人首先要从观念上做出改变，用新媒体的思维去思考问题，探寻新媒体的运营模式，这样才能拯救传统出版业，并实现纸媒的全面转型。随着"媒体融合"的概念逐渐被国内了解，新媒体和传统媒体共同进入了一个全媒体时代。由于当时的全媒体供应商倡导的"全业态、全覆盖""一次生产，多渠道发布"业务理念正好契合报业求变的急切心理，再加上国家政策层面的支持，国内越来越多的报业集团开始了全媒体战略转型的实践活动。

当下,《南方日报》《广州日报》《烟台日报》《宁波日报》《沈阳日报》等多家党报纸媒均已开展全媒体的转型实践。本章将以某地方党报为例,对其全媒体转型的程度、效果、现状及存在的困境进行研究和分析。

一、报业全媒体转型概述

(一)全媒体的概念

1.全媒体转型为实现媒体融合

媒体融合的思想最早可以追溯至传播学家麦克卢汉(McLuhan)于20世纪60年代提出的"媒介即信息"的论断。他说:"任何媒介的'内容'都是另一种媒介。文字的内容是言语,正如文字是印刷的内容,印刷又是电报的内容一样。"即没有一种媒介能够独立存在。

1978年,美国麻省理工学院的尼古拉斯·尼葛洛庞帝(Nicolas Negropagnt)提出:计算机工业、印刷出版业和广播电视业将在数字化浪潮下呈现交叠、重合的发展趋势。这种不同工业"即将、正在趋于融合"的预见奠定了"媒体融合"概念的思想萌芽。1983年,美国马萨诸塞州理工大学的伊契尔·索勒·普尔(Ithiel De Sola Pool)在其《自由的科技》(The Technologies of Freedom)一书中指出:"媒体融合,就是各种媒介呈现出多功能一体化的发展趋势。"至此,"媒体融合"作为一个学理概念被正式提出。

20世纪90年代以来,随着互联网、数字技术的不断进步,以及西方国家商业化、市场化的不断推进,媒体融合在专家、学者的诠释下日趋多元。

美国新媒体研究专家约翰·帕夫利克(John Pavlik)从技术层面定义媒体融合,他认为"融合指所有的媒介都向电子化和数字化这一种形式靠拢,这个趋势是由计算机技术驱动的,并在网络技术的推动下变得可能"。

2003年,美国西北大学教授李奇·高登(Rich Gordon)对媒体融合进行了详细的探讨和划分，称融合应包括所有权融合、策略性融合、结构性融合、信息采集融合和新闻表达融合，这使人们对媒体融合的内涵有了更为全面而具体的认识。如今，国外已经出版了诸多关于媒体融合的专著，并且专注于媒体融合具体模式的研究。

国内学者对媒体融合的研究多聚焦于对国外理论的再研究，以及在假定理论正确的前提下对新闻业务实践的指导。中国人民大学蔡雯教授是将"媒体融合"引入中国的第一人。她在整理、归纳了国外多元的观点后，撰文阐述了"媒体融合"的概念，指出"在数字技术与网络传播的推动下，媒体融合发展成为大势所趋，对新闻资源开发的影响和作用是不可估量的。具体表现为无论是作为媒介组织间的合作，还是作为未来新媒介的新闻生产模式，这些无疑都是对传统新闻传播范式的整合与重构"。清华大学熊澄宇教授认为，媒体融合指"所有的媒介都向电子化和数字化这种形式靠拢，这个趋势是由数字技术驱动的，并在网络技术的推动下变得可能"。中国人民大学高钢认为，媒体融合的本质在于"现代信息技术推进的信息传播的技术手段、功能结构和形态模式的界限改变及能量交换"。

国内外学者在定义"媒体融合"方面已有颇多建树，但因立足的语境、视角、层次不同，关于媒体融合的定义似乎难下定论。笔者认为，由于媒体融合涉及的相关系数较为庞杂，把握好媒体融合的内涵比下定义更为合理。鉴于此，笔者将媒体融合的内涵概括为三个层面，且这三个层面在实现上逐步推进。

一是介质层面的融合。介质是承载信息传播的最基础的工具，开展媒体融合的目的就是将报纸、广播、电视等传统的传播介质与借助网络技术发展起来的新型传播介质融合，最终打造出你中有我、我中有你的全媒体平台。

二是业务层面的融合。当传统介质与新兴介质的融合完成后，不同的媒介组织或组织内部的不同团队因受资本、战略因素影响，在业务操作上的交叉将更加频繁，使工作实践立足于媒体融合的大格局之下。他们使技术融合产生的便利相互取长补短、共同协作，为读者提供多种形式的内容服务。

三是管理层面的融合。业务层面的融合完成后，资本的运作、整合接踵而至。媒介组织整合媒介资源，使现有的媒介运营成本下降，提高信息传播的效益；逐步摆脱体制束缚，与其他媒介组织兼并、重组，真正实现市场化运作。最终，"传媒融合必然带来社会经济利益的调整，需要相关的制度和机构进行宏观调控和管理，以确保社会的整体平稳"。

2.以全媒体实现媒体融合

"全媒体"是一个地道的中国化产物，近些年才在我国诞生。"全媒体"在国内首次出现在《中国经济日报》刊发的一篇文章《消费真无热点》中，仅限于对声音、视觉等生理感官的描述。2006年10月，"全媒体"首次作为一个媒介术语出现在《中国传媒科技》刊发的一篇名为《引领报业走进"全媒体时代"——访北京北大方正电子有限公司总裁刘晓昆》的文章中，此后，"全媒体"作为业界概念被广泛认同。

国内自2008年始便频繁出现"全媒体"的说法，但是至今，学术界也没有一个概括性和统一性的定义，目前主要集中于三种说法：

运营模式说。最早由中国人民大学的彭兰教授提出。她认为全媒体体现为一种全新的新闻业务整体运作模式和操作体系，一种运用所有媒介手段和媒介平台的多点、多形态、多平台的宏观传播，报纸、广播、电视等传统媒体与欣欣向荣的新媒体一道共同支撑起新闻报道的过程。

媒介形态说。此种说法主要呈现一种微观视角，单纯从业务层面对全媒体进行阐释。在该观点看来，"全媒体"是媒体走向融合后的"跨媒介"产物，主要通过综合各类传统媒介形态创造出一种全新的媒介形态。

资源整合说。这种说法将全媒体看作一个集合概念，强调运用全部媒体，突出一个"全"字。具体而言，就是"综合运用各种表现形式，如文、图、声、光、电，从而全方位、立体地展示传播内容，通过文字、声音、网络、通信等传播手段来实现一种新的传播形态"。

结合以上三种观点，笔者认为应该从狭义和广义两方面来理解"全媒体"。从狭义上看，"全媒体"立足于现有传统媒体和新媒体，是所有传播介质的综合体。从广义上看，全媒体从产业发展的角度出发，综合多种信息内容，通过不同的传播介质进行传播，体现为不同媒介间的融合、互动及组合。

在明晰了定义之后，便不难发现全媒体的一些特征：

首先，全媒体在表达方式上具有多样性。全媒体充分调动了一切可以利用的表达方式，并将每个独立的媒介看作自身"全"的重要组成部分。它们既可以纸质媒介、图片媒介凸显深度，又可利用电子媒介凸显动态和真实，同时还收纳了网络媒体时效性强、储存量大、信息量多、检索方便等特性，使整体特性大于各部分的功能之和。

其次，全媒体改变了传、受双方的关系。在过去的传统媒体时代，传、受双方的角色基本上是固定的，一方只能作为传播者，而另一方只能作为接受者。但随着新媒体的不断发展，传、受双方的界限也被打破，受众不再是被动接受信息的一方，有时也会变成主动传播信息的一方。

最后，全媒体以满足不同受众的信息需求为宗旨。全媒体在开展信息传播时做到了对受众市场的细致划分，充分顾及每个受众不同的信息需求，实现了从传统大众传播到分众传播，再到个体传播的转变，深化了传播结果。

综上所述，"全媒体"体现的实质上是西方倡导的"媒体融合"在我国新闻业务层面的实践，它反映的正是"媒体融合"的初级阶段。面对当前传统报业面临的各类新媒体问题，全媒体以自身的数据平台、强大的互动性、立体布局等优势为报业创造了新的发展机遇。因此，全媒体可以真正有效突破当前传统报业的发展瓶颈，当之无愧地成为传统报业进项变革的必然选择。

（二）报业全媒体转型的推动因素

报业全媒体转型的开展并非心血来潮、一蹴而就，其背后有诸多现实因素的推动。其中，技术的进步是最重要的支撑力量，受众需求的难以满足、经济收入的每况愈下使全媒体实践开展的紧迫性和必要性大大增加，政策的开放又为全媒体的顺利进行提供了后备保障。

1.技术层面

人类传播活动的历史就是一部传播媒介不断进步的历史。对于媒介的发展，技术的作用是决定性的。如今，人类能进入这样一个高速发展的信息社会，可以说归功于数字技术的发展。数字技术可以长效、海量地储存信息，整个社会的信息传输空间因此被无限放大，使大批量信息的编辑、处理、传输成为可能。数字技术双向传输的特点改变了传统报业传播的单向度态势，让信息传播上行和下行同时进行，实现了报业与受众的沟通和交流，传播也更加稳固。此外，数字技术的通用性极强，可以标准化的逻辑部件构成各式各样的数码系统，在此基础上诞生的新媒体层出不穷，我们在日常生活中运用得最广泛的网络媒体、各种移动终端就是最好的例子。数字技术不断推陈出新，消融着传统报业的边界和发展规则。对于传统报业，唯有深刻把握住当前数字技术的力量和价值底蕴，才能在媒介变革的风云中实现自身的突围。

2.受众层面

新媒体时代到来后，受众的需求也相应发生着改变。首先，对信息的需求更加多元化、个性化。过去，由于受传统报业单向传播模式的限制，受众只能被动地获得有限的信息，尚未形成信息需求的意识。如今，受众的信息需求意识被唤醒，这得益于繁多的媒介渠道交互的传播模式，他们能够根据自己的偏向主动进行选择。其次，受众对信息的需求从特定时空的信息需求向全时空的信息需求转变。传统报业的性质决定了它与受众的关系体现为一种松散的存在，这种松散的关系导致受众对信息并无强烈的依赖感。当前，人们不仅渴望随时、随地获取信息，还希望信息24小时全时段存在，显然，这是传统报业无法实现的。受众的信息需求对传统报业施加了巨大的压力，成为传统报业开展全媒体转型的又一推动因素。

3.经济层面

传统报业因新媒体的发展而遭受到了沉重的经济打击，这种经济打击主要体现在两方面：一方面，传统报业的发行量和广告收益严重下滑。广告是媒体的生存之基。受自身局限性的影响，传统报业的受众影响和传播效果明显下降，发行量也随之缩减，无法再为广告主带来期望的收益，于是广告主们将投放意向转向了新媒体。另一方面，新媒体可以实现对同一信息内容的多渠道发布，大大降低了新闻传播的成本。传统报业则恰恰相反，新闻制作的过程中往往消耗较多的人力、物力和财力。媒体收益低，制作成本高，这使越来越多的报业陷入了困境，迫切从全媒体模式中求得生存。全媒体模式不仅可以将分散的受众重新聚合成大众，还始终以数字技术为依托联通了多种媒介产业，传统报业的产业链从此变得更加立体而丰富，充分满足了报业的经济诉求。

4.政策层面

我国的媒体长期以来实行各自经营，缺乏交流和沟通，导致媒介产业之间存在森严的壁垒，各种媒介的优势资源也无法得以合理利用。而在全媒体模式践行的过程中，终将涉及各种形态的媒介产业，因此，必须冲破阻碍媒介产业发展的壁垒。结合世界报业的变革大潮，我国审时度势，与时俱进，制定出一系列让传统新闻业"放松"的利好政策。2006年8月，新闻出版总署报纸期刊出版管理司提出"数字报业实验室计划"，积极探索"网络报纸""手机报纸""电子报纸"等多种数字出版形式和经营模式，这是我国报业转型的第一次尝试。随后，国家又制定了《全国报纸出版业十一五发展纲要》，明确强调："加强资本、产权、人才、信息、技术等报纸出版生产要素市场建设，支持报业集团和大型报纸出版机构跨地区、跨行业、跨媒体经营。"2013年11月，党的十八届三中全会审议通过了《中共中央关于全面深化改革若干重大问题的决定》，《决定》囊括了对互联网产业的治理和互联网产业自身的发展，强调要整合传统媒体，让它与新媒体一道进行内容生产。2014年8月18日，中央全面深化改革领导小组第四次会议审议通过了《关于推动传统媒体和新兴媒体融合发展的指导意见》，《意见》对当前形势下如何推动媒体融合发展做出了具体指示，媒体融合首次被提升到国家战略的层次。

二、地方党报在全媒体格局下的转型策略及路径选择

（一）地方党报全媒体转型的必要性

对党报来说，由于受内部和外部的双重压力，开展全媒体转型十分紧

迫而有必要。从内部来看，受新媒体的强烈冲击，发行了几十年的报刊的受众越来越少。面对自己用心制造的报纸无人问津，想表达想法却不能开口的现实，报社的上层领导意识到，报社必须向网络进军，借助网络之力扭转当前的困境。以某地方党报为例，从外部来看，某地的媒体发展在国内排名靠后，处在全国传媒的第三方阵，媒介整体发展水平与经济发展状况极不相称，该地属于传媒综合发展的欠发达地区。虽然目前该地共有报纸79种、期刊149种，但是除了一些主流的党报和都市报，其他进行市场运作的报纸的发行量均未超过3万份，绝大多数报纸的发行量在1万份左右，一些起步较晚的报纸仅仅3000份左右。

　　面对当今新媒体如此迅猛的发展态势，该地的传统媒体却表现为一种初级的尝试。因此，地方党报作为当地影响力最大的报纸，理应马上开启全媒体转型的探索实践。

（二）地方党报全媒体转型的策略

　　该地方党报社在2013年的党委换届之际将新媒体重构列入了当前全社的工作重点，经常组织各部门人员去其他省市交流取经，并多次召开高层会议研究融合发展的各项事宜。2014年8月18日，中央全面深化改革领导小组第四次会议审议通过了《关于推动传统媒体和新兴媒体融合发展的指导意见》，为报业的转型发展注入了催化剂。也是在这一年，该报社起草了作为本报媒体融合顶层设计的媒体融合发展方案，并获得了当地文化体制改革专项小组的批复，成为当地媒体融合的试点单位。

　　就发展目标来说，该报社的媒体融合发展计划将分三步走，在两年的时间内实现三级跳跃。第一步，要让内容、技术、平台、经营和管理全媒体五大融合基本实现，并重新构建新闻采编流程。第二步，要建立统一的全媒体传播平台，培养全媒体新闻生产人员，制作全媒体产品，让新闻实现24小时全天候传播。第三步，要实现在重大领域、重大项目及重点工作上的布局，形成大融合媒体事业、媒体产业发展体系。最终实现媒体产业转型、升级，媒介生态重构，全媒体融合发展的目标。

（三）地方党报全媒体转型的路径

虽然该报社的媒体融合方案在2014年才得以出台，但确切来说，该党报于2006年就已经开始了全媒体转型的探索。与其他报业的情况大体相似，该党报在全媒体路径的选择上先后经历了电子版初探、报网互动、拓展新媒体、全媒体生成四个阶段。

1.电子版初探

电子版是传统报业最早的"触网"形式，实际上就是将报纸的内容原封不动地平移至网络，用数字化的形式呈现，以满足受众网上阅读的需求。

2003年，该党报的电子版正式开通，一时间凸显的便利性和时效性受到读者的强烈欢迎，点击量持续攀升。2005年8月，该党报的电子版进行了第一次改版，新增加了今日导读、图片新闻、社论评论、天气预报、本报记者名单及联系方式6个栏目。2005年10月又进行了第二次改版，改版后时效性更强，实现了当天的新闻在上午便可以全部上网，且受众可以根据自己的需要查阅往日任何一期的报纸。如今，该党报的电子版还可以进行语音播报，更加人性化。

2.报网互动

电子版报纸只体现为报纸与网络的简单接触，并不意味着真正实现了报纸的网络化发展，于是，更深层次的报网互动模式诞生。报网互动的要义就是将报纸的某些精神内核或者称为"核心竞争力"的要素（如网络无法比拟的公信力、权威性等）与网络这种独具优势的传播介质结合，生成一种新的传播形式，通过这种形式实现报纸与网络优势互补、互利共赢，并逐渐融为一体。

该党报的报网融合实践秉持"一报一网"的原则。在具体实践中，其新闻网除了日常转发自身的信息，还在广播、电视及区内其他报纸上整合新闻，以实现对某一新闻事件较为集中的展现。除此之外，其新闻网还经常与该党报及其他子报系展开合作，统筹策划新闻，并使用多样化的网络传播手段进行传播。

该党报通过开展报网互动，扩大了新闻传播的范围，丰富了新闻传播的渠道，逐渐跳出传统思维的圈子，立足新媒体的边沿，努力迈出了实现自身跨越式发展的第一步。

3.拓展新媒体

报网互动尝试的顺利进行，让该党报有了更多的信心拓展其他的新媒体。目前，该党报的新媒体业务已实现了公司化运营。

2013年12月初，该党报的官方微博正式上线，同时涉足新浪、人民、腾讯三大平台。早期的微博在消息的发布上大多为一天一条或多天一条，随着后期运营经验的成熟，已实现了对新闻的实时更新、全天候更新，自身的覆盖面和影响力在这种态势中得以迅速扩大。

该党报的官方微信于2014年3月正式开通，每天用8条图文信息网罗区内、区外的新闻，时政与娱乐并重，语言形式活泼。此外还设有"微集群""手机报"和"微互动"3个点击菜单，联通了本报的其他新媒体，在便捷中增强互动。

2014年8月，该党报的新闻客户端和手机报同步开通。新闻客户端以打造当地时政、经济新闻第一平台为定位，共设置了"推荐""咨询""视界""发现"及"我的"五大版块，在囊括了文字、图片、视频、音频等各种形式的新闻的同时，还注重受众的体验，充分彰显了"媒介即人的延伸"的媒介理念。手机报分为上午版、下午版和周末版，栏目设置繁多，重大新闻与生活服务信息并重，以快速的单项传播优势成为当地移动互联网的主要舆论阵地。

4.全媒体生成

在该党报社媒体融合战略的推动下，该党报的全媒体矩阵正式生成。随着该党报全媒体转型的深入，矩阵也在不断变化并完善。

三、地方党报全媒体新闻生产机制

在观念上制定战略体现的只是"姿态性融合"，开启全媒体新闻生产才是真正达到"实质性融合"。全媒体新闻生产又叫"全媒体报道"，要求新闻从业者充分利用现代多媒体技术，在开展新闻传播工作中实行统一规划、资源共享和集成生产，以最佳的方式挖掘、开发、利用现有的内容资源，将同一题材的新闻制造出不同维度的新闻产品，在充分考虑受众的个性化信息需求的基础上，利用多媒体、立体化的传播渠道进行高效、快速的传播，最终呈现出更好、更新、更全面的新闻事件。而内容的生产是整个报业全媒体实践中最为重要的环节。

（一）全媒体新闻生产的演变过程

由于没有现成的模式可寻，该党报进行全媒体新闻生产必须尝试提高平台、内容、技术、机制的适应力，最早从局部试水开始。2014年3月，该报社进行了第一次全媒体报道，实现了大规模的媒体联动。报纸分众传播，视频声画合一，网站图文并茂，通过微博交流、互动，通过微信转发、分享，凸显了自身全媒体矩阵的强大影响力。

同年11月，该党报利用探月三期飞行器"小飞"返回地球的时机，在预落地点以全媒体的形式追踪了其降落的全过程，并在新浪、腾讯、人民微博上刊发了原创作品36条（截至2014年11月4日），包含了文字、图片、视频。第二次试水，成绩斐然，阅读量达15万人次。

通过两次局部的全媒体试水，该党报不仅积累了经验，勇气和信心也大大增加。2015年伊始，该党报的全媒体新闻生产量开始加大，在典型人物、重大事件等基础上，开始向重大会议、重大项目、专项工作等更为广阔的层面延伸。这一年，该党报首次实现以全媒体的形式报道全国和地方"两会"、全国少数民族传统体育运动会（以下简称"民运会"）、"十个全覆盖"等重大事件，不间断的全媒体实践形成了该党报全媒体报道的第一次高潮。

（二）全媒体新闻生产的内容展现

为考察该党报全媒体新闻生产的内容，本部分将选取当地"两会"和民运会作为全媒体新闻生产的时间节点。原因在于地方"两会"是该党报全媒体新闻生产的起点，民运会是该党报全媒体新闻生产相对成熟的重要中间点，从起点到中间点可以较为全面地反映其全媒体新闻生产的演变过程。

　　总体来说，从2015年初地方"两会"到年中的民运会，该党报的全媒体新闻生产在数量上、形式上都有一定的增长，报社逐渐意识到要在传播方式和传播规模上寻求突破。（见表1）

表1　"两会"和民运会期间全媒体新闻生产量统计

时间节点	文字稿件	图片	视频	微场景
"两会"	3126	2272	764	14
民运会	3512	7495	373	85

　　在该党报全媒体新闻生产的内容传播上，传统媒体与新媒体互补、互利，实现了资源的全面整合，新媒体延展了传统媒体的内容，传统媒体则使新媒体得以深化。

1.网站：专题策划，海量收集

　　网站的优势集中体现在专题的组织策划，以及对海量信息的整理和归纳上。地方"两会"期间，该党报新闻网推出专题网页，分别开设了"人大专题"和"政协专题"，以各自专题的不同角度为入口，通过图片、文字、视频、网络链接等多媒体形式开展新闻报道，以实现内容的差异化。网站在集纳了多种媒体形式的同时还集纳了多方观点，官方、各位代表、评论员、网友的观点都汇聚于此，形成了"两会舆论场"。除此之外，还特别策划了《总书记考察这一年》专题系列报道，开设了"两会报道""本网特稿""本网之声"等多个版块，实现了对"两会"360度的全景报道。

　　民运会期间，该党报新闻网虽然没有设置专题页面，但在网页上设置了"民运会"专栏，依托文字、图片、视频等对本届民族运动会中国涉及的17项比赛和包含的178项表演内容进行了集中展示，形式多元，内容丰富，以此展现民运会的宏大视野。

2.微博：实时直播，提升效率

　　微博信息传播迅捷，且通过官方认证注册，不失权威性。它在新闻传播领域，特别是重大活动或突发事件的报道中具有报纸媒体和其他媒体难以比拟的优势，已经成为第一时间发布新闻信息的首选。

"两会"期间，该党报新浪官方微博受到诸多网友的关注，粉丝人数超过了100万，并且开设了诸多微话题。全媒体报道小组利用微博平台的优势实现了消息的全天及时推送，同时以长微博和链接的形式推送该党报电子版及其他媒体的新闻报道，在交叉融合中扩大了媒体影响力。

民运会期间，该党报官方微博在即时传达比赛战况的同时，还开通了"带你去看民族运动会"微话题，使平台充分变身为一名导游，耐心地对受众进行民运会的相关解说。

3.微信：深度加工，增强体验

微信的传播优势在于强关系传播、媒体表达丰富、到达率更高。当地"两会"期间，利用微信到达率高、长文阅读的特点，该党报官方微信公众号设置了"两会视点""特刊""访谈""履职心语"等栏目，充当了本报各子媒介的内容延伸平台，每日推送8条信息，每条信息中汇聚4—5条新闻，对某一议题进行集中讨论，并采用嵌套推送的方式，达到了深度报道的效果。

民运会期间，该党报官方微信在推送原有文章的基础上，新设置了"微场景制作""微视频播出""网友微评论"等栏目，以鲜明的特色赢得了受众的青睐，增强了用户的体验和民运会报道的趣味性。

4.客户端：汇聚新闻，双向参与

客户端采用全媒体数据包的形式，推送的内容囊括了图片、文字、声音、视频、H5动画等，不仅汇聚了大量的新闻内容，而且真正实现了全媒体延伸拓展。当地"两会"期间，该党报新闻客户端开设了"两会快讯""两会直播""两会印象""总书记考察这一年"等特色鲜明的栏目，对"两会"进行同步直播，使用网络化语言表达方式使得重大政治报道更接地气，受众阅读体验更加活泼。于此同时，为进一步做好宣传，服务"两会"，该党报利用新闻客户端免费向人大代表和政协委员推送"两会"报道，实现了受众与主角的双向参与。

民运会期间，其新闻客户端以"家"为主题，用6期配乐微场景将56

个民族的文化渊源、文化特点及本届民运会的各民族体育项目的起源囊括其中，使民运会的宏大视野在新媒体平台上得到了集中的体现。

5.手机报：精准推送，便于接收

新媒体时代，手机报的优势在于对网络环境要求不高、方便接收、强制订制、精准推送，且内存占用少，易于保存，特别适合特殊人群的消息接收，如"两会"代表。在当地"两会"期间，该党报旗下的手机报设置了"两会特刊"，分为上午、下午版，充分整合会内、会外和社内外媒体的重点、热点、观点、亮点、看点、爆点新闻，做到快速发送。另外，还设置了"两会联播""两会视点""两会直播间"等专题版块刊发图文快讯，在会议现场阅读率颇高。

民运会期间，该党报旗下的手机报推出了"民运会专刊"，以极具特色的微视角设置了"民运会知多少""赛事大剧透""带您看比赛"等版块，旨在为受众提供一种全新的新闻样式。

6.纸媒：特色编排，升华汇总

在新媒体时代，传统纸媒要继续发展下去，必须掩盖劣势，发扬优势。因此，纸媒的当务之急是实现对各类信息的特色编排和汇总升华，努力以有限的版面向读者传递最有价值的信息。

"两会"期间，该党报充分发挥党报的权威性和影响性，组织推出9个整版的专题报道，策划9个重点选题及"总书记考察这一年"栏目，以"认识新常态，适应新常态，引领新常态"为主题策划了众多栏目，图文并重地展现了"两会"的盛况。

民运会期间，该党报以特刊的形式，从民族团结、竞技体育、民族文化、地域风情、音乐生活、全民健身等多种角度策划专版，同时设置"民族运动会直播间"，准确、即时地传递当地运动员所获佳绩及赛场内外的风采。此外，还推出了不同民族代表团的报道，通过记录他们的参赛感受来展现不同文化的碰撞和融合。

（三）地方党报全媒体生产的创新点

全媒体新闻生产中，该党报积极尝试运用网站、微博、微信、客户端、手机报和纸媒进行联合报道，产量之多，超越从前，再次为自己积攒了能力，增添了经验。正如成功从来都不是空中楼阁，骄人的战绩背后是与时俱进的创新体制。

1.创新全媒体机构

在报业全媒体时代，为了实现对新闻信息资源的整合利用，该报社在"中央厨房式"全媒体中心还未建成的条件下首次成立了全媒体报道小组，组成一个内部的临时"通讯组"。这个临时"通讯组"由各子媒体选派的优秀的记者和编辑组成，由总编辑担任组长，在后方坐镇指挥，副总编辑为副组长，指挥前方的采访和报道，明确责任、分工和流程，设置了夜晚值班、一线采访、融合和协调、新媒总监、编辑统筹、保障服务等多个报道环节和岗位，为全媒体报道的顺利开展提供了有力保障。

2.创新全媒体流程

该党报在全媒体新闻生产过程中利用互联网技术搭建起QQ群和云平台数据库，使各个部门的编辑、记者做到了充分、有效地沟通。对记者来说，他完成的稿件不再只为一张报纸服务，而是时刻满足媒体的多样化需要，让自己的稿件涉及的内容更加全面。对编辑来说，记者发送到QQ群中的稿件都是总编辑审核过的，他们可以根据自身所在平台的特点进行二次加工，稍作修改后使用。全媒体流程的创新让该党报的新闻生产真正实现了"一次采集，多媒体成品"。

3.创新全媒体传播

新媒体因具有极强的互动性和时效性，在党报进行全媒体转型时扮演了重要的角色。该党报的编辑和记者围绕各个媒介形态的特点开展了新闻生产工作。如微博的时效性较快，记者便利用它将自采的稿件在第一时间向外发布；微博还能实现"两会"的图文直播，让公众在第一时间了解到"两会"信息。门户网站、微博和微信较之其他媒介互动性强，编辑便借此在平台上设置了"网友评论""网民心声"等栏目，以实现民声和民意的集中汇集。手机报对信号的要求相对低，彩信形式方便查阅和保存，可以有效提高内容的传播率。该党报正是在这样的传播创新中保持了权威性，同时增强了时效性。

4.创新全媒体表达

传播技术的进步也萌生了新的社会文化，各式网络语言的诞生可谓是最鲜明的例子。网络语言的诙谐性质不仅仅使传播的内容迅速吸引读者的眼球，在一定程度上也大大拉近了媒体与读者的距离。该党报在全媒体新闻的生产中充分看到了网络语言的优势，新闻报道中严谨的长句等不断减少，表达方式逐步倾向于短语和口语化。使用网络语言进行新闻表达能让新闻标题的风格更加清新，同时也有效改变了长期以来党报留给受众的严肃印象。

从该党报的全媒体新闻生产来看，经过全媒体报道小组的努力，虽然能够基本实现对新闻资源的合理利用，但生产出来的并非真正意义上的融合新闻，充其量只是为零散的新闻定做了一个"集装箱"。全媒体环境下，想真正形成融合新闻，就要让不同形态的媒介内容更方便地实现嵌入，根据各个媒体的传播特点和需求被重组和分装，各个媒体从新闻采写上实现分工不同，以满足受众个性化的需求。地方"两会"与民运会期间，虽然新闻报道的产量很高，但还没有一篇新闻稿件是针对不同媒介的特点进行多层次、多角度挖掘和传播的；除此之外，前方的全媒体记者在采访过程中还没能形成合力。所以，就该党报而言，融合新闻尚未出现。

四、地方党报全媒体转型的不足与解决方法

该党报的全媒体转型正处于发展阶段，经过一番努力试验，拓展了各种新媒体平台，革新了采编渠道，并在全媒体新闻生产上取得了不错的成绩，但新媒体平台上所发文章原创率不高、活跃度较弱、从业人员全媒体素养不强等问题也非常明显。

（一）地方党报全媒体转型的不足

问题的存在，不仅使该党报的全媒体实践受阻，还影响着其新闻业务的具体操作。该党报要获得全媒体转型的成功，必须及时发现问题，扭转观念。

1.内容"精英主义"严重

作为传统党报，该党报拥有专业的生产团队，并且能制作出优质的内容，这是其最突出的优势。但如果在全媒体转型过程中过多地展现"内容为王"的优越性，就会陷入内容的"精英主义"的思维定式，认为只要将内容做好，就是做好了本报的全媒体新闻生产。通过问卷调查发现，这种观念在该党报的编辑、记者群体中普遍存在。此外，在该党报地方"两会"和民运会的全媒体新闻生产中，官方微博、微信的阅读量和原创数较少也是有力的证明。报业全媒体时代是一个需要改变媒体的身份的时代。在过去，媒体是一种稀缺性资源，受众因为受信息传播渠道有限的影响而不得不去接受传统媒体提供的内容；到了报业全媒体时代，由于各种新媒体的开拓大大增加了受众获取信息的途径，传统报纸在内容生产上很难再现光芒，对受众来说，媒体认为好的内容未必是他们真正需要的，他们真正想看的是媒体根据他们自身的需求设计的专属新闻。因此，对传统报业来说，必须改变这种维护自身内容的精英主义的高传播姿态，在全媒体转型过程中不应只关注利用新媒体平台生产了多少新闻，而要实现对用户精准的定位，根据受众的不同需求和喜好对生产的内容进行重新设计，将最合适的新闻内容提供给最想看的人。

2.以传统媒体思维运作新媒体

综观该党报的全媒体转型实践，虽然各个新媒体在内容生产的流程中都有所改变和创新，但总体来说还是局限于传统媒体的运作模式。此现象在其官方微博和微信上表现得最明显。其微博虽然有效利用了平台自身传播信息快速的特点，但在发出的新闻中以网页链接的形式充斥着大量纸媒上的原有信息。微信方面，其原创率虽较其他平台略高，但表现出的仍是对原有报纸新闻内容的查漏补缺。可见，该地方党报并没有将拓展的多种媒体视为独立的存在，更没有依照内容生产、发展模式和经营管理的规律来开展新媒体平台的运营。传统媒体和新媒体本是两条平行线，各自遵循着不同的传播规律，而某地方党报要真正实现全媒体转型，就要摒弃"将新媒体视作传统媒体的延展平台"的运作思维。

3.重视渠道拓展而忽视传播效果

目前，该党报在全媒体转型过程中只是一味地追求新媒体的平台搭建，而忽略了所产新闻的传播效果，党报旗下的各个新媒体平台互动性不强，活跃度也较低，评论数、点赞及转发率都与其粉丝的数量严重不匹配。而对运营新媒体平台的编辑来说，他们对自己的平台目前的粉丝数量及每天的增产量相对满意，只会记得一些获得较大阅读量的文章，对平台内容的整体阅读量并不关心。这些都是忽视新闻传播效果的表现。良好的传播效果不仅是一条新闻报道是否得到了有效传播的依据，还是衡量报业开展全媒体实践成功与否的标准。对该党报来说，开展全媒体转型的目的是使自身摆脱当前的困境，重新获得影响力。开展各新媒体平台的建设固然是必要步骤，但也不能只顾及延展渠道，而忽视了受众的需求，否则全媒体转型终将是一纸空谈。

4.缺乏全媒体人才

人才是体现报业竞争力的重要因素之一，直接决定报业开展全媒体转型的能力和速度。报业全媒体时代需要的是具备互联网思维、新媒体运营经验的专业人才，唯有这样，才能摆脱对传统母报的依赖，不断向新的媒介领域拓展，创造出新的媒介产品，发展新的盈利渠道，真正促成各媒介的融合发展。而该党报虽然各媒介运营人员的配备和就位情况良好，也实现了公司化运营，但相关人员几乎是从过去的传统媒体抽调过来的，极度缺乏精通系统编程、大数据、云计算、产品运营、整合营销等的新媒体制作团队。而就现有的新媒体工作人员来说，薪酬待遇往往较低，再加上工作性质不稳定，晋升空间小，他们往往不会在新媒体岗位上停留太久。此外，现有的媒体人才引进机制以招考制为主，大大缩减了报业找寻合适媒体人才的机会。

（二）地方党报全媒体转型的改进方法

1.建立融合新闻思维

融合新闻是报业开展全媒体转型过程中各媒体融合后的产物，对报业来说，生产融合新闻是提升自身传播影响力的重要途径。针对当前该党报全媒体新闻生产中融合新闻还未出现的情况，要从以下两个方面加以优化：

优化内容采集链条。该党报的全媒体新闻生产虽然能初步实现媒体的共同协作，但是在人力资源上浪费严重。针对这种情况，必须马上优化内容采集链条。好的内容采集链条好比一条专用的生产线，在生产线上的记者们各就其位，各司其职，按指令实现了新闻采集工作的分工，既节省了人力资源，又提高了经济效益。

对内容进行多层次开发。在该党报的全媒体生产过程中，虽说有可以借助云平台进行二次加工的稿件，但总体来说，没有根据不同媒介的特点进行多层次、多角度的深层挖掘是直接导致新媒体平台新闻同质化、阅读量不大的原因所在。融合新闻的内容虽说是通过不同的媒介组合而成的，但这并不代表可以单纯地将信息按顺序排列，而是要变革新闻生产的方式。由于全媒体涉及的平台较多，且各具特色，在生产融合新闻时，要根据各媒体的媒介特征和传播特征对新闻素材进行多层次的开发，以保证这些新闻在各个媒介平台上凸显较高的品质。与此同时，还要根据受众的不同需求进行多角度的开发，以形成多形态的内容产品，实现内容增值。

2.加强传播效果，满足受众需求

该党报的全媒体转型之所以效果不佳，还是源于对受众的忽视，在传播者本位思想作用下，缺乏对受众的深层了解和洞察，终究难以与受众建立良好的关系。因此，有必要在以下三个方面加以改善：

开展受众调查。受众调查是新闻传播机构为了解受众的基本情况和征求受众意见而进行的调查。对该党报来说，在实行全媒体战略之后开展受众调查的意义更加重大。通过受众调查，该党报可以有效地判定本报当前的全媒体新闻生产情况，了解受众的新闻喜好及媒介接触习惯，有助于自身及时转变观念，从用户角度考虑传媒产品的生产，最大化地黏住用户。具体来说，该党报可以在其新闻网上设置电子调查问卷，并以链接的形式与本报的微博、微信、客户端等新媒体平台连接。这样做不仅能实现受众的全覆盖，还能直接彰显不同平台上的受众特点。

建立受众信息数据库。受众数据库中包含了受众的姓名、年龄、职业、兴趣、收入等各方面的信息，根据这些数据可以了解受众的媒介接触行为及信息订阅趋向，从而实现新闻产品对受众"一对一"的精准投放。此外，借助受众数据库还可以实现广告投放商对客户群的准确定位，在为受众提供增值服务的同时提高受众的满意度。

让受众参与新闻生产。与用户协同进行新闻生产打破了传统新闻报道的封闭模式，已成为当今报业开展全媒体转型的趋势。通过开展对话交流，媒体可以较为清楚地知晓受众对新闻产品的要求，采用这种方式也可很好地展示媒体自身的优良服务。针对当前报业全媒体转型的情况，受众参与新闻生产的方式应较过去有所改变，要把目光更多地投在新媒体上。

3.加大人才培训与引进力度

人才是报业实现全媒体转型的保证，各大报业开展全媒体转型以来，都很注重对人才的培训。对该党报而言，可以根据以下三点进行人才培养：

面对当前该党报新媒体人才缺乏的情况，唯有通过培训现有人才的方式，才能实现最终的全媒体转型。在激活人才方面，要从分层培训和全能培训两方面考虑。分层培训方面，要对老员工和新员工进行不同类型的培训。对老员工而言，要增强他们对全媒体的认识、了解，促进他们对全媒体的使用；对新员工来说，则需要增强其互联网思维。全能培训方面，要为编辑和记者配备全媒体装备，针对每个记者的特长进行反向培养，使一个记者承担多技能、多介质的内容传播。此外，还要注意加强员工的全媒体协作意识，使他们在完成自己的任务的同时配合其他人员的工作，真正成为适应本报全媒体发展的复合型人才。

引进新媒体人才。该党报要创新人才的引进机制，开通一条适合本报全媒体发展的选人通道，让每个部门的负责人拥有一定的用人自主权。面对优秀的新媒体人才，应打破以往的考核限制，或是以开展项目合作的形式进行软性引进。改变新媒体人才平均化的工资待遇，按照市场化的原则分配薪酬。此外，还要让这些出色的技术人才进入报业的管理层，真正投身于本报的全媒体转型实践中。

考核激励人才。培训能够做到的只是观念的升级，加强考核和激励，才能真正在观念上实现落地。在考核方面，可设立适用于互联网传播规律的考核机制，建立以编辑、记者供稿数量、稿件点击率、阅读量等为考核标准的打分机制，并参照相应的指标分发稿费，以激发他们参与新媒体创作的积极性。在激励方面，要让新媒体的运营权实现充分下放，以"内部孵化器"或"项目制"的形式向报社内的全部员工开放，增强全社人员的全媒体观念，加速全社人员的转型。

4.完善组织内部沟通渠道

报业企业一般规模较大，内设机构和下属单位较多，经常会因为内部条块分割严重而出现沟通不畅的情况，党报在这一点上体现得尤为明显。笔者通过深度访谈和问卷调查发现，该党报在内部沟通上断层明显，因此，需立即改进当前的沟通机制。

（1）下行沟通

下行沟通体现为企业管理层将各项指令、措施、政策等传达给基层员工的过程，是实现企业有效管理最主要的手段之一。管理层要及时将各类危机、构想、方案传达给基层员工，让每位员工明确自己在本报全媒体战略实施中的责任；同时要定期下达全媒体考核的通知，将全媒体转型真正提升到战略高度。

（2）横向沟通

开展横向沟通可以将各部门原本各自为政的状态打破，增进员工之间的了解，促进相互体谅，从而使员工改变态度，提高当前工作的效率，并且在全媒体新闻生产中避免出现新闻"撞车"及"盲区"。

（3）上行沟通

上行沟通体现的是基层员工向报业的管理层传达信息的过程。对报业来说，基层员工日常涉及的工作都体现为新闻生产的实际操作层面。而管理层想及时了解本报当前全媒体转型的实际情况，就要多聆听一线员工的想法，并了解他们在工作中遇到的困难。

5.积极拓宽盈利模式

从国家政策方面来讲，大力倡导媒体融合的目的就是要主流媒体传播主流意识形态，坚守舆论阵地。但对报业自身来说，实施转型战略就是为了扭转当前的报业危机。因此，报业要充分顾及舆论和盈利两种诉求，围绕着党报与市场的契合点积极探析盈利渠道。

针对这一方面，该党报应当继续开拓广告市场，虽然当前纸媒的广告已普遍呈现出衰微之势，但只要积极与新媒体融合，以为受众提供新服务、新产品为导向，一定会找到新的增长点。该党报还可以充分利用自身的平台优势，以联合主办、合作经营等方式引进社会资金。此外，还可以积极利用国家对文化产业的扶持政策，大力开发项目。

参考文献

[1]吴建."寒冬"论中看中国报业的乐观前景及风险因素[J].西南民族大学学报（人文社科版），2009（1）.

[2]郑强.从传统报业到全媒体的探索之路[J].传媒，2008（10）.

[3]林晔，任丽君，沙骏，续子恺.共享资源，协同再造——《解放日报》报业集团全媒体多通道数字出版系统介绍[J].中国传媒科技，2009（6）.

[4]高钢.迎接媒介融合的时代[J].新闻与写作，2009（7）.

[5][加]马歇尔·麦克卢汉.理解媒介——论人的延伸[M].何道宽，译.北京：商务印书馆，2000.

[6]石磊.分散与融合——数字报业研究[M].北京：中国社会科学出版社，2010.

[7]喻国明.中国传媒发展指数报告（2014）[M].北京：人民日报出版社，2014.

[8]崔保国.传媒蓝皮书：中国传媒产业发展报告（2015）[M].北京：社会科学文献出版社，2015.

[9]吕珍慧.媒介融合及其悖论[D].广州：华南理工大学，2011.

[10]周慧敏.全媒体时代的报业转型——以《新安晚报》为例[D].合肥：安徽大学，2013.

第二章　媒体融合背景下地方都市报的转型

一、地方都市报融媒体转型的研究意义

（一）报业融媒体转型的时代背景

近年来，互联网的高速发展已经成为社会生活中最重要的部分，以互联网技术为支撑的新媒体也在不断推陈出新。4G网络的普及加之5G通信技术的到来，使得移动端代替了早期计算机端的地位，拉开了媒介新时代的帷幕。网络技术、通信技术及高科技在智能设备上的应用不仅促进了社会的发展，也深深影响着人们的思维方式和日常生活。用户获取信息的渠道发生了颠覆性的变化，阅读习惯和消费习惯也在逐渐改变，传统纸媒在互联网时代受到了前所未有的冲击。

2005年起，从传统报业大国美国开始，报纸遭遇了前所未有的危机，越来越多的报纸开始停刊，即使一些开始转型发展的报刊，也难以避免地陷入了发行量下降、读者流失、经营利润下滑等困难局面。尽管媒体机制不同，但我国报业遭遇的危机程度并不比美国轻。自2004年报业广告第一次呈现出负增长的趋势之后，颓势似乎无法阻挡。数十年间，多家报纸停刊，就连中央级的新闻报纸《中华新闻报》也在2009年停止了印刷。经过了十余年的挣扎和尝试，传统报业仍未摆脱危机。仅2018年上半年的不完全统计就显示有20余家报纸宣布停刊，更不要说没有稳定支持，需要自给自足的都市类报纸。

随着媒介融合不断深化发展，新的趋势开始颠覆传统价值，融媒体转

型和积极探索新的新闻生产运作机制已经成为传统媒体为符合市场需求、保持自身活力、在新的媒介环境中找到立足之处的必要办法，国内传统报业纷纷走上融合道路，试图自救。值得庆幸的是，通过不断的尝试和努力，有不少传统媒体已经在媒介融合的大环境中探索出了适合自身发展的道路，在有效保持了自身生命力的同时，试图在当前被新媒体占据巨大份额的媒介市场中分一杯羹，如较早开始进行转型实践的《南方周末》《新闻晨报》《华西都市报》《楚天都市报》等。

不可否认的是，在"人人都是传播者"的时代，传统纸媒的采访权、公信力、内容生产能力、新闻传播能力、专业的采编队伍等优势在媒介融合时代依旧有着巨大的价值。在此背景之下，地方都市报作为在各地区有着较为深远的影响力的报纸，它的公信力和一直以来树立的有社会责任感的正面形象使它在当地报业市场中竞争力不俗。积极进行融媒体转型的探索实践是地方都市报在"报业寒冬"的现状中生存下去的必要举措，同时也是报社在当前这个互联网时代、大数据时代和媒介融合时代面临的重要挑战和机遇。但地方都市报的融媒体转型探索从何而起、程度如何、效果如何，以及现状如何我们都不甚了解，因此当下对地方都市报的融媒体发展研究具有一定的价值。

（二）报业融媒体转型的研究现状

"融媒体"是国内学者和相关从业者基于美国学者尼古拉斯·尼葛洛庞帝的"媒介融合"概念进一步提出的，即"充分利用互联网载体，对既有共同点，又有互补性的不同媒体进行整合"，立足于整个媒介市场对传统媒体的融媒体转型进行探讨。潘婷在《传统报业的全媒体转型战略》中提出："为了在激烈的市场竞争中占据一席之地，报业必须根据时代的发展趋势改变运营模式，找到适合自己的发展战略。"曹继东在《融媒体时代的传统报业转型发展路径探析》中认为"融媒体时代，传统报业转型发展的路径依赖问题，实质上是学界和业界对传统报业转型发展问题在理论和实践上的探索惯性造成的"。史康宁在《整合资源，掌控终端，实现多赢——传统报业向新媒体转型升级的战略探析》中探讨了新媒体与传统媒体的关系，认为"传统媒体与新媒体相互补充、促进，能够使双方的价值都得到放大"。另外也有一些研究展现了传统媒体在融媒体转型的过程中采取的独特路径，如陈彦博在《引入民间资本进行新媒体转型 —— 以上海报业集团为例》中阐述了上海报业集团除了应用现代媒体技术，"利用民间资本的力量，扩大自身国有资本的影响力，引入战略投资者，进行新项目的创业孵化"。这类研究为当前的报业融媒体转型提供了新的思路和方向。

二、地方都市报融媒体转型的机遇

"传播形态持续演变，要求我们通过深度融合占据制高点。面对传播形态的深刻变化，只有推进媒体深度融合，才能巩固、壮大主流舆论阵地，牢牢掌握舆论主导权。只有推进深度融合，传统主流媒体才能走出一条持续发展的新路。"因此，在媒介融合后半场的今天，都市报如果仅仅依靠提供资讯、关注社会新闻，并且按照如此之模式继续发展，那么其价值和地位无疑岌岌可危。地方都市报走上融媒体转型发展的道路主要有媒介政策的引导、传播技术的支持、用户需求的推动、自身生存的压力这几方面的原因，而这些原因体现的既是都市报的挑战，也是都市报的机遇，更促使其自身在当前都市报分外艰难的环境中必须迈开脚步，敢于革新，哪怕环境多变、路途艰辛。

（一）媒介政策的引导

长期以来，我国的媒介产业之间都存在一定的隔阂和壁垒，导致各个媒介优势资源的开发和利用不能达到最合理、最优化的状态。从一定程度上说，这是我国媒体实行各自经营，从而缺乏沟通和交流导致的。"融媒体"的概念在这种环境下应运而生，其践行的过程必定涉及各种形态的媒介形式，有利于消除隔阂，打破壁垒，实现媒介资源最大化的开发和利用。

报业的变革是不可逆转的，这不是我国媒介环境中的特殊现象，而是世界范围内传统纸媒进行改革转型的时代大潮作用的体现。在这种背景之下，我国首先从政策层面对传统的媒体行业投入了极大的关注，把握时代的脉搏，紧跟时代的步伐，提出了一系列关于媒介融合环境下传统媒体应当有何作为，以及相关的导向性政策，对传统媒体如何更好、更高质量地进行转型也提出了重要的指导意见。

对于媒介融合，新闻出版总署报纸期刊出版管理司早在2006年8月就提出了"数字报业实验室计划"，从而打开了各家传统报纸对多种形式的数字刊物进行探索的局面。在《全国报纸出版业十一五发展纲要》提出后，国内的诸多媒体开始组建跨地区、跨行业、跨媒体经营的报业集团，响应政策的号召，纷纷投身于全媒体战略的实施。2013年，《中共中央关于全面深化改革若干重大问题的决定》强调要整合传统媒体，让它与新媒体一道进行内容生产。2014年，媒介融合上升为国家战略。党的十八届三中全会提出要整合新闻媒体资源，推动传统媒体与新兴媒体融合发展的重大任务。2017年，时任中宣部部长的刘奇葆同志提出要推进媒体深度融合。2019年，习近平同志在中央政治局第十二次集体学习时强调：推动媒体融合发展、建设全媒体成为我们面临的一项紧迫课题……媒介政策的不断推进为传统媒体在媒介融合时期的发展提供了导向。"推动传统媒体和新兴媒体融合发展，是党中央着眼巩固宣传思想文化阵地、壮大主流思想舆论作出的重大战略部署。"正是在这样的背景之下，地方都市报响应政策号召，积极投入融媒体转型的探索中。

（二）新兴技术的加持

云计算、大数据、物联网、人工智能等各种新技术和新应用正在改变信息传播方式，互联网的下半场也早已经拉开帷幕。从媒介融合概念的提出到传统媒体开始在行业内进行全媒体践行试水，再到融媒体转型几乎成为传统媒体改革发展的必经之路，媒介融合实践成功与否可以说直接关系到传统媒体能否在新时代、新媒体的冲击中继续存活，其中，传播技术起到了极大的决定性作用。

传统媒体在融媒体转型阶段最缺乏的就是对传播技术的积累，不能自行掌握技术发展的趋势是媒体融合发展的软肋。但从另一方面来讲，媒体融合的发展必须借助最新的传播科技来打通资本市场。值得庆幸的是，传播技术的快速发展、高科技设备的逐步普及、智能操作软件的不断推出等都为传统媒体在媒介融合的背景下对技术的掌握提供了便利和支持，从而使传统媒体寻找新的传播方式和传播途径，不必受限于原有的单一渠道。在这样的背景下，地方都市报积极引进新的传播技术，探索多元化的内容传播形式。

随着 4G 网络、Wi-Fi覆盖、移动便携设备的普及，移动端成为当下进行信息获取最重要的渠道。地方都市报对手机客户端、微博、微信、微视等适用于移动端的媒介产品进行技术投入，并利用其内容生产的便捷性，使之在任何时段、任何地点向受众传递信息。不少都市报社还购入了航拍器等先进的拍摄设备，利用新颖的拍摄效果，打破了以往单一的图片展现形式的局限，生产出更受用户喜爱的内容。

新媒体日新月异的传播形态使得它与传统报业之间的壁垒渐渐被打破，传播技术的支持使传统媒体在媒介的选择上更加灵活，从而可以将信息更快、更好、更大范围地进行传播。也正是这种技术的推陈出新，使得地方都市报在融媒体转型发展的道路上如虎添翼，突破了自身的限制，实现了传统与变革的突围。

（三）用户供需的驱动

新时期，媒体的受众不再是传统的传播关系中被动的接收者，他们在成为信息的消费者的同时，也成了主动生产信息的用户。相比于过去，用户更富有理性和个性，但也更具有主观能动性。因此，用户的需求成为媒体在转型时期必须考虑并参考的因素，这也在很大程度上推动了传统媒体的融媒体转型发展。

从信息消费习惯来讲，过去的受众对媒体而言是十分稳定的，受众的习惯很大程度上决定了信息的消费习惯。过去的受众每年订阅报纸，每晚收看《新闻联播》，每天听固定的广播节目，等等；但当受众的身份逐渐转化为用户之后，这种消费习惯相对而言就不再那么稳定了。对于信息接收的时间、内容、渠道、形式，用户都有非常强的自主选择性，不必再被动地单向接受媒体传播的内容。因此，如何吸引用户的注意力，迎合用户的喜好，就成为当下地方都市报迫切需要思考的问题。用户既要选择有权威性的内容，又要对新闻内容的呈现进行筛选，以往报纸上形式单一的新闻不再是新时代的"香饽饽"。为此，加快融媒体转型的脚步，利用多渠道、多形式的传播最大限度地挽留用户是都市报在用户不受任何限制的筛选下占有一席之地的关键。

从对媒体的态度和与媒体的关系方面来讲，过去媒体的权威性使得受众对媒体持认同态度，很多时候，他们都将媒体传递的信息奉为真理，全盘接受。地方都市报也在这个阶段积累了良好的口碑和公信力，树立了具有社会责任感的形象。但随着网络的发达、信息获取渠道的拓宽，任何人都可以通过网络寻找需要的信息，获取知识并提出问题，正因如此，受众在转变为用户的身份后对传统媒体的态度也与过去大相径庭。当前很多时候，用户对媒体都是带着挑剔和怀疑的眼光，逐渐开始用平等的态度甚至俯视的视角去对待媒体，传统媒体渐渐失去过去的无冕之王身份。用户需要的不再是一个高高在上的"老师"，而是能够满足自己切身需要的朋友。因此地方都市报急需转变过去单一、刻板的形象，通过融媒体转型向用户展现新的活力。

在媒介融合时期，用户群体越来越庞大而分散，需求也越来越个性化、私人化。这种变化促使地方都市报开始深入了解用户的各种需求，并将之转化到媒介产品生产的过程中，从而更好地推进融媒体转型，在与同类媒体竞争的过程中努力展示自己的独特性和不可替代性，使用户认可自身的价值。而对于用户的细分，都市报融媒体转型也必将纵深发展，传播方式也将从传统的单向传播向交互传播转化。

（四）自身经营的重压

在当前这个互联网信息时代，媒介渠道也随着技术变革不断多元化发展，受众的信息来源渠道不断增加，陪伴了好几代人的纸媒似乎日渐衰落，一批又一批的纸媒与时代告别。

面对当前的困境，无论是业界还是学界，都有很多人认为报业从此将一蹶不振，纸媒必将消亡。与电视、广播相比，纸媒的危机似乎确实表现得更强烈一些，自从2005年报业开始下滑，"报业寒冬"四个大字对于每份报纸，似乎成了悬在头上的一把达摩克利斯之剑。发行量锐减，读者大量流失，成本逐步上升，利润直线下降，广告收入减少……这一系列问题严重困扰着"寒冬"时期的报业媒体。曾经作为各家报业集团的"经济巨人"的都市报，在"寒冬"到来之际更是先人一步倒下。2018年初，《渤海早报》宣布自1月1日起休刊，《白银晚报》也于2018年开始放弃纸刊出版。《台州商报》《湘潭晚报》《新疆都市报》《北京晨报》《今晨6点》等都市报也都宣布正式休刊。2018年年中，中国记者网发布了《关于统计休刊和无法正常出版报刊有关情况的通知》，统计全国长期休刊及不能正常出版报刊的具体情况。据不完全统计，2018年上半年停刊的报刊有20种左右。2018下半年，不少报刊和杂志相继休刊、停刊、调整出版周期或拓展新领域，如《重庆商报》和《重庆晚报》宣布周六、周日不再出版，《淮海商报》将与《淮海晚报》合并出版。最令人扼腕叹息的是，中华人民共和国成立后的第一张晨报——《黑龙江晨报》也宣布自2019年1月1日起停刊。

都市报之所以受到如此大的冲击，一方面是因为其本身在创办初期，大多数都是归属于各个机关报的子报，是机关报改革中的衍生物，而获取利润、走向市场、探索报纸的新机制都是都市报凸显的与党报截然不同的商品属性。对地方都市报来说，都市报的性质使它不像党报那样有稳定的资金支持，发行量减少、读者流失、成本上升、利润下降、广告流失等问题使长期以来一直自负盈亏的都市报受到沉重的打击。另一方面，地方都市报基本上一直以贴近读者生活的社会性、服务性内容为主，而新媒体在新时代的时效性、内容丰富性、受众互动性等诸多方面远优于都市报，任何自媒体和个人都可以通过网络渠道即时发布信息，这使得都市报原本具有的亲民优势被大大削弱，也不再具有不可替代性。同样，在发出主流声音上，地方都市报也始终不具有党报、机关报的优势，而使它得以安身立命的在社会性问题上的发声也有诸多限制，这些都造成了都市报在报业市场上举步维艰。所以，在媒介融合的后半场，都市报如果仅仅像从前一样按照提供资讯、关注社会新闻的模式继续发展，那么其价值和地位就岌岌可危了。

综上所述，地方都市报进行融媒体转型并非心血来潮，这种转型也不是一蹴而就的。实际上，报纸依然有许多自身优势，而所谓的"报业寒冬"所体现的，一方面是"危"，另一方面也是"机"。政策的开放为地方都市报融媒体转型的顺利进行提供了导向和保障，传播技术的支持是都市报融媒体转型最重要的影响因素之一，受众的迫切需求需要通过转型得到满足，自身的生存压力更使都市报开展融媒体转型实践的紧迫性和必要性大大增加。在危机并存的时代抓住转型发展的机会未尝不是地方都市报得以生存、壮大面临的一次新挑战。

三、某地方都市报融媒体从业人员现状调查及结果分析

（一）从业人员对地方都市报融媒体转型具体实践的态度

从地方都市报在互联网发展初期的探索开始，到新媒体平台的建设和运营，再到现在正式迈入融媒体转型时代，最了解本报发展历程和具体发展情况的就是报社的媒体从业人员。

"当前本报进行融媒体发展的理由"数据显示："大环境驱使"占71.43%，"寻求更好的发展"占62.86%，"拓宽传播渠道"占57.14%，"弥补报纸时效性"占51.43%，"扩大报纸影响力"占45.71%，"践行互联网思维"占42.86%，"政策推动"仅占20.00%。可以看出，对于地方都市报的融媒体转型，从业人员认为是在大环境驱使为主导的背景下为谋求自身更好的发展而进行的，而其他几项指标的宗旨和目的始终都是都市报可以在媒介融合的大环境下更好地生存、发展。

表2　媒体融合能否得到有效推进的因素

选项	小计	比例	
A.国家宏观战略	8		22.86%
B.技术力量的投入	20		57.14%
C.从业人员的共识	15		42.86%
D.领导的能力	10		28.57%
E.管理体制的改革	20		57.14%
F.多元化经营	15		42.86%
G.满足受众的需求	22		62.86%
H.市场竞争	7		20.00%
I.其他	0		0
本题有效填写人次	35		

　　"媒体融合能否得到有效推进的因素"数据显示："满足受众需求" 62.86% 排在了第一位，充分考虑到了"用户至上"的原则，表明当下很多媒体已经深刻意识到了融媒体时代受众需求对于媒体的重要性。当一家媒体无法满足受众的需求，从而不被受众需要，那么它在当下就非常危险了。"管理体制的改革"和"技术力量的投入"并列第二位，都占比 57.14%；"从业人员的共识"和"多元化经营"都占比 42.86%，并列第三位；"领导的能力"占比 28.57%；"国家宏观战略"占比 22.86%；"市场竞争"占比 20.00%。（见表2）

表3　本报媒体融合的重点应放在何处

选项	小计	比例	
A.新闻采编流程再造	14		40.00%
B.内部组织结构调整	16		45.71%
C.新媒体平台的建设	16		45.71%

选项	小计	比例
D.与大媒体的合作	4	11.43%
E.技术引进和支持	15	42.86%
F.考核激励机制	15	42.86%
G.经营战略和方式	17	48.57%
H.资金投入	6	17.14%
I.结合本地优势进行营销推广	10	28.57%
J.其他	3	8.57%
本题有效填写人次	35	

"本报媒体融合的重点应放在何处"数据显示："经营战略和方式"占比48.57%，是占比最大的选项；"内部组织结构调整""新媒体平台的建设"都占比45.71%，与占比42.86%的"技术引进和支持""考核激励机制"相差无几；"新闻采编流程再造"占比40.00%。从这几个占比较大的选项来看，接受问卷调查的员工认为的本报媒介融合重点也正是地方都市报在现阶段进行融媒体转型的重点所在，在这一点上，报社的统筹规划与员工的想法达成了契合。可以看出，在融媒体中心建立的前期筹备并组织培训时，报社明确地将下一步的规划思路传达给了员工。（见表3）

"本报媒体融合面临的阻力有哪些"数据显示："从业人员转型困难"占比65.71%，是所有选项中占比最大的一项，从业人员的转型问题实属当务之急；"技术能力和水平有限"（54.29%）、"缺乏清晰的方向和思路"（51.43%）分别位列第二、第三；"当地媒体发展水平较低"和"资金投入不足"都占比42.86%；"体制机制不畅"占比34.29%；"媒体行业的内部利益冲突"占比28.57%。融媒体在转型初期遇到阻力是非常正常的事情，而报社从业人员对这些困难的感受更来源于实际工作中。一方面，地方都市报应当对从业人员进行培训和人才培养，使他们尽快融入角色；另一方面，要提高报社的技术能力和水平，明确转型的方向和思路，积极应对其他可能存在的危机，摆脱当地媒体发展水平较低的限制，更好地进行

转型实践。（见表4）

表4 本报媒体融合面临的阻力有哪些

选项	小计	比例
A.缺乏清晰的方向和思路	18	51.43%
B.当地媒体发展水平较低	15	42.86%
C.技术能力和水平有限	19	54.29%
D.从业人员转型困难	23	65.71%
E.资金投入不足	15	42.86%
F.媒体行业的内部利益冲突	10	28.57%
G.体制机制不畅	12	34.29%
H.没有摸清融媒体转型的规律	14	40.00%
I.其他	1	2.86%
本题有效填写人次	35	

从"本报媒体融合优势"数据来看，地方都市报在融媒体转型中的优势主要在于"相对于其他媒体体制更加灵活"，占比80.00%，这也是地方都市报在各个时期的突出优势。"贴近生活，适应用户需求"占比62.86%。"立足本地，拥有地缘性优势"和"内容、形式与其他同类媒体相比较有特色"都占比54.29%。"有较稳定的用户"和"有较好的品牌效应"都占比42.86%。"新闻内容、形式多样，制作精良"占比31.43%。在今后的转型发展中，地方都市报应该扬长避短，合理利用融媒体渠道，充分发挥自身优势。（见表5）

表5 本报媒体融合优势

选项	小计	比例
A.相对于其他媒体体制更加灵活	28	80.00%
B.立足本地，拥有地缘性优势	19	54.29%

选项	小计	比例
C.贴近生活，适应用户需求	22	62.86%
D.内容、形式与其他同类媒体相比较有特色	19	54.29%
E.有较稳定的用户	15	42.86%
F.新闻内容、形式多样，制作精良	11	31.43%
G.有较好的品牌效应	15	42.86%
H.其他	3	8.57%
本题有效填写人次	35	

（二）从业人员的工作现状与自身思考

媒介深入融合体现的不仅是对媒体本身的考量，同时也是对新闻生产者的考量。媒介传播形态的快速转变、媒体体制改革、新闻生产方式的变化不但影响着媒体本身，同时也影响着受众和媒体从业人员。只有切实了解报社员工的当下状况和职业需求，才能在今后的发展中将人的作用发挥到极致。

"对当前报业融媒体转型抱有的态度"数据显示：有80.00%的人都选择了"只要积极应对肯定会成功"；"比较迷茫，不太清楚"占比8.57%；"其他"占比5.71%；"走一步，看一步，维持生存即可"占比2.86%，同样，认为"报业消亡在所难免"的也占比2.86%。可见，地方都市报的媒体工作者总体来说对当前的报业转型抱有非常乐观的态度，而乐观的态度在一定程度上决定了工作的动力。

"对转型后'融媒记者'身份如何看待"数据显示：有62.86%的人选择了"在工作中需要灵活思考和运用各种新闻采写手段"；有20.00%的人选择了"只是称呼上的改变，工作上没有其他转变"；另外有8.57%的人选择了"更喜欢专业的工作让专业的人做"，5.71%的人选择了"不太适应，比较迷茫"；还有2.86%的人选择了"其他"。可见，大部分人能够意识到融媒体转型体现的不仅仅是体制上或者形态上的转变，同时也是新闻生产者本身思想观念和工作方式的转变；而选择"只是称呼上的改变，工作上没有其他转变"的人也并不在少数。这反映了两个问题：第一，融媒体转型并没被落到实处，仅停留在表面，在工作中并没有切实体现；第二，媒体从业人员还没有意识到自己身份的转变，对自己的工作的认知还较为模糊。而选择"更喜欢专业的工作让专业的人做"和选择"不太适应，比较迷茫"的人在本质上对融媒体转型都表现出迷茫和不够理解，这一点与媒体在进行体制转型的同时没有对从业人员进行相关的培训和动员有一定的关系。

（三）调查结论

通过对调查问卷的分析，我们可以从从业人员对地方都市报融媒体转型具体实践的态度，以及从业人员的工作现状和自身的思考两方面进行总结。从问卷的数据中不难发现，对于当前都市报的融媒体转型，从业人员都可以理解并表示支持，在都市报转型的重点和当前面临的阻力方面也基本能做到意见一致，对转型的总体方向有着较为明晰的思路。针对报社现在的新媒体传播渠道，从业人员在运营和实践中也进行过充分的思考，总体来说，报社员工对地方都市报的融媒体转型充满信心。对于工作现状和自身的思考，从业人员表现出了一些困惑和迷茫，因此，他们对融媒体相关知识和技能的培训有着迫切的需要。这种面对新时期新要求时的积极态度、对自身要求的不断提高也从侧面印证了从业人员对都市报转型的支持。

总体来说，融媒体转型一方面要从机构改革入手，寻找适合自身的发展路径，制定合理的发展计划，另一方面也要注重对从业人员的培训和长期培养。新闻生产的源头始终是人，无论是大数据抓取新闻信息、智能设备参与到新闻采写的过程中，还是新媒体多方位、多渠道的传播途径，都无法完全代替人在新闻生产过程中的能动性作用。从业人员融媒体意识不强、业务能力不足、对当前的工作目标不明确、对未来无规划，都会成为融媒体发展道路中的障碍，只有将人才培养与机构改革结合起来，才能在融媒体发展的道路上越走越远。

四、地方都市报融媒体转型中的问题与建议

（一）地方都市报融媒体转型中遇到的问题

地方都市报虽然刚刚正式步入融媒体转型的发展阶段，但对融媒体转型的探索早已开始。经过不断的努力和试验，各个平台都取得了不错的成绩。在面对不断更迭的传播形式和日新月异的受众需求时，地方都市报仍然遇到了一些问题，主要表现在以下四个方面：

1. 内容重合度较高

"传统媒体和互联网'上半场'的媒介机构都是横向发展的，其业务越做越大，涉及面越来越宽，因此越容易展开同质化的竞争。"地方都市报自身也毫不例外。早期对融媒体转型路径的探索促使地方都市报各平台的传播渠道几乎一应俱全，虽然拓宽了传播渠道，丰富了传播形式，但在各平台内容的运营方面，同质化色彩较重。在采编人员固定的情况下，地方都市报各平台的原创新闻来源就是记者每天采写的新闻稿件，素材非常单一，仅能满足每日内容生产和推送的要求。

现阶段地方都市报的新闻内容传播还是以报纸为主，新媒体只设编辑，不设记者，而记者采写新闻时默认的发稿渠道就是报纸，并没有为了某一新媒体渠道专门撰写稿件。稿件最终通过报纸还是新媒体渠道发表，并不是记者较多关注的事，记者只管采写，而编辑会决定稿件的去向。也就是说，通过新媒体渠道发布的稿件是新媒体编辑基于记者撰写的稿件改编而成的。但在这个过程中，由于微信文章并不限制字数，微博也增加了长微博功能，所以新媒体编辑做得最多的就是针对每个传播渠道的不同特点修改标题，内容有些时候几乎就是与原稿件一样。

2. 资金投置困难较大

作为在各平台都已进行过官方认证，且粉丝数量并不少的官方媒体，无论是微博、微信还是微视，地方都市报表现出的传播效果都并不十分理想。其原因在于，为满足地方都市报当前多渠道的运营条件，报社已经投入了大量的金钱和精力，无论是平台本身还是运营人员，在维持上都需要

较高的成本。在当前的媒介环境中，要较好地去运营某个账号，进行精心的包装必不可少，包括组织从业人员参加运营相关的培训、拥有专业的运营团队、量身定制运营服务、买推广、买热门、买互动等，但这些手段无一不是需要大量资金支持的。为了建立融媒体中心，报社更是投入了不少资金，比如对融媒体采编平台和大数据分析系统进行了极大的投入。无论是对硬件、软件，还是对人员的要求，都使得本来就没有固定资金的支持、自负盈亏的地方都市报背负沉重的经济负担。在如此的情况之下，运营成本如此高昂，而报社目前的经济实力和经济状况都不足以在新媒体渠道方面投入更多的资金。在媒介融合时期，打造全方位、立体化的媒体形象固然重要，但只注重渠道延伸，对传播效果不够重视，运营资本投入得过少，对媒体是非常不利的。

3.用户互动程度较低

传统媒体在进行新媒体运营时，往往由于过于注重自身性质、品牌形象、产品内容等，大多表现得较为谨慎而严肃，即便在较为活跃、开放的新媒体平台，大部分传统媒体也做得比较生硬。而且，我国对媒体运行体制有着较为严格的要求，因此，在网络高度发达的今天，任何舆情事件都会以难以想象的速度极快地传播，任何一个不同的观点都会被无限放大，任何一个小小失误的痕迹都难被抹去。从某种程度来说，当前媒体的严谨性相较于从前不但没有降低，反而大大提高了，传统媒体受制于体制或自身的性质，本能地抱着"不说不错，多说多错"的心态，有时甚至刻意避免过多的互动。在减少风险性和增强互动性面前，大部分传统媒体保守地选择了前者。

在媒介融合时期，用户与媒体的关系早已被重构，用户不再是单一的信息接收者，而是媒体应当重视的要素。缺乏与用户的互动，很容易造成媒体运营与用户需要的断层，不能与用户产生共鸣，无法精确地送达用户需要的产品，使用户体验大打折扣。长此以往，较为冷淡的态度会消磨用户与官方媒体沟通的热情，使用户自然而然对官方媒体的一些动向持漠视态度。这不但不利于媒体及时接纳受众的意见反馈，以更好地完善自身的工作，因而错失许多新闻线索，还会使媒体的自身形象建设面临困难，更重要的是，媒体将无法通过用户黏性获利，争取更好的用户资源。在媒介融合环境下，用户本身就是一种巨大的潜在财富，而对用户需求的漠视会使都市报失去用户资源，与机会失之交臂。从另一方面来讲，地方都市报一直主打的就是肩负社会责任感的可靠形象，这种为社会服务的态度增加了人们对都市报的亲切感，但由于缺少与用户的互动，融媒体时代地方都市报的"人设"最终也会大打折扣，不利于自身的形象建设和推广。

4.融媒体人才紧缺

在地方都市报融媒体现状调查中，我们发现在当前的报社人员工作岗位中，只有很少一部分是专门针对新媒体设置的，在新媒体部门只设有编辑，不设有记者，网站、微博、微信各自的负责人数较少。对于微信公众号和微博官方账号的运营，目前只维持在保持更新、进行排版和编校、保证账号正常运营的程度，而针对专门渠道的推广策划、特色化运营等并没有专人负责。作为纸媒，音视频内容的生产一直是报社的短板。报社原本不具有可以进行专业音视频生产的硬件条件，同时也不具有在该方面有专长的人员，甚至对音视频内容的思维和运营对于纸媒也是陌生的。报社的编辑、记者等各司其职，本身就有自己的工作内容；对视频的选题策划、拍摄技巧、后期剪辑、特效等方面的知识也不够清楚。这一领域的探索在此情形下是较为艰难的。

除此之外，从报社工作人员自身出发，在接受调查的35人中，最高学历者所学专业并没有与新媒体相关的，还有一部分人是非新闻专业出身，本身新闻专业知识就较为薄弱。有相当大比例的人在当前的融媒体环境下对自身储备的专业知识和职业技能感到力不从心，有进行进一步学习的需要。

现阶段的大环境造成了纸媒本身缺少吸引、保留人才的条件。择业者和媒体人可能优先选择行业内较为火热的就业方向，如当红的大数据、科技设备、互联网、新媒体或综合性的传媒公司。在人才的选择上，纸媒是比较被动的。

地方都市报作为自负盈亏、没有外界资金支持的都市报，在媒介融合的环境中经营本就较之前困难，要考虑增加人手的经济成本。同时由于其自身性质不同于机关党报，员工的薪酬、岗位可能不是很稳定，所以在新时期缺乏融媒体人才的情况下，也无力去专门引进。如此情况之下，融媒体队伍的建设对于地方都市报，难度是非常之大的。

（二）针对融媒体转型问题的建议

对都市报而言，当前的媒介融合大环境本身就是"危"与"机"并存的，能否抓住机遇摆脱"报业寒冬"的危险，就是都市报能否存活的关键。灵活的体制、较好的品牌形象和社会形象、高质量的新闻内容、充足的新闻资源等都是都市报在当前恶劣的行业环境中得以保持自身生命力的根本优势所在。而正如前文的分析，主要的问题集中在思维、内容和人员方面。由此，关于地方都市报融媒体转型过程中遇到的问题的对策建议如下：

1. 经营重心垂直化

在媒体行业整体内容同质化严重的情况下，实现发展重心垂直化不失为增强自身竞争力和不可替代性的一种优先选择。内容同质化反映出的其实不只是地方都市报内部的问题，同时也是整个行业的问题。当前，消息传播的速度今非昔比，传播渠道也越来越多，一个新闻事件可能刚刚发布，下一分钟就已经通过各种途径扩散，但也会随即失去关注。同质化的内容毫无竞争力可言，任何媒体在同质化面前都是可以被替代的，只有在共性面前保持独立性，才能成为无可替代的存在。

为规避同质化，地方都市报应该挖掘每个平台最适宜的传播内容，探索不同新闻内容最适宜的传播方式，从而纵向发展。但很多时候，越想面面俱到，越容易顾此失彼。同类内容不同平台的平移不但不能创造更好的传播效果，反而体现出一种时间、人力和资源上的浪费。应该对同类型内容在不同平台上的表现进行客观、理性的评价，适当增加反响较好的内容，对于反响平平的内容，则可以减少，使平台各有侧重，打造特色化的运营模式。

也可以根据平台特性推出针对不同平台的特色化栏目。例如，地方都市报的微视账号作为与其他平台截然不同的视频平台，其娱乐性和可视性要突出，但与此同时，新闻性会稍有不足，因此，要把握住当下正在流行的短视频的特色，推出针对微视平台的特色栏目。比如春节期间某地方都市报微视账号的"家乡话拜年"活动就引起了很好的反响，调动了不少用户的参与积极性，关注量大大增加。其他平台也可以借鉴该微视账号的思路，通过推出这种特色化栏目吸引受众，增强平台的活跃性，扩大自身的影响力，并且针对优势内容加大纵向发展的力度，对优势内容进行深度化、精细化操作。只有将市场细分、结构周密、独立性强的"差异化共存"作为未来发展的方向，地方都市报才能在同质化的市场中获得一席之地。

2. 进行资金的适当投置

既然已经选择了媒介融合发展的道路，并且已经正式打开了融媒体转型发展的大门，就不能忽视各个渠道的传播效果。适当地投入资金是必不可少的举措。在自身资金压力较大的情况下，一方面要积极探寻盈利的渠道，另一方面要有所取舍地进行投入。

广告的盈利一直以来都是地方都市报收入的主要来源，虽然当前纸媒广告收入下滑严重，但媒介融合时期新媒体的快速发展又带来了新的希望。可围绕以受众需求为中心提供新产品这种思路，利用新媒体传播范围广、传播速度快的特色，积极拓展新的广告源。充分利用地方都市报自身的平台优势和资源优势，积极引进社会资金，与社会团体、企业等展开合作，举办各类冠名活动，在扩大媒体影响力的同时获取一定的收益。报社盈利之后，可以把固定的一部分资金拿出来，用于各平台的推广和投入。

当然，在转型的前期，可以有所取舍、有所选择地进行某一优势平台的资金先行投入。比如当前运营情况较好的微博和微信就应当把握自身原有的优势，抓住时机，加大资金投入，通过培养专业的运营团队，买推广、买互动等手段抢占流量，将自身打造成为地方都市报的强势传播渠道。这种资金投入应该是灵活的，在比较容易看到成效之处先行投入，能够较快地获取回报和收益，以此来平衡各平台的投入比例。

为了节省资金，报社还可以与长于解决报社现阶段技术短板的个人、团体或单位进行合作，实现平台宣传和内容推广的双赢。例如，在地方都市报长期以来较为薄弱的视频领域，可以与各高校的学生影像团队进行合作，围绕节日、热门话题等进行主题造势，在都市报提供优势平台、学生影像团队提供技术支持的基础上推出系列主题视频。一方面，都市报本身对于个人、团体或单位是一种良好的平台；另一方面，也可以节省大量的人力、物力和资金投入；与此同时，还能收获较好的传播效果。

3. 提高与用户互动的频率

地方都市报各个新媒体平台传播效果不理想，从根本上讲还是内容运营与用户需求被割裂造成的，因此，提高与用户互动的频率是十分必要的。学会倾听受众的声音，明确受众的需求，才能找到自身的定位和内容的侧重点。拿北方某地方都市报官微来讲，它会经常分享生活小常识、有关运动和健康的内容、心灵鸡汤等，显然并不是没有注意到与受众的连接，但仅仅如此其实是不够的。当前越来越多的官微开始拟人化运营，地方都市报也可以借此机会推出自己的个性化形象。例如，以第一人称的视角和口吻运营微博和微信官方账号不但可以加强与用户的联系，缩短传统媒体长期以来与受众的距离，也有助于与用户建立平等关系，树立鲜明、有特色的媒体形象，从互动中积极寻找用户真正的需求，明确内容生产的方向，从而更好地为用户提供服务。然后利用这种良好的互动提供的用户反馈，在新媒体端对自身融媒体发展的重点进行调整和纵向深入，最后通过为用户提供一系列服务产生的黏性获利。

对用户体验的重视是地方都市报新媒体平台在当下"以人为本"的媒介环境中站稳脚跟的条件。关于地方都市报微博评论和微信公众号留言里的新闻线索，很多时候记者已经直接联系或者直接赶往新闻现场了；但同样看到留言评论的用户不一定及时关注后续。在关注用户需求的同时，也应该使用户了解到这种关注，增强用户体验。这不仅仅为了拉近与用户的距离，与用户建立情感上的联系，更是维护自身形象的重要方式。例如，针对有标志性或者特殊性的评论，可以转发的形式进行回复，一方面可以解决同类用户的问题，另一方面可以塑造对用户保持热情和耐心的形象，以满足用户在提出问题时渴望得到回复和重视的心理。

只有深入了解用户的需求和喜好，才能更好地总结出每个平台的用户的特点，从而针对不同类型的用户投放个性化的定制服务，提高媒体传播的效果和质量，用良好的互动来提高账号的活跃性，树立自身的品牌形象。

4. 重视融媒体人才选育

人才是实现报业融媒体转型的重要保证之一，但内部媒体从业人员的文化水平、业务水平、综合素质各有差异。现阶段，报社已经投入了大量的资金引进新的技术设备，考虑到资本投入，难免对引进新的融媒体人才感到力不从心。因此对现有的工作人员进行培养，激活现有人才是当务之急，也是必要的步骤。

正如前面章节提到的，现阶段该报的工作人员本身对进一步的专业培训有着极强的兴趣和需求，也有一部分对当前融媒体转型初期的工作感到迷茫的工作人员需要接受意识和思想观念方面的培训。在当前，员工自身对学习新知识、新技能抱有积极的态度，也对报社的转型抱有乐观的态度，借此对员工进行培训，组织他们学习相关知识和技能，无论对于报社现阶段工作的执行，还是对于今后多种人才的储存，都是必不可少的。

面对优秀人才，报社应当打破原有的考核机制，制定灵活的奖励制度，鼓励突出表现，以此来激发员工的工作热情和学习热情。另外，也可以考虑对专业人才进行软性引进，如开展项目合作，充分利用地方都市报的品牌提供优质的平台，吸引有能力、有实力的融媒体人才，进行项目投稿或者长期合作，实现双赢。

另外，对于新媒体平台现阶段较为封闭的运营模式，可以考虑适当向报社内部开放，以项目制或栏目化的方式试行，以此来提高全体员工的融媒体参与意识。如在微博或微信平台推出聚焦某些主题的栏目，内容涉及情感、汽车、文化、艺术等方面。将不同主题的栏目向固定的个人或小组开放，使之全盘负责内容采编、渠道运营，对卓有成效的栏目进行额外奖励。培养员工在工作中充分运用融媒体思维，使员工切身了解融媒体内容的生产流程，加速媒体从业人员的融媒体转型。

参考文献

[1] 柳竹.国内关于"融媒体"的研究综述[J].传播与版权，2015（4）.

[2] 潘婷.传统报业的全媒体转型战略[J].新闻研究导刊，2017（12）.

[3] 曹继东.融媒体时代的传统报业转型发展路径探析[J].出版广角，2017（9）.

[4] 史康宁.整合资源，掌控终端，实现多赢 —— 传统报业向新媒体转型升级的战略探析[J].青年记者，2013（33）.

[5] 陈彦博.引入民间资本进行新媒体转型 —— 以上海报业集团为例[J].现代管理科学，2019（1）.

[6] 刘奇葆.推进媒体深度融合，打造新型主流媒体[J].青年记者，2017（7）.

[7] 徐璐.促进媒体融合，提升高校媒体传播力[J].青年记者，2018（35）.

[8] 喻国明.互联网发展下半场："聚变"业态下的行动路线[J].新闻与写作，2017（10）.

第三章　媒体融合背景下地方广播电视台的法治节目新闻生产

党的十九大报告中，习近平总书记强调坚持全面依法治国方略，强调要坚持法治国家、法治政府和法治社会的一体化建设，将依法治国与以德治国结合，实现依法治国和依规治党的有机统一，提高全民族法治素养和道德素质。随着全国范围内社会主义法治建设和民主建设的推进，法治信息的宣传普及工作也成为题中应有之义。

置身于诉诸情感及个人信念比陈述事实更能影响舆论的"后真相时代"，普法宣传媒介的重要性、必然性和工具性日渐凸显。广播法治节目针对法治信息的传播一方面响应落实国家政策，另一方面，新闻媒体的宣传工具属性决定它成为法治传播的一种重要渠道。传统媒体采用新的融媒体生存方式，广播亦在适应新的传播生态环境。

一、法治类新闻节目的概念剖析

法治新闻生产虽没有确切的定义和概念，但是在日常生活、学术研究中的适用程度很高，在媒体和大众口语的具体用词上形成了"法治新闻"与"法制新闻"混用且并存、共生的局面。为界定法治新闻生产的概念，笔者将从辨析两组关键词"法治"与"法制"、"新闻生产"与"制造新闻"的区别和联系入手，试图厘清法治新闻生产的内涵和外延。

（一）"法治"新闻与"法制"新闻的区别

从字面来看，"法治新闻生产"与"法制新闻生产"的区别在于定语不同，即"法治"与"法制"字形上的不同。因此，区分"法治"和"法制"的概念、适用范围的异同，便成为辨析"法治新闻生产"与"法制新闻生产"的关键所在。

"制"的定义

序号	"制"的定义	词义	词性
1	命有司，修法制。（《礼记·月令篇》）	修订	名词
2	法制不议，则民不相私。（《管子·法禁》）	议论	名词
3	民众而奸邪生，故立法制，为度量而以禁止。（《商君书·君臣》）	订立、确立	名词
4	我们望文生义，国家的法律和制度，就是法制 —— 董必武	制定	名词

"治"的定义

序号	"治"的定义	词义	词性
1	法家代表人物韩非子把法治、术治、势治结合。	治理	动词
2	法治应包括两重意义：已成立的法律获得普遍的服从，而大家所服从的法律又应该是本身制定得良好的法律。（《政治学》）	获得服从	动词、名词
3	党的十五大明确提出"依法治国，建设社会主义法治国家"的政治主张。	治理	动词

"法制"一词由来已久，在《礼记》《管子》等经典著作中皆为名词，前面的动词多为立、修等，意为"修订的某种制度""明文规定的法律条款"。"法治"多作动词使用，多数情况下可理解为"治理""以法律为依据治理"之意（见上表）。与"法制"相比，"法治"具有更广泛的使用范围和更深层次的价值内涵。"法制"指的是法律制度，或称"法的体系"，它的外延包括法律和制度，包括法律得以存在、实施、进步的制度体系，以及相关的社会行为。"法治"指的则是依照法律来治国，它的外

延包含法制的内容，也包括抽象的价值理念。

"法治新闻生产"概念的内涵相比于"法制新闻生产"更为丰富，包含广泛的适用范围及更深层次的价值内涵。"法治新闻生产"可以理解为大众媒介在社会化环境中生产、制作、出品与法律、法规相关，将抽象的法治理念具象化表达的新闻。生产法治新闻不应仅仅停留在解读法律、法规的层面，更要对公平、正义的法治理念进行阐发。

（二）生产新闻与制造新闻的辨析

新闻生产是一个复杂的社会过程，新闻社会生产学在20世纪70年代前后崛起。新闻在被发现的基础上被广泛加工，可以说，新闻是被生产出来的，但也不能狭义地理解为新闻是被制造出来的。其一，从《做新闻》《什么在决定新闻》等著作的书名对新闻制作过程的描绘（比如"making""creating""newsmaking""manufacture"）中，即可大致窥见这些研究审视新闻的特殊视角：视新闻机构为工厂。其二，"制造"一词主要针对物理存在物质的加工和改造。"生产"一词的适用范围更广：既指物理存在的有形物质加工，也指对客观存在的处理；既能形成物质性财富，也可生成精神性财富。因此，结合包含事实维度和价值维度的新闻的本质而言，使用新闻生产的专有名词更具有普遍性和适用性。新闻不仅是流水线式的复杂的社会产品，同时也包含独特的社会价值和意义。

综上所述，"法治新闻生产"可以理解为大众媒介机构在社会化环境中生产、制作、出品与法律、法规相关，将抽象的法治理念具象化表达的新闻，并且新闻文本中包含双重维度，即表层的事实信息维度和深层的价值意义维度。在网络空间和融合新闻生产过程中，新闻产品不再是一次性产品，法治新闻产品在互联网的发展语境下不仅能记录社会法治进程，还能在法治社会发展过程中形成一批精神产品，被同一消费者或广泛的消费群体多次、重复利用。

（三）由法制新闻生产到法治新闻生产的思路转化

在当前阶段物质需求得到极大满足的基础上，应进一步解决法律知识普及渠道贫乏、普法质量普遍较低等现实问题，促使大众传播媒介由生产法制新闻向生产法治新闻转变。在当下阶段，大众媒介传播法治信息的过程既要体现工具性、条款式的法律、法规等硬性制度，更要阐发"法治"的价值内涵，满足人民群众对公平、正义的精神诉求。

建设社会主义法治国家和建立社会主义法治体系的需要促使大众传播媒介生产法治性的新闻，要更深层次地传播并阐释"依法治国"的精神内涵。依法治国的精神内核体现在社会的方方面面：从立法层面要讲科学性，从政府执法层面要讲严格性，从司法层面要讲公平、公正性，从社会层面要讲全民守法。大众传播媒介理应提供国家舆论场与社会舆论场之间的共通意义空间，以此为社会主义法治体系的建设和社会主义法治国家的建设提供广泛的群众基础。

二、地方媒体生产法治新闻的媒介传播现状

（一）生产法治新闻的基础 —— 广播电视

广播电视的发展可以说体现为媒介发展的二次叠加。法治类广播电视节目开办的红利期为20世纪90年代至21世纪初期；在互联网、移动互联网冲击收视率、收听率的情况下，广播凭借自身的场景性，依然在有车一族中占据市场。

广播法治节目体现着国家在总体法治建设和宣传过程中对这一媒介的必然要求，它的出现也是广播媒介自身参与生活的必然结果。广播法治类节目与电视法治类节目在节目数量上差距较大。广播类的音频文件较难保存，通过在浏览器中检索再次获得的可能性较小，不利于听众回听音频内容，不可逆性较强，重复利用性差。这种弊端不利于广播法治类节目的二次传播及多级传播，传播范围较小，受外界局限性较大，对听众收听的准时性和及时性要求较高。

（二）广播电视法治新闻的延伸 —— 微信公众平台

微信公众平台也称"微信公众号"，最终被定位为"公众平台"。2012 年，微信公众平台正式上线，成为继微博官方账号后的又一大互联网营销战场。从内容传播上看，《法治直播间》一般转载其他媒体的相关内容，范围较广，在教育考试、气候和节气、政务部门动态、日常提醒等方面均有涉及。从服务定位上看，很多公众平台都致力于提供法律服务，宣传法律常识，发布第一手警务信息，专门化、分众化地提供法律信息服务，其传播内容均与功能定位吻合。总体来看，某地的法治类微信公众号顺势借力互联网流量红利期发展，但是涉及法律的质量及解读法的内在精神的新闻内容还比较少。其创作方面的主要精力集中在广播电视本体的内容上，在此基础上将自身作为一个拓展版，拓宽原有媒介的内容传播范围、传播渠道，增强传播效果。

当前，以广播电视为本体的微信拓展平台上还未开辟提供线上服务和业务办理的公众号内置子栏目，仅仅依靠提供信息服务和指导只能留住少量本土用户，法治资讯服务难以与《法律读库》等专业性微信公众平台相比，法律援助、法律咨询等服务都未实现内嵌于微信公众号的子栏目，本地化的法治线上服务和线下服务未实现有效的连接。区域性媒体应该发挥并利用地方的地缘接近性和心缘接近性，让普法宣传更接地气，更贴合群众的实际需求。

三、《法治直播间》法治新闻生产的文本分析

麦克卢汉认为"媒介即信息"。此处的"媒介"既强调媒介本身，也存在对媒介承载内容的隐喻，二者具有不可分割的关系，既不能单纯从媒介的角度进行分析，也不能脱离媒介谈内容，因为特定的媒介形式影响甚至决定了内容以何种形式被呈现。因此，在总结地方法治类生产媒介的同时，也要对法治新闻生产、传播的内容的特征加以分析。

新闻生产，从狭义上可以理解为新闻媒体工作者采写、创作新闻信息

的过程。广义上看，学者们将它分解为新闻来源、新闻写作、新闻体验、新闻分发四个方面。当互联网时代来临并日渐成为人们的一种生活方式时，移动互联网技术、云计算、大数据、算法成为广播电视时代新闻生产革命性变化的最大推手，而这也成为业界、社会各界开始呼唤回归新闻专业主义的缘由。在这样的时代背景下，反观微观层面的广播法治类新闻的生产也是在给予身陷囹圄的广播电视媒体微弱的示意。

（一）选题来源

节目内容的丰富程度与其选题来源的多样性成正比。《法治直播间》的选题来源主要是与各地区公检法部门进行对接、合作中选取的案例，他们的重要举措、重大活动等。第二大来源是从律师咨询环节中选取听众的亲身经历，策划专题展开追踪报道，采访多方声音，并对信息进行二次加工，由律师做出相应的点评和解释。第三大来源是其他媒体报道的新闻事件。"横看成岭侧成峰"，虽然事件经过相同，但是各媒体切入报道的角度和关注点有差异，针对有引导价值、阐释意义且容易被群众忽略的法律盲点进行节目策划也不失为不错的选择。互联网提供了一个言论的公众平台，在技术平权的基础上，互联网也成为网民的公共集合场，用以讨论各类事件。第四大来源是网络中的热门话题或网络现象。

（二）报道区域

2018 年，《法治直播间》放眼全国，立足本地区为民众提供专业的法律解读，以案释法。

2018 年《法治直播间》的报道对象主要集中在对法治事件的关注上，就某一具体案例展开话题性的讨论，以此延伸话题传达的新闻内容。比如2018 年春节前后，该节目策划了一系列相关话题，2018 年 1 月 25 日播出《年底讨债要注意，有些人因讨债进了监狱！》，2 月 14 日播出《支付宝集福卡有陷阱》，2 月 22 日播出《春节喝酒要适当，劝酒也会承担法律责任》。策划中突出展示了年底讨债的问题、对过年集福卡中有陷阱的警示，以及对春节欢聚中劝酒也会承担法律责任的专业解读。

（三）报道对象

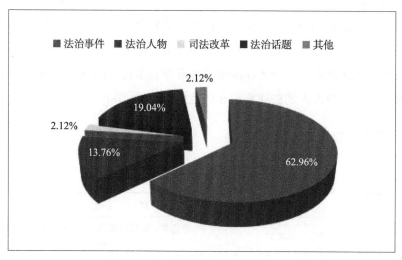

图1　报道对象分布情况

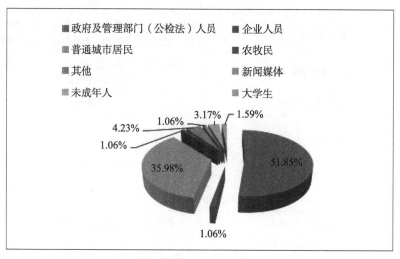

图2　报道主角分布情况

2018 年《法治直播间》的报道主要集中在对法治事件的关注上，法治类话题则是过去一整年的第二大关注点，通过某一具体案例展开话题性的讨论，以此延伸话题传达的新闻内容。从报道的主角来看，51.85%分布在公、检、法三部门，这与该节目及时报道并追踪大案、要案的特点一致。节目还开办了《公正司法》和《好警察讲故事》专栏，将公检法部门的检察长、公安民警、基层民警等请到直播间现身说法。第二大报道群体是普通城市居民和农牧民，将律师咨询环节向广大听众开放，节目的宗旨是及时提供法律咨询，服务性深得百姓好评，节目力图通过法治媒体的力量唤醒、提高更多人的法律意识和防范意识。（见图1、图2）

（四）议题关键词

议题设置关键词词频

《好警察讲故事》专栏（11次）	
禁毒宣传（10次）	毒品案、物流查毒品百日行动、毒枭、私种大麻、缉毒
诈骗案（10次）	高考、网上婚恋诈骗、老年人、海外医疗、防骗
未成年人（10次）	网络安全、牙签弩、向未成年人售烟、网络消费、走失小女孩案例、未成年犯罪、校园欺凌
道路交通安全法（7次）	交通违法、交通事故责任认定、交通罚单、"包头24小时警局"
偷盗抢案（5次）	铁路等
非法集资（5次）	
校园贷、网络贷、套路贷（4次）	
（破坏）共享单车（4次）	
夫妻债务（4次）	
保险合同（3次）	乘坐公交车受伤理赔、保险合同纠纷
国歌法、国旗法（3次）	侮辱国歌、国旗
传销案（3次）	
全国失信被执行人（3次）	
年轻女孩安全与防范（3次）	女性自我保护、女性自救
"缉枪治爆"（2次）	好警察讲故事
大型音视频直播（2次）	法治乌兰牧骑、朗读宪法

劳动者权益（2次）	工伤维权
买卖房屋诈骗（2次）	一房二卖
借条（2次）	借条怎么打、没有借条如何要欠款
执行难（2次）	
双语法官双语审判（2次）	
电信诈骗（2次）	
撤销监护人资格（2次）	首例支持撤销监护人资格案、监护权利和义务
赌博、买彩票、赌球（2次）	
知识产权（2次）	商标

注：在关键词频中选取了词频数在 2 及以上的内容，词频数为 1 的未做呈现。《好警察讲故事》是该节目开设的专栏，因为内容差异，关键词均定为"好警察讲故事"，故在分析中未突出其数量之最。

2018年《法治直播间》节目关键词频最高的是"禁毒宣传"，其中包括公安机关破获的贩毒案件、开展的物流稽查毒品百日行动，也包括对某艺人吸毒之后判处社区戒毒的专业解读等。《法治直播间》建构的法治媒介拟态环境中包含禁毒、诈骗、未成年人、道路交通安全等法治议题。议程设置了理论假设中"0/1"模式的排序机制，选择报道或者不报道某个议题，会影响公众对该议题的感知。（见上表）

（五）新闻分发

拉图尔在《科学在行动》一书中提出了两个概念，用于分析行动者在网络中的力量，分别是社会网图（sociogram）和技术网图（technogram）。社会网图描述行动者的社会位置，以及社会关系和互动。技术网图描述行动者的技术结构和能力。显然，传统媒体因为具有较高的社会地位及长久的专业新闻生产能力而在用户群体中得到了普遍认可。然而，传统媒体的技术能力是薄弱项，互联网技术及其数据资源正是对此的有效补充。因此，《法治直播间》作为传统意义上技术薄弱的广播类法治节目，在走向媒介融合的道路上不断开拓从属于广播节目的互联网分发平台。

发布渠道的固有社交属性决定了发布内容的差异性。2014 年，节目组开通了同名微信公众号，2018 年开通了抖音账号及头条号，搭建起了"广播+社交媒体+聚合短视频"的分发平台。广播用于维持固有听众，他们已养成了良好的收听习惯。同名微信公众平台中每日头条发布节目预告信息，为节目内容导流，同时转载全国范围内及某地本土的重大新闻、政策及其他服务性信息。抖音账号、头条号对发布内容进行二次编辑后再次传播。抖音账号发布的内容在节目直播之后，将整期节目内容浓缩至15 秒以内，编辑成短小精悍、符合抖音用户观看习惯的短视频，以达到借助抖音账号、头条号等渠道传播法治信息的目的，同时起到为广播节目本身导流的作用。

四、《法治直播间》新闻生产的节目设置

（一）律师咨询：从"援助"到"预防"

《法治直播间》的每一档节目都在不断的更新和调整中保留并衍生了一些具有特色的固定栏目和新生栏目。每周一固定整期节目都是律师咨询，其他时间的节目在特别关注环节之后会留出时间解答听众的疑问。咨询环节也由最初以"求助式"为主逐渐转向以"预警性"为主。"求助式"咨询是一种普遍的咨询模式，也是法治类节目一种常见的咨询模式。通常表现为当事人处在某些法律纠纷中，咨询律师为寻求一种解决方式，根据现有情况最大限度地降低当事人的损失，或者最大限度地维护其权益。而"预警性"咨询是一种具有预防和警戒性的咨询模式。随着近年来人民群众经济水平的提高、法治观念的增强，风险预估中会出现法律风险的指标，因此，"预警性"咨询在律师咨询环节中正在成为主要类型。

（二）公开演播：探索大型现场直播

音视频网络在线直播的形式不仅弥补了广播过程中着重体现并依靠声

音元素的单一性，同时，也使节目更具有可视性和互动性。音视频的直播过程涵盖了声音元素、画面元素等，画面的丰富性和多变性也增加了忠实的广播听众的新鲜感。《法治直播间》在媒介融合的后半场中选择尝试大型音视频现场直播的新模式。2018年，节目共开展了两次大型音视频直播活动。音视频在线直播的形式以丰富的现场画面增加了节目整体效果的可视性和解密性。传统的广播的传播方向是单一的，听众互动受限，只能在开通固定互动的情况下进行。网络直播则完全不受时间和空间的限制，观众可以一边观看现场进展，一边参与评论、转发、点赞、分享，并且这些已成为常态化互动。

当下，人们的生活空间延伸，生活中时间的伸缩性增强，广播节目采用音视频直播的形式适应了人们的信息接收方式和视频观看习惯。法治类广播节目尝试采用大型音视频直播的形式扩大了法治信息的传播空间，也使传播内容更加具象化。移动直播的形式使广播节目的获取门槛降低，增强了广播节目的时空适应性，使之不再仅仅依赖特定的广播频率，手机客户端用户只要点开直播链接或者客户端的直播窗口，即可观看节目并参与互动。

（三）叙事结构：法治案例与评论

讲故事是一种容易被受众接受的方式。法治类新闻报道因其或惊险离奇、或触目惊心的案件而极易引起受众的兴趣。因此，故事化的叙事结构也是诸多法治媒体普遍采用的一种叙事结构。《法治直播间》在节目的制作中的突出特点便是采用故事化的叙事结构加上律师的专业解读，剖析案例，点评并阐释内在法理，以达到传达法律精神内涵和外延的目的。比如《好警察讲故事》专栏会提前与节目嘉宾沟通内容，用故事串联整期节目，嘉宾讲述自身办案、追踪线索的过程和细节，律师再根据案件发展进程及其中的涉法点进行点评和补充解释。但由于每个案件都具有特殊性，《法治直播间》在同类型话题的报道侧重点上显示出了差异化。

（四）热点解读：法理角度的舆论引导

互联网时代，技术成就了网民狂欢的社会景观。每人一部的智能手机成为社会现象的传播节点，情绪和意见往往被众人抬高，舆论的狂欢会使人们难以自控地走向非理性。因此，面对一些涉法热点，《法治直播间》节目组及时跟进网络热点，策划专题引导舆论方向，邀请律师做客直播间点评、解析其中蕴含的法律点。例如，2018年12月6日播出的《×××吸毒，为啥社区戒毒三年?》解读了"什么是社区戒毒?""为什么×××接受的是社区戒毒的处罚?"同时也将内容延伸至吸毒的其他情形的法律代价，郑重强调吸毒是不可触碰的法律红线，也表明了对毒品零容忍的态度。

五、《法治直播间》法治新闻生产的SWOT分析

互联网的基础设施被基本搭建完成后，自媒体和网民用户自建的信息流便冲击着媒体的议程设置能力，传受关系在一定程度上发生逆转，尤其是广播媒介，在互联网浪潮中不占有优势，机遇与挑战并存，威胁时刻存在。虽然传统意义上的广播电视媒体已经不再是大众传播中进行议程设置的唯一机构，但广播法治类媒介在法治信息的传播过程中依然扮演着重要的角色，依然是法治议题设置的重要发源地，它在适应新时代传播生态的变化的同时，也应结合环境寻求一条适合发展之路。

（一）优势（strengths）探析

1.政策支持促发展

传媒的政治属性决定了它具有法制传播功能，主要体现为喉舌功能、价值引导功能和议程设置功能。2018年11月14日，中央全面深化改革委员会第五次会议审议通过了《关于加强和改进出版工作的意见》。会议强调，加强、改进出版工作，要坚持走中国特色社会主义文化发展道路，坚持为人民服务、为社会主义服务，坚持百花齐放、百家争鸣，加强内容建

设，深化改革创新，完善出版管理，着力构建把社会效益放在首位、统一社会效益和经济效益的出版体制机制，努力为人民群众提供更丰富、更优质的出版产品和服务。这是事关未来一段时间内出版业走向和下一步发展的重要文件，文件对出版业的整体走向的观照正与法治类广播节目《法治直播间》坚持为人民群众提供法律服务、为社会主义法治服务、把社会效益放在首位的理念不谋而合。

2.品牌权威性和新闻主播的情感归属

相比于网络中的一些法治类媒体网站咨询及法治自媒体用户，《法治直播间》节目的权威性更高，公信力更强，已形成权威媒体的一个法治品牌。听众群体若在一段时间内对法治节目主持人形成既有印象，并且逐渐固定下来，便会产生较强的情感归属和依赖。由于主持人经常出现在台前，其个性和风格会内化为节目的特征。他们能站在听众的角度理清条理和逻辑，有的放矢，让律师的解答更具有针对性，也能将律师的解答中的专业术语转述为通俗易懂的语言，从而协调律师与听众的互动交流。在问题得到解决的同时，寻求帮助的听众会在心理上对主持人产生一种情感泛化和依赖；当由其他主持人代班主持，便会形成主持风格的异化，使听众产生节目风格与主持人互不匹配的感觉。

3.律师咨询的针对性

律师咨询环节使《法治直播间》服务社会、服务民众、传递法治精神的理念落到了实处。专业律师走进直播间点评案例并分析情形，答疑解惑，进行法治资讯、法律、法规、政策的解读的形式其他媒体平台都有所涉及，但通过《法治直播间》获得的是实质性的帮助和解决问题的指引，搭建起了律师与群众沟通的一座便利桥梁。当听众遇到法律问题要咨询时，在节目的固定时间内拨打电话到导播间，就会有导播为听众将电话接入直播间，听众与律师直接进行一对一的咨询和解答。广播电视媒体承担着向大众提供多样化内容、满足受众群体多方面法治需求的重任，加强律师提供的法律服务链正是大众所需，也是其优势所在。

4.信息传播的多渠道分布

在媒介融合的大趋势下，《法治直播间》也开始布局传播渠道，目前在广播频率传播的基础上开始运营微信公众平台，开通了抖音账号及头条号。同名微信公众号每周一到周五发布信息。截至2019年3月，同名微信公众号《法治直播间》粉丝量达到了25829。据清博大数据年度报告统计，2018年阅读总量达11万多次，影响力超过了69%的公众号，公众号估值278250元。2018年的公众号文章发布天数共计243天，发布次数为254次，总共发布了1023篇推送文章，发布推送的勤勉度超过了91%的公众号。《法治直播间》对微信公众号的运营和摸索在当地是走在前列的。抖音和微信公众平台皆是大流量聚集的平台，用户数量庞大，《法治直播间》因此布局广播之外的渠道，将大流量池中的部分流量导入《法治直播间》的账号中，以进一步扩大知名度和辨识度。

5.联合公检法部门的法治资源开发

公检法部门对法治新闻宣传的重视程度不断加大，媒体与公检法职能部门联动实现法治资源的开发。作为一档法治类节目，《法治直播间》新闻稿件的一大重要来源就是公检法部门。各地方各级公检法部门会不定期地向《法治直播间》投送稿件；栏目也会将执法工作人员、基层民警请进直播间，将律师引入节目中作为常驻嘉宾。2018年，公安厅与《法治直播间》合作开辟了专栏《好警察讲故事》，传播公安好声音，传递公安正能量，实现了广播节目与公检法部门互动，建立共享法治资源的联动平台，增加了区域性法治宣传的力度和深度。

（二）劣势（weaknesses）探析

1.媒介的信息茧房影响

大数据、VR、以今日头条为代表的系列算法推荐等技术不断改变人们接受信息的方式，这些媒介也在不断培养用户的信息获取习惯和阅读习惯。新媒介为受众提供的个性化定制不断分化受众，这也就产生了回音壁负面效应。通过个性化的算法推荐手段，人们接收的都是自己感兴趣的信息和与自己的观点类似的观点。久而久之，受众群看到的都是社会的某个平面，由此在个人层面逐渐形成信息躯壳，在社会层面则形成回音室，人们忽略了面与面接触而产生的社会矛盾，忽略了边缘性的内容，由此生成了特定的、片面的拟态环境。

法治信息在传播过程中也在不断走进博人眼球的社会新闻的茧房。受众群体更倾向于关注社会新闻和个别案例，由此陷入一些夺人眼球、骇人听闻的新闻中，而忽略了对法律的专业解读，难以法治性、理性地看待社会新闻。对《法治直播间》来说，冲破互联网技术营造的法治传播生态环境的禁锢具有极大的挑战性。换句话说，目前的媒介生态环境对广播类法治节目的要求是苛刻的，取得技术突破也是它最难以突破的壁垒之一。

2. 创新突破的限制

最突出的表现为人才选拔、引进困难，创新性受限。目前，《法治直播间》人才较为缺乏，日常采访和联络、写稿和审核、制作片花、发布微信公众号文章、拍摄剪辑抖音小视频等工作的繁重使相关工作人员的突破性、创造性受到影响；同时，节目缺乏专业记者，并且资金技术支持薄弱，在技术上创新难以取得实质性突破。2014年，《法治直播间》在某台新闻中心首开微信公众平台，在将近5年的运营中没有获得实质性的资金或技术支持，这在一定程度上阻碍了节目的突破，挫伤了运营人员的积极性，也消减了台里制作其他节目的积极性和创造性。

3. 社交平台的传播达到率低

《法治直播间》尽管也在开拓渠道多管齐下，但是其内容传播力整体来说还处于弱势地位。清博大数据的年度报告显示，2018年其同名微信公众号的阅读总量为11万多次，平均每篇阅读量为108次，传播力较弱。2018年，微信公众平台总共发布了1023篇文章，原创篇数为0。可见其原创性较差，难以形成竞争力，难以利用微信公众平台圈住新的稳定的、忠实的粉丝用户。此外，尽管公众平台设置了回听直播节目的链接，但是体验感差，用户只能回听一周之内的节目，且在播放节目的同时手机界面不能退出，即不能启用后台播放的功能。这可能导致部分听众在与其他使用功能冲突时会选择离开界面；即便再次回到节目中，也不能从上次收听的位置继续播放，只能选择从头开始重新播放。较差的体验效果对用户的黏性较差，不利于节目的导流。

（三）机遇（opportunities）探析

1. 专业化法治媒体与平台化媒体的协同进步

2018 年，传统意义上的广播电视、报纸刊物都在着力布局平台，打造平台化的媒体。主要模式是通过入驻已有的互联网平台，差异化地分发内容，在增强传播力和影响力的同时，能够拥有更大范围内的舆论话语引导权。但是，传统媒体扮演的是"内容奶牛"的角色，仍未真正实现依靠转载授权或广播获得稳定收益，变现和累积用户数据仍然是突出问题。专业化的传统媒体与新生的技术网络从竞争走向共生和共存，平台媒体基于其庞大的用户数据及对渠道技术的垄断把控着流量入口，加上平台媒体独特的"社交基因"，平台媒体便成为网民群体乃至社会大众获取生活资讯、娱乐消遣及消费便利的主要来源。另外，在商业化驱动、用户至上的价值观的影响下，平台媒体将商业价值置于首位，使自身难以成为严肃新闻的实践者，也难以遵循新闻专业主义的准则。因此，专业化法治媒体原创的法治新闻中重案、大案、要案的报道过程仍然具有不可替代的重要作用。所以，即便《法治直播间》等类似媒体在互联网时代看似落后，专业化的内容生产也会为撬动平台化媒体发展创造难得的机遇。

2. 从单一普法转变到法治文化传播的新发展需求

目前技术赋权带来的是传播话语权从广播电视媒体手中转移到网民手中，当涉及社会性问题的法治事件产生，往往一石激起千层浪。网上舆论往往情绪化严重，部分自媒体不断贩卖意见和观点。因此，专业性法治媒体的舆论引导能力和权威意见领袖的功能是不可或缺的。伴随中国特色社会主义步入新时代，我国目前的社会主要矛盾已经发生了转变。从法治层面来说，人们对法律的需求层次也逐渐从对法律知识性信息的需求、对政策解读性信息的需求转变为对法治文化内涵、法治文化精神的需求。随着人民生活水平的提升，法律风险意识的规划逐渐在未来的日常规划中占据重要地位。

《法治直播间》等法治媒体在较长时期内还担负着普法宣传的重要职责。经过前期的普法工作，法的理念已经成功成为人民的精神理念之一，寻求法律的保护、拿起法律的武器维护自身权益的观念已经深入人心。在新的发展阶段，普法工作还有很大的提升空间，从单纯普法向揭示法治文化的深层内涵转变是时代和社会的要求。

3.潜在受众群体的发掘

《法治直播间》2018 年的报道的关键词多次涉及校园贷、套路贷，以及诈骗、毒品等，主要与未成年人、青年大学生、老人这三类群体相关。《第 42 次中国互联网发展统计报告》显示：青少年是网民群体的主要组成部分，中老年所占比例呈明显增长的态势；10 — 39 岁群体占网民总体的 70.8%，其中 20 — 29 岁年龄段的网民占比最大；互联网对中老年人群的渗透加强。因为抖音等同类平台集中青年及三、四线城市的居民，由此产生了加强与新时代年轻人的法治传播联结的基础设施。2018 年的抖音数据报告显示，用户所在城市分布下沉，下线城市人群成为增长生力军。因此，《法治直播间》在此类短视频聚合平台上依然有大批潜在的用户等待被挖掘，这类平台也为《法治直播间》加强与新的用户群体的沟通提供了便利。企鹅智酷发布的《中国三、四、五线城市网民时间与金钱消费数据报告》表明，三、四线及以下城市人群对短视频和网络小说的喜爱程度明显高于一线城市，他们也更愿意传播、分享短视频，为网络小说付费、充值，但是近七成的用户依然"感觉无聊"。可见，此处的市场潜力仍然较大，在新型发展思路和契机方面还有很大的挖掘空间，用户的信息口味还需要媒介信息生产者去摸索、调研，法治信息的传播也能借此契机获取并挖掘更多的受众。

（四）威胁（threats）探析

1.法治信息的分流现象严重

法治信息的生产主体是多元且泛化的，呈现出多渠道传播、受众分流现象严重的局面。从全国范围来看，中央电视台的《今日说法》《道德与观察》《天网》等节目具有较广的覆盖面。从某地来看，某台的几档电视节目《新闻天天看》《都市全接触》《法治专线》等也涉及法治信息的普及、案件的报道，以及对法律、法规、政策等的解读，分散了部分受众的注意力。

近年来，某地的部分地区自主形成法治传播媒体矩阵。层级式的信息联络平台可以增强各平台之间的信息流通，使之可以合作开展一些具体的策划，或者各部门联合设计并制定线上服务流程，有效缓解群众办事难的问题，也可以形成一张严密的法治普及网络，细致、高效地提供法律服务。受众的注意力本已是稀缺资源，其他同类媒体分走部分受众流量，这对《法治直播间》来说是极大的威胁。

2. 广播适用范围受限

在智能手机普及率和使用率提升的同时，众多手机生产厂家权衡利弊，相继取消了 FM 收音机的调频功能。苹果在 iPhone 系列产品上率先取消了 FM 调频广播功能，之后国内外各手机厂商纷纷跟进，也取消了这一功能。目前，华为、OPPO、vivo、小米、魅族等厂商的部分主流手机的部分机型均不再支持这一功能。也就是说，在收音机退出历史舞台之后，智能手机上的 FM 调频功能也逐渐被舍弃。究其原因，一部分听众转变为观众，相比于"听"，他们更愿意"看"。另外，生产厂商在智能手机使用性价比、体验感等方面做了充足的考量，最终选择下架手机的调频功能。这不仅是《法治直播间》的一个劣势，也是广播媒介需要共同面对的困境。

目前，广播媒介的整体生存环境比较严峻。就《法治直播间》而言，它在网络电台点播聚合平台"蜻蜓 FM"上的内容被悉数下架，这就导致它少了一个面向全国进行内容传播的网络公众平台。尽管很大一部分听众集中在有车一族，但他们在行车过程中对广播节目的选择再次分流。值得注意的是，随着我国"虹云工程"星载宽带全球移动互联网络的布局、车载移动网络硬件技术的普及，车载收音机势必被移动互联网平台取代。届时，整个传统广播市场将不再独享车载调频广播这一渠道，而是被抛入众多互联网产品的竞争大潮中去寻找法治信息传播的一席之地。

3. 移动电台客户端的补充和替代

随着移动互联网的普及，各行各业都在实践"互联网+"。广播电台及部分个人用户投身到互联网浪潮中，尝试"互联网+传统的广播电台"

的模式，从而体现为保留广播频率的新型网络电台及根据个人意愿制办的网络电台，实现了跨时空服务、用户定制、互动频繁、音视频聚合等鲜明特色，逐渐成为传统广播的替代产品。智能手机广播App中占据头部用户流量排名前三位的是喜马拉雅FM、荔枝FM、蜻蜓FM，成为一股抢占市场不可小觑的威胁力量。

移动客户端的网络电台时时刻刻分流着传统广播的受众群体。喜马拉雅等移动电台客户端对众多广播资源的整合、极其丰富的使用体验威胁着广播频率受众群体的选择。它们在聚合全国众多正规广播电视台的广播频率内容的基础上新增了个人、公司开办的电台，扩大了受众的选择范围。并且，喜马拉雅等客户端中还有内容分类可供选择，新闻类，音乐类，小说类，相声类，人文历史段子，教育、培训和情感生活等方面的内容应有尽有，提高了用户的体验度及对客户端使用的忠诚度。此外，它们在满足用户个性化定制方面也非常细化，设置了我的收藏、最近收听、定时关闭等功能，与微信、微博等社交媒体打通渠道，实现了电台的社交性和互动性。《法治直播间》与借助此平台开通的类似法治电台相比没有优势。新媒体、互联网的发展体现为结构性的变化，从本质上来讲并非对法治新闻生产产生决定性影响，但是，其发展依靠互联网的便利和网民红利，对传统法治类广播节目乃至电视、报纸等媒介均会产生冲击效应。

六、《法治直播间》的未来发展

广播类法治媒体在互联网语境下既有自身优势和发展机遇，也面临多方威胁及自身劣势。展望其下一步的发展布局，不能忽视众多显性、隐性的把关人。由于《法治直播间》等广播类法治媒体仍旧处于一种传统意义上的新闻生产模式，在逐渐摸索、拓展新媒介平台的阶段，除却常规的编辑、记者等媒体从业者对法治新闻的层层筛选，信源主体及广播媒介的特性对法治新闻生产过程的初级把关也必不可少。

（一）基本方向：兼顾服务与互动

服务性是《法治直播间》长效发展的坚实基础，也是其一以贯之的节目宗旨。节目始终坚持为听众提供及时的法律服务，记录并服务于法治社会发展进程。当下，注意力资源稀缺，与其与其他媒体争相吸引眼球，不如踏踏实实做好需求服务。硬性刚需与软性需求互不冲突，但是，硬性刚需更能抓住网民（受众）需求的痛点。法治服务属于硬性刚需，因此，切实抓住大众所需，使他们不得不"看"，自然能够留存部分注意力。

反馈和互动是传播环节中重要的一点。反馈可以修正传播，或者对传播行为产生正向影响。互动是在互联网时代与网民（受众）保持联络的重要手段。与网民（受众）保持稳定的联系一方面可以及时了解他们的反馈意见，知道他们的关注点和疑惑点，并且根据反馈及时提供适当的问题解决方案和建议，提前进行策划，以满足网民（受众）的需求。另一方面，人性化的回复和互动能够提高用户（听众）对节目的忠实度和信任度。2018年，《法治直播间》计划联合律师团队，借助微信公众号建设一个线上实时律师咨询平台，但由于缺乏资金和技术的支持，该计划不得不被搁置。如果能够实现该类平台的建设，将是法治服务的一大突破，很好地实现互动性与服务性的贴合。更进一步说，法治类媒体需要重新考虑商业价值之外的社会责任，提供公共法治服务、针对基层社群的法治服务应该成为《法治直播间》等地区性媒体的长效立足点。

（二）内容分发：着重个性化和针对性

社交化传播平台的出现是对广播媒体传播渠道的补充，精心打造内容依然是传播重点和重心。《法治直播间》虽然同时在微信公众号、抖音、头条号上发布内容，但是其工作重点依然在广播节目的内容创作上；相比而言，其他平台只是在广播基础上的另一种表现形式。因此，当一种媒介拥有多种传播渠道时，应该讲究传播的次序。针对微信、抖音和广播三种不同的媒介，依据其各自的平台属性和受众的接受习惯精细化地编辑传播内容，使之具有差异化、分类化的内容传播特征。跳出单一媒体或者某一节目来说，在拓宽传播渠道差异化的传播中可以成立地域范围内的媒体联合矩阵。差异化的内容创作可以在一定程度上解决内容同质化的严重问题，精细化的内容分发既可满足受众的需求，也提升了受众的体验感。在新的传播生态中，内容依然为王，应注重挖掘稀缺内容，以增强可听性、可视性，并提供更好的使用体验。

（三）活动策划：扩大品牌影响力

广播法治节目如何跟进、创新、前行？"带动"式发展是方向。"带动"式发展是将赛事、活动等编排到节目中，设计相连环节，创造人场互动，以活动带动节目，提升节目的影响力。精心组织策划相关的活动不仅会达到预期的效果，还能带动与活动相关的群体和个人，以社交关系中的共有话题吸引更多人关注，以此扩大品牌的外溢效应。2018 年 12 月 4 日走进某市宪法宣传基地朗读宪法的大型音视频直播联合司法厅、高校、《法治直播间》律师团，为大学生提供了近距离感受宪法的权威的机会。联动多部门开发法治资源，精心筹备、策划有分量的法治新闻，使《法治直播间》的既有品牌效应多方向扩散，由点到面地进行法治信息服务传递，使活动与品牌形成良性互动。此外，广播媒体尝试音视频大型直播对主持人的综合素质要求较高，《法治直播间》虽然大胆尝试首开直播，但是在场面调度、话题方向把控、广播直播场景向视频直播场景转变等方面的问题还有待进一步解决，不仅要保证法治内容的质量，还要关注画面呈现的可视度、美感等。

（四）法治故事：提高叙事能力

故事是最容易被理解和产生共情的一种叙事方法。广播法治类节目在下一步发展中应继续强化讲故事的能力。《法治直播间》在每期节目中使用频率最高的就是通过故事阐述主题，透过故事分析案例，专栏《好警察讲故事》《公正司法》体现的就是从案例故事中凸显主题的模式。讲好法治故事既要保持媒体的客观性和公正性，也要体现媒体对普通大众的人文关怀。但这种模式也存在将讲故事变为朗读故事而忽略故事的发展脉络、人物的情绪变化、矛盾冲突的展现等弊端，使故事变得平淡无奇或者被片面地放大细节，导致很难留住听众。讲好法治故事从讲好每一个故事的细节开始，也是为讲好地方故事、讲好中国故事而服务。在讲述每一个法治故事前，媒介（编辑）都会赋予它框架。框架就像一扇窗，窗的大小决定我们能看到多少这个故事的细节，窗的形状也会影响观看者看外部环境。如何架构这扇窗，则需要编辑、记者及讲法治故事的主体去思考。这扇窗的材质用量也有很大的发挥空间，如以新闻游戏的方式讲述法治故事、以15秒的抖音短视频展现法治故事。强化讲法治故事的能力，不仅要加强自身用语言讲述故事的能力，也要具有使用其他媒介形式呈现法治故事的技术。

（五）技术拓展：寻求新抓手

当前，"人工智能+"新闻生产的模式已不再新鲜，但是依然没有被普遍使用。如果《法治直播间》能够利用新技术获取互联网中的法治事件的大数据，根据最新的法治热点动态、提问人数最多的有待解决的法律问题等做出针对性强、引导效果明显的解读，在一定程度上可以大大减少法治新闻从业者对海量资料进行收集、整理花费的时间和劳动力，更大限度地节约相关成本，还可以使法治新闻从业者形成一种紧迫感，调动其积极性和创造性。以《法治直播间》为例的传统媒体开办节目的最大优势是其自身具备的公信力、权威性和影响力。新媒体、自媒体经过3年之久的发展，媒介生态环境开始呈现出向传统媒体的倒流，重大事件发生时最权威、最具有信服力的依然是传统媒体。内容为王，可靠的新闻内容依然是媒介之根本，在互联网基础上衍生的第三方平台是传统媒体借助并扩展宣传平台的重要依托。

《法治直播间》等法治媒体可坚持纵深发展、横向建构的发展思路。纵深发展指追求新闻的深度、锐度和温度。抛开网络上喧嚣的热议，传统媒体应该回归法治新闻的本质，坚持正确的舆论方向，紧扣时代发展的脉搏，优化内容供给，用理性维护公信力和权威性，坚持客观的报道原则。

横向建构指拥抱技术创新，布局新媒体平台，充分发挥并挖掘公检法的社会资源，增强党媒的公信力。

七、结语

法治类节目作为大众传播媒介中的专业普法媒体，理应承担其相应的社会责任。互联网生态的基础设施已经基本完善，以技术驱动、数字化、人工智能等为核心技术的智能媒体正在成为改造社会的新生力量，与此同时，也在不断制造新的发展契机。立足区域性的法治类媒体，无论是广播电视、报纸刊物、网站还是微信公众号，都应充分把握机遇，借鉴技术，发挥优势，构建与人民群众心贴心的普法文本，最大化地发挥媒体的普法功能、服务功能、意见领袖功能。长远来看，法治节目的功能也应该从基础的公共法治信息服务逐渐向培养理性受众的方向发展，通过多种渠道培养并形成理性的社会公众是最终目的。

参考文献

[1] 夏勇.法治是什么 —— 渊源、规诫与价值[J].中国社会科学，1999（4）.

[2]胡智锋，尹力.电视法治节目：特质、创作与开发[M].北京：中国广播电视出版社，2003.

[3]郭庆光.传播学教程（第2版）[M].北京：中国人民大学出版社，2011.

[4][法]拉图尔.科学在行动[M].北京：东方出版社，2005.

[5]葛彬超.马克思主义传媒法制传播功能与调控[J].马克思主义哲学研究，2014（14）.

[6]中国互联网络信息中心.第42次中国互联网络发展状况统计报告[EB/OL].http://www.cac.gov.cn/2018-08/20/c-113296882.htm.

[7]智酷研究中心.中国三、四、五线城市网民时间与金钱消费数据报告[EB/OL].http://www.199it.com/archives/769940.html.

[8]王泽华.媒体融合"下半场"广播媒体的发展趋势与路径[J].中国广播，2018（6）.

[9]常俊青，翟利华.广播法治节目走"带动"式发展新路[J].数字传媒研究，2015（3）.

第四章　媒体融合背景下地方新闻从业人员生存状况调查

近年来，微博、微信、客户端等新兴媒体的发展极大地改变了新闻传播和生产方式，也深刻改变着媒体格局和舆论生态，媒体融合已成大势所趋。党的十八届三中全会提出了推动媒体融合发展的重大任务，许多地方媒体机构开始走上了融合转型之路，顺势建立"中央厨房"及新媒体部门，地方媒体机构对新媒体人才的需求急剧增加。

在新媒体的冲击下，由于地方媒体发展前景欠佳，媒体人存在自我突破的局限，地方媒体出现了"离职潮"现象，大量媒体人才流至外界新媒体领域。面对体制内的生存环境和媒体环境的变革，地方新闻从业人员的生存状况如何，正在发生哪些变化，这些变化在何种环境、何种机制中产生等问题备受业内关注。

在媒体融合与新闻从业者方面，国内的许多学者提出了相关疑虑。丁柏铨认为，媒体融合使得"新闻从业者的业务精专不被强调，个性特点趋于弱化，对传播活动的人文底蕴有所忽视"。许多国内学者也在寻求相关的解决之道。黄九清认为，在媒介融合的背景下，新型的、合格的新闻从业者应该培养自身良好的政治素质，掌握多媒体技术，并且拥有良好的外语沟通能力。

一、融媒体背景下某日报社的新媒体人才需求

2016 年，某日报社打造"中央厨房"，以融媒体"中央厨房"为核心，按照"移动媒体优先，先网后报"战略进行策、采、编（译、转）、发（播）、评的流程再造，建立一体化运作机构和"一次采集，多种生成，多元传播"的内容生产和业务融合管理体系，形成以时政新闻、都市新闻为主的客户端，涉及报纸、杂志、网站、微博、微信、手机报、客户端等 12 种媒介、35 个媒体和 30 多个公众号的媒体融合矩阵，融媒体报道成为常态。2016 年 4 月，该报社结束了全媒体平台一期建设，并在 2017 年 6 月和 2018 年 4 月分别启动二期、三期的建设。为了解该报社在推进媒体融合过程中人才需求的相关变化，笔者深度访谈了该报社原媒体融合部负责人。笔者了解到，该报社对媒体人才的需求发生了改变，与此同时，在引进人才、激励地方媒体人方面也遇到了困境。

（一）对新媒体人才的需求类别

人才作为体现地方媒体竞争力的重要构成因素，直接决定了地方媒体开展媒体融合的能力和速度。媒体融合与过去的传统媒体有所不同，在传播环境、传播理念、受众构成、经营方法上都发生了巨大的改变，如果仅仅增添设备、开拓媒介，而忽略对人才的重视，那么就算勾勒再宏伟的转型蓝图，也终会昙花一现。融媒体时代需要的是具备互联网思维、新媒体运营经验的专业人才，唯有这样，才能摆脱对传统母报的依赖，不断向新的媒介领域拓展，创造出新的媒介产品，发展新的盈利渠道，真正促成各媒介的融合发展。该报社虽然各媒介运营人员的配备和就位情况良好，也实现了公司化运营，但相关人员几乎都是从过去的传统媒体抽调过来的，极度缺乏精于系统编程、大数据、云计算、产品运营、整合营销等的新媒体制作团队。而就现有的新媒体工作人员来说，其薪酬待遇往往较低，再加上工作性质不稳定、晋升空间小，他们往往不会在媒体的岗位上停留太久。此外，现有的媒体人才引进机制以招考制为主，大大缩减了地方媒体找寻合适的媒体人才的机会。

目前，该报社急需的人才分为两类：一是新媒体形式方面的技术人才，包括负责平面及网页制作的设计人才，进行视频拍摄和剪辑、H5 制作等的人才，以及新媒体编程方面的程序人才。二是新媒体领军人才。名记者、名编辑是新闻队伍中的拔尖人才，是激励新闻从业人员奋发向上的榜样，更是衡量一个新闻单位的实力、水平、声誉、威望的重要标志之一。他们具有新媒体思维，又能很好地结合实践，为媒体融合提供人才引领的动力，以点带面地推动媒体人的发展。

（二）传统媒体从业者转向新媒体领域的现象

解决新媒体人才的不足，其一靠"引"，其二靠"转"。该报社的新媒体人员存在两种形式：一是从工作伊始便是新媒体从业者；二是从传统媒体转向新媒体的人员，包括机构调整前媒体机构的大部分领导，机构调整后，全员开始转向新媒体。该报社目前还处于传统媒体人员转向新媒体的初级阶段。此外，该报社从2014年开始尝试重大报道、典型报道，建立"柔性组合"队伍，从传统采编等部门抽调人员进行媒体融合报道，通过项目孵化提高传统媒体人员的新媒体能力，促使传统媒体人员向新媒体人员转型，成为报社发展媒体融合的核心力量。

二、某日报社新媒体从业者的生存现状

从宏观环境来看，媒体大环境出现急转弯式转变，媒体融合成为推进媒体深化改革的重要部分，地方媒体机构纷纷迈出融合的步伐。作为与环境变化直接相关的工作者，地方媒体机构内的新媒体从业者或主动，或被动地进行自我调整和适应。从微观环境来看，新媒体使新闻业的行业壁垒及专业的神秘性被打破，新闻从业者发布新闻的渠道优势被大幅度消减，UGC（User Generated Content，用户生成的内容）使公民新闻成为信息生产的一部分。有学者用"液态的新闻业"（liquid journalism）来概括当今新闻业在新传播形态下的变化特征，记者身份发生了"液化"，记者的身份和角色不再是相对稳定的，而是在新闻制作和传播的过程中表现出在职

业记者、公民记者、社会大众之间不断转换的特征。由此，新闻从业者工作角色的专业性受到挑战，地方媒体机构内的新媒体从业者直接面对行业内竞争和行业外竞争并举的局面。这促使他们紧跟新媒体，尽快完成角色的调整，维护新闻专业主义，提升竞争能力。

笔者从职业认同、角色压力、职业倦怠三个方面出发，从三个方面的不同维度展现并分析在该报社转型的背景下地方媒体机构内的新媒体从业者的心理现状和生存状况。由于三个方面的不同维度会有部分交叉，故采用不同侧重点的方式呈现。

（一）某日报社新媒体从业者的职业认同维度

在我国，樊亚平最早将职业认同引入新闻传播领域。他认为职业认同是"从业者对自己的职业身份、职业价值、职业特征的认同状态，是其职业认知、情感、动机、期望、意志、价值观、满意度、忠诚度等构成的综合性的职业心理状态"，他在专著《中国新闻从业者职业认同研究（1815 — 1927）》中提出了探查记者职业认同的四个维度：从业缘起与动机、职业情感与忠诚度、新闻或新闻职业认同、自我身份认同。笔者将以上维度作为依据，分析某日报社新媒体从业者展现的职业认同状况。在观察过程中，笔者未明确发现"新闻或新闻职业认同"方面的现象，故不予探讨。

1.动机：理想主义与现实选择并存趋向

某日报社的新媒体从业者表现出了几种不同的职业动机。一是新媒体从业者出于对新闻业的热爱，对新闻行业抱有职业理想情怀。新闻从业者对新闻业的热爱使该行业有了不同于其他行业的特殊性，产生了较高的职业认同趋向。二是地方媒体机构的事业单位体制吸引着从业者，尤其是编制带来的职业的稳定感和心理方面的安定感使从业者选择该行业，成为地方媒体机构内新媒体从业者的一员。

2.忠诚度：坚定与游离抗衡、博弈

某日报社的新媒体从业者在整体上呈现出了较为坚定的职业忠诚度，展现了较高的工作积极性。但也有部分新媒体从业者对媒体工作产生动摇

的情况，主要表现在以下几个方面：

一是为满足新闻的即时性需牺牲个人时间的现实动摇了新媒体从业者的职业忠诚度。新闻追求真实性和时效性，是对新近事实的报道。媒体本身的工作性质要求新闻工作者即时、准确地发表新闻，在新媒体语境中更是如此。二是在新媒体环境下，自媒体发展迅猛，各式各样的新媒体渠道为自媒体提供了舞台。自媒体门槛低、收益高、工作自由度高等特点吸引了一大批自媒体人，不少具有专业优势的媒体人也转入这一领域。新媒体环境下新的传播方式吸引媒体人转入新媒体领域。

3. 自我身份认同：职业自豪感表现与失望

某日报社的新媒体从业者在工作过程中会表现出其职业自豪感，尤其是在工作有了突破或取得了一定的成绩时，职业自豪感的表现更明显，展现出他们在新媒体工作中的自我身份认同。该报社新媒体从业者在自我身份认同，尤其是职业自豪感方面也会受到干扰。

一是对自身职业的怀疑。原因是个人价值得不到提升和认可，导致对自己的职业身份的失望。

二是没有记者证使新媒体从业者的职业自豪感受到了干扰。据国家新闻出版广电总局统计，截至 2017 年 11 月 7 日，全国共有 228327 名记者持有有效新闻记者证，其中，新闻网站记者仅 11 人。目前，新媒体记者、编辑已经成为重要的信息生产人员，但由于传媒业在体制上的规划，新媒体从业者不能享有与传统媒体从业者一样的身份认证，影响了其采写新闻的自主权。没有记者证在一定程度上影响了他们作为记者的身份认同。

（二）某日报社新媒体从业者的角色压力

新闻从业者本身具有多重角色，在进行新闻活动时会受到政府、媒体组织及用户多方面的影响和制衡，包括多方面的权利博弈。新闻活动的过程必然受多种角色的影响，也面临着多种角色带来的压力。

1. 角色压力：工作方式

在进行新闻报道时，新媒体从业者的工作方式、新闻产品的制作、新闻的发布渠道、与用户的距离等均与地方媒体有所不同。尤其在新闻产品的制作方面，新媒体产品能够利用更丰富的技术手段呈现多样的新闻产品。一方面，文字、图片、视频、H5、动画等多种形式使新闻报道更丰富；另一方面，采用多样形式的目的是使内容和形式有创意、有趣味地结合，起到"1+1>2"的效果，从而吸引用户，达到传播效果，这也是新媒体从业者制作新媒体产品首要考虑的问题。地方机构内的新媒体从业者接触的多是较为严肃的新闻主题，包含较多的政治因素，如政治导向、舆论导向、价值导向。用新媒体产品形式对严肃的主题进行有创意的表达，在信息繁杂的新媒体渠道中争夺用户的注意力，以达到最大化的舆论宣传效果，无异于另一种形式的"带着脚镣跳舞"。地方媒体内的新媒体从业者常常需要处理其工作内容带来的角色压力。

2.角色模糊：搬运工

某日报社从事发布工作的编辑是新媒体从业者的主力军，包括微信编辑、PC网页及移动客户端编辑。在他们从事的工作中，体现主动性及创造力的内容较少。筛选、排版及"复制、粘贴"式地发布新闻占了从业者的大部分精力。由此，有编辑将自身的职业角色定义为"搬运工"。

某日报社的新媒体从业者存在工作内容的角色压力，也有新媒体编辑将自身职业角色定义为"搬运工"的角色模糊的情况。地方媒体机构内的新媒体从业者身处特殊的职业环境，工作职责和工作任务使之面对特有的角色压力，加深了他们的困惑，使他们产生了"我该是谁?"的疑问，影响其工作积极性和工作热情。对角色的定位不清晰会造成新媒体工作者按照自身感受的角色在错误的方向上工作，浪费精力及热情。长此以往，随着新媒体从业者的工作热情被消耗，他们必然产生工作倦怠的情况。新媒体从业者工作疲软的状态不利于地方媒体生产新媒体产品、推进新媒体发展，会阻碍媒体融合的推进。

（三）某日报社新媒体从业者的职业倦怠现象

职业倦怠又称"工作倦怠"，近年来西方组织行为和人力资源管理领域将职业倦怠作为研究的重点。1974年，美国纽约临床心理学家Freudenberger首次提出"倦怠"的概念，认为倦怠最容易在工作中出现，描述在工作中情绪衰竭、身心疲惫的状态。对于职业倦怠，应用得最广泛的是 Maslach 和 Jackson 的定义："在以人为服务对象的职业领域中个人的一种情绪耗竭、人格解体和个人成就感降低的症状。"后来，Maslach 将职业倦怠表述为：个体不能有效面对工作中长期存在错的压力而形成的一种综合征，包括情绪衰竭、疏离和职业效能感降低三个方面。

某日报社新媒体从业者整体的精神面貌良好，工作积极性较高，但也不可避免地存在一些职业倦怠的问题。

1.情绪衰竭：新媒体从业者身心疲惫的现象

情绪衰竭是对工作压力和工作中重大变故的直接反映，也是职业倦怠的核心。

（1）工作节奏快

信息大爆炸时代，新媒体由于具有传播没有时间、地点的限制，传播速度快，传播效果好的特点，在信息传播的时效性方面较地方媒体占有优先地位。该报社也制定了"移动媒体优先、先网后报"的传播策略，在第一时间将新闻发布，抢占时效先机。与此同时，该报社也对新媒体从业者提出了同样的要求：24 小时随时、随地待命。因而常有编辑晚上 12 点以后完成工作的情况；"两会"期间，凌晨三四点还在工作的情况也时有发生。随时待命的工作方法会对新媒体从业者的体力和情绪造成影响，导致心理紧张和躯体紧张，容易造成职业倦怠。

（2）本领恐慌

媒体融合时代，媒体对新媒体人员的职业技能提出了更高的要求。有学者指出，媒体融合时代需要三类媒体人才：一是能够在多媒体传播集团中进行整合传播策划的高层次管理人才，二是能够运用多媒体技术的全能型编辑和记者，三是关于新媒体的研究型人才。新媒体人员不仅要有一专，还被要求全能。对于新媒体人员，文字、策划、技术等方面的能力都需要提升，因而，他们容易出现精力不足的情况。再者，技术的快速发展使信息的传播方式越来越多元，新媒体从业人员也面临着本领恐慌及竞争压力。尤其在地方媒体机构进行媒体融合的情况下，部分地方媒体机构内的新媒体从业者显得较为被动，产生了焦虑感。

另外，随着技术的更新、迭代，大数据、智联网、AI、5G 等新技术改变着信息的生产、表现和传播模式。H5、短视频、动新闻等新媒体形式可谓轮番上阵，吸引用户关注。每当有新的传播形式的出现，就意味着新媒体从业者们需要学习新的技能。对于地方媒体机构，由于没有掌握核心技术的能力，只能被动地"什么火就用什么"。地方媒体机构内的新媒体从业者也是被动地"需要我做什么，我就做什么"。往往现有的技术还没被驾轻就熟地掌握，新的技术又来了；现有的技术产品被推广不久，用户的注意力又被新的技术产品分散了。这不但加重了从业者的焦虑，也影响了其学习积极性。

（3）"把关人"压力

新闻具有公开性和传播广的特性，有着"扩声器"的作用，能对用户的思想、态度和行为产生实际的影响。在我国，新闻媒体是党的舆论喉舌，是党和政府联系群众的桥梁和纽带，必须坚持正确的舆论导向。从新闻的生产到发布，新闻工作者一直充当着"把关人"的角色，只有符合"把关人"的世界观、政治要求、利益诉求的信息，才能进入百姓的视野中。

新媒体平台新闻发布的时间和内容更加灵活，频率更高，意味着新闻工作者每天要对大量的信息进行多次把关。地方媒体机构的新媒体平台有更快的传播效率、更大的影响力，需要更高的把关频率，因此，需要新媒体人有更强的把关能力，这无形中增加了把关压力。新媒体从业者稍有疏忽便会造成把关的失误。每天都要履行"把关人"职责的新媒体从业者在经常性紧张的状态下便会产生情绪衰竭。

2.疏离状态

疏离指从业者以冷漠、疏远的态度对待工作和工作中的人，他们尽量减少对工作的付出，甚至自己的理想。在某种程度上，疏离是从业者尝试防止遭受情绪衰竭和失望的表现。该报社新媒体人员的表现呈两级分化的状态：部分记者、编辑的危机感和积极性特别高，部分记者、编辑表现出了对职业的疏离状态。

该报社新媒体人员的疏离呈现出两种情况：一是时间紧，二是待遇低。

（1）时间紧

媒体新闻产品的发布需要注重时效性，尤其是在信息流动迅速的新媒体平台上，有些新闻的时效性甚至以小时为单位。对于新媒体从业者，本身工作时间紧、任务急是外在因素，防止情绪衰竭加重是内在因素，两重因素的叠加使新媒体从业者减少了对工作的付出，表现出疏离的状态。

（2）待遇低

1996 年，Siegrist 提出了"努力 — 奖酬"失衡模型，从个体付出的努力与获得的奖酬是否达到平衡的角度来讨论倦怠问题。该模型指出，当从业者付出的努力超过回报时，就会产生职业倦怠的现象，这里的回报包括金钱、尊重职业稳定和职业发展机会。近年来新闻从业者的工作复杂程度提高，工资的增长速度却比较慢，远远跟不上物价的增长速度。地方媒体机构内的新媒体从业者要适应新的工作要求，面对更大的工作压力，但由于体制的限制，工资、绩效的弹性空间不大，奖金跟不上，使部分新媒体工作者渐渐表现出疏离状态。制作新媒体产品与制作地方新闻产品的方式、流程截然不同。新媒体产品制作方式多样，往往需要多个媒体人用较长的时间配合生产。原有的考核标准已不再适用于新媒体产品。如果没有按照新媒体人的预期合理分配绩效，就容易使新媒体工作者感到不满。

3.职业效能：对工作意义的怀疑

职业效能指从业者对自己的工作能力、工作成效及工作意义的评价。倦怠者职业效能低，在工作中很难体会到成就感，缺乏自信，感觉前途渺茫。

（1）新媒体平台影响力作用于职业效能

新闻工作本质上就是信息的传播工作。拉斯韦尔提出构成传播的五种要素，按照一定顺序排列，后被称为"5W"模式，即"Who"（谁）、"Say What"（说了什么）、"In Which Channel"（通过什么渠道）、"To Whom"（向谁说）、"With What Effect"（有什么效果）。传播效果如何与传播源头"Who"息息相关。马斯洛将人类的需求划分为生理需求、安全需求、社交需求、尊重需求和自我实现需求。他指出自我实现需求是最高层次的需求，与成就动机直接对应。

媒体工作者位于传播过程的最上游，传播的信息能否产生良好的效果、能否作用于用户或社会直接影响他们作为媒体人的价值感。如今是"酒香也怕巷子深"的时代，信息数量呈指数型增长，传播渠道大大扩张，人人都可利用新媒体传播渠道传播信息。新闻工作者要满足其职业成就感，就需要关注度更高的平台，以体现工作价值。地方媒体机构在新媒体渠道中面临着多方面的竞争，需要与众多传播者争夺用户的注意力资源，但存在传播内容同质化、传播方式刻板的问题，降低了用户对地方媒体机构新媒体平台的硬性及软性需求。地方媒体机构的新媒体平台的影响力因而受到了限制，不少新媒体平台坐了"冷板凳"，传播效果大打折扣。

此外，新媒体平台可以直观地看到量化了的传播效果，如阅读量、点击量、评论数、点赞量等，这使新媒体从业者对自己所做的工作的价值产生直接的评价。当这些量化指标不尽如人意时，新媒体从业者容易产生"我做的工作是否有用？"的怀疑，影响自身的专业名望的构建。

（2）工作内容作用于职业效能

媒体从业者所做工作的内容与其职业效能直接相关。若媒体从业者对所做工作内容的意义有明确的认知，便会以积极的心态去工作；若媒体从业者不认可其工作内容的价值，便会产生低职业效能，认为其工作没有意义。新媒体从业者会对所做工作的价值产生怀疑，使职业效能降低。工作的自主性有利于激发新媒体从业者内在的工作动机。影响工作自主性的工作内容会降低从业者的工作热情，使他们认为这样的工作没有意义，产生较低的职业效能感。

当前，地方媒体机构内的新媒体从业者与地方媒体机构一起面对着行业的巨大变革，他们遇到的职业倦怠问题与其职业属性密切相关。他们要把握新媒体快节奏的工作属性，遵循传统媒体机构的体制机制，也要不断调整自身，适应地方媒体机构深度融合的进程。他们会受到各种纪律、制度的约束，要在约束中进行新媒体新闻产品的生产。尤其对从传统媒体转入新媒体的从业者来说，他们要面对的是工作思路和工作技能的转变，曾经赖以体现价值的职业技能不能满足现在的工作需求。地方媒体机构内的新媒体从业者承受着种种相关压力，但其工作待遇与付出不尽匹配，职业成就感没有被最大限度地满足，种种因素使他们产生了职业倦怠问题。

职业倦怠是长时间压力累积造成的，不是偶尔产生的、短暂的心理状态，会对个人和组织产生不良影响。职业倦怠需要被及时调整，避免新媒体从业者感到身心俱疲，影响身心健康。在高度紧张、节奏快、时间紧、要求高的工作状态中，地方媒体机构内新媒体从业者的身心需要得到放松。长久得不到放松会透支新媒体从业者的身体健康，甚至引发抑郁症等心理疾病。在身心疲惫的情况下，新媒体从业者很难保持良好的工作状态，影响工作效率。倦怠程度与工作效率成反比，倦怠程度越高，工作效率越低。新媒体从业者的工作需要注重时效性，要在有限的时间内高效地完成工作任务。工作效率低会对新闻产品的质量产生影响，甚至会导致无法完成工作任务。由此，新媒体从业者会怀疑自己对工作的胜任能力，离职倾向愈加明显。

从组织层面来看，新媒体从业者的倦怠心理会对地方媒体机构产生不良影响。新媒体从业者工作效率变低会导致组织整体的工作绩效低下、媒体融合进程放缓。职业倦怠造成的工作氛围低迷会使组织丧失活力。新媒体从业者离职数量的增加使地方媒体机构面临新媒体人才流失的风险。对地方媒体行业来说，只有新媒体从业者的职业倦怠得到有效缓解，才能进一步增强、新兴媒体竞争的能力。

三、新闻从业人员生存现状问题的成因分析

地方新闻从业人员生存状态中存在的问题与媒介大环境的变化、媒体组织制度的不完善及自身素质有待提高关系密切。

（一）媒体生态环境的变化

新闻从业人员的生存状态出现此类问题与媒体生态环境的变化密切相关。媒体生态环境即大众传播机构生存和发展的环境，它包括社会环境、制度环境、市场环境、文化环境、技术环境。也就是说，媒体的生态环境

与社会的整体大环境是相互依存的，无论是相关制度，还是市场、技术，以及当时、当地的文化发展状态，都制约着媒体的生态环境。

众所周知，中国当代社会正处于转型期，特别是经济的转型，大有牵一发而动全身之势。中国经济从高速发展到目前的减速换挡发展状态的转变，必然给整个社会带来方方面面的冲击和挑战，新闻事业不可能置身其外。社会的转型首先带来的是整个社会的躁动，人们往往更执着于眼前的利益和个人的利益，由此，人们的思想意识、道德和价值观念便会发生变化，受众的心理当然也会随之变化。当前，部分受众一味追求心理刺激，感官满足的不正常现象越来越多。经济的转型还带来了更激烈的市场竞争，人们拼命追求利润的最大化，为了金钱可以出卖自己的良心，行为没有了底线。相应地，新闻记者的心理也在发生变化：有的记者对自己的微薄收入产生了不满情绪，于是有偿新闻出现了，当然，这种现象是经济大环境下的产物，问题并非全部在记者个人；有的新闻记者为了完成任务，增加收益，只能迎合大众的口味，于是，过度渲染新闻事件中的新奇、娱乐等方面的情况增多了。

（二）新闻从业者自身素养欠缺

新闻从业者虽然学历大有越来越高的趋势，但有些从业者自身素养尚有欠缺。当然，原因是多方面的，如新闻从业者队伍的年轻化使他们需要更长的时间历练并提升。行业的变化让新闻从业者倍感压力。当下媒体对记者的需求越来越偏向于技术型和复合型，随着采编、制作数字化设备的不断革新、进步，对一线采编人员的专业技能要求也越来越高，地方媒体里从事计算机采、编、播技术工作的人员也在逐年增加，这些都大大增加了新闻从业者接受专业继续教育的急迫性。

在媒体融合的趋势下，地方媒体机构内新媒体从业者的职业心理现状应该被给予关注。地方媒体机构内的新媒体从业者的生存和成长环境本身具有特殊性，既要适应地方媒体的整体环境，又要在这样的体制环境内从事新媒体工作。地方媒体机构内的新媒体从业者要在脱离最符合其工作特点的媒体环境中"嫁接式"生存，尤其在媒体融合不彻底的情况下，他们出现了一些负面的职业心理状态。在人员组成上，地方媒体机构内的新媒体从业人员有两种，一是本身从事新媒体的从业者，二是从地方媒体工作转向新媒体工作的从业者，人员构成比较复杂。尤其对从地方媒体转向新媒体的从业者来说，其生存状况更需要被探究。

从整体上看，该报社的新媒体从业者表现出了多方面的职业认同，在工作中精益求精，主动学习新媒体技能，有较高的工作积极性。与此同时，部分新媒体从业者也存在一些职业心理方面的问题。在职业认同方面，被动选择新媒体行业的从业者面临着困惑，新媒体的工作性质和自媒体等媒体形式的发展使从业者有了离职倾向，此外，也有新媒体从业者对自身的认同产生了怀疑。在角色压力方面，地方媒体机构内的新媒体从业者有着工作内容的角色压力，也有从业者有角色模糊的困惑。在职业倦怠方面，工作节奏快、本领恐慌、疏离因素使地方媒体机构内的新媒体从业者产生了情绪衰竭的心理状态。

从研究中也可以看到，具有事业单位性质的地方媒体机构的体制机制从正、反两面影响着新媒体从业者的心理状态。一方面，这样的体制机制给从业者带来了心理上的稳定感；另一方面，事业单位的体制机制本身的局限性影响着新媒体从业者的工作待遇，进而影响了从业者的工作积极性。随着媒体融合进程的深入，地方媒体机构内的新媒体从业者必然逐渐增加，这也是推动媒体深度融合的重要引擎。关注在媒介环境发生重大变化的情况下地方媒体机构内新媒体从业者的职业心理状况，在了解的基础上从各个方面去调适他们的心理现状，对处于转型期的地方媒体机构来说极为重要。

四、针对地方媒体新媒体从业者的心理调适策略

地方媒体机构内的新媒体从业者作为知识型员工，其职业心理状态影响着自身的工作绩效等方方面面，以及传统媒体机构转型的顺利与否。因此，在地方媒体机构进行媒体深度融合，容易陷入"疲弱"状态，对新媒体从业者的职业心理现状进行及时、有效的调整尤为重要。下面，笔者将

从个人、组织、社会三个角度提出地方媒体机构内新媒体从业者的职业心理调适策略。

（一）个人调适

1.学会自我调节，承担工作责任

地方媒体机构内的新媒体从业者首先要学会自我调节，积极面对媒介格局的变迁，在发现自身存在的职业心理问题时不要惊慌，采取积极的态度应对职业心理问题，认识到自身工作的特殊性，进行合理的归因，要认识自我，肯定自我，鼓励自我。新媒体从业者的工作强调时效性，常会占用个人时间，因此在时间安排上要处理好工作、家庭与休闲的关系，学会享受生活。此外，还可以通过体育锻炼提升身体素质。强健的身体抗压能力强，有利于缓解倦怠、抑郁等问题。还可通过放松训练、压力预防训练、社交训练等方式提高抗压能力。尤其是具有较强进取心、自信心、侵略性和成就感，并且容易紧张的 A 型性格者，要注重心态的调整，学会在繁忙的新媒体工作中放松，预防职业心理问题。

地方媒体机构内的新媒体从业者要明确自身所做的工作具有的重要意义。从媒体融合层面看，地方媒体机构内新媒体从业者所做的工作是推动媒体融合转型的重要因素。地方媒体机构内的新媒体从业者要在新媒体平台上发布更有价值、更有意义的信息，促进媒介环境的良性发展。从社会层面来看，地方媒体机构内的新媒体从业者要在信息纷繁复杂的新媒体平台上发挥党的"喉舌"作用，引导舆论，正面宣传，维护社会的稳定。地方媒体机构内的新媒体从业者明确自身背负的责任和工作的重要意义，有利于调适职业心理问题。

2.主动学习新媒体技能，提升新媒体思维

面对在媒体融合背景下提出的更高要求，新媒体从业者要勇于挑战自我，化被动为主动，主动学习新媒体技能，加强新媒体思维。新媒体从业者可专门针对某种技术进行学习，如图片处理技术、视频剪辑技术等。通过报班学习、网课学习等方式学精这门技术，形成自己在这方面的优势，充实职业技能架构，提高职业生存能力。还要关注媒体行业最新技术的发

展，与时俱进地调整方向，了解并学习新技术领域的基本情况，使自己在面对下一波技术潮流时有所把握，不至处于完全被动的状态。

在新媒体思维提升方面，新媒体从业者可以借鉴、学习优秀新媒体产品的创作思路，多进行独立策划，多角度提出策划方案，锻炼自身的新媒体思维。从传统媒体转入新媒体的从业者要利用好自身文字功底扎实的优势，在与新媒体技能结合的过程中不断取长补短，转换思维，提升新媒体思维的能力。

（二）组织引导

1.形成"以人为本"理念，发挥组织创新

良好的组织氛围有利于员工创造力的培养，也有利于缓解他们遇到的职业心理问题。一方面，地方媒体机构要形成"以人为本"的管理理念，以"人"或"人性"为核心，为新媒体从业者提供一个较为宽松、自由的发展环境。若因新媒体工作性质而无法规范工作时间，则要适当减少工作任务，必要时采取"弹性工作制"，给予新媒体从业者调适身心状态的缓冲时间，这样也能缓解新媒体从业者"时间紧"的疏离状态，保证新媒体从业者有更多的精力投入创新制作中来。除了物质奖励，要给予新媒体从业者精神上的激励，激发其工作动力，缓解其职业心理问题。此外，关于社会支持的研究表明，来自上级的支持比来自同事的支持更为重要。管理者要关心下属的职业心理状况，与员工建立有效的沟通渠道，激励并鼓励员工，提供正向的情绪性支持；还要及时调解员工间的矛盾，以形成良好的上下级、同事间关系，营造融洽的组织氛围。另一方面，要积极发挥组织创新优势，从领导、环境等方面建立组织创新氛围，以适当的压力激发新媒体从业者的创新能力和工作动力，使他们体会工作的趣味性、挑战性、成就感及满足感。这样既能够在组织层面上快速引导新媒体从业者增加新媒体本领和新媒体创新能力，又能够调动新媒体从业者对工作的兴趣，缓解他们因本领不足而产生的情绪衰竭，最终在良好的心理氛围中形成良性循环。直面媒体融合带来的机遇和挑战，打造积极、昂扬、携手转型的组织氛围也非常重要。地方媒体机构的领导层也要积极与从业者们沟

通，使从业者了解媒体的融合步骤及进程，从而自上而下减少转型带来的传统媒体焦虑，增加新媒体从业者的信心和工作的积极性。

2.建立绩效薪酬制度与奖励政策

地方媒体机构首先要使新媒体岗位的薪酬与市场匹配，不低于市场的平均水平。新媒体产品的制作一般需要策划、文案、制作等多人团队化配合，且新媒体产品种类多样，制作难度也各不相同，因此必须建立与新媒体产品适应的绩效薪酬制度，使新媒体从业者的付出与回报匹配。可以建立若干考核指标，除将点赞量、阅读量、回复评论等计入绩效权重，还可根据不同类型的新媒体产品设置不同的考核指标。

地方媒体的事业单位性质使其自身一般会在绩效方面受到很大的限制。因此，地方媒体可设立新媒体相关奖项，并附有物质奖励，将之制度化、标准化，激励新媒体从业者积极投入工作中，激发新媒体工作者的工作热情。

3.明确工作职责，提升工作参与性与自主性

地方媒体机构内的新媒体从业者扮演着多种角色，同时面临着多种角色的压力。地方媒体机构要引导新媒体从业者明确自身的工作职责及工作范围，认识到自身首要担负的工作职责。明确工作职责也能缓解从业者的角色模糊问题。还要提升新媒体从业者的工作参与性，让他们参与决策、管理，提高他们的参与度，使他们减少角色冲突，减轻角色模糊，有效地控制角色冲突和角色模糊带来的工作压力。

地方媒体机构可让新媒体从业者参与工作任务的制定、绩效考核等制度决策，提升新媒体从业者工作的参与性，使新媒体从业者更加明确工作任务及角色，也可满足他们受尊重和实现自我的需要，增加职业认同，提升职业效能。提升新媒体从业者工作的自主性也是必不可少的。Karasek和 Theorell 提出了"需求控制模型"，员工自主决定的范围和工作要求是决定工作紧张的两个因素，那些对工作更有控制感的员工会比缺乏控制感的员工经历更少的工作紧张。

地方媒体机构要给予新媒体从业者更多的工作自主性，使新媒体从业者自主选择新媒体产品制作方式，减少从业者因本领恐慌而产生的紧张和

压力，在其可控范围内不断提升新媒体能力。此外，可以鼓励从传统媒体转入新媒体的从业者保持内容生产的优势，使他们认识到在新媒体时代，内容仍旧是根本，在发挥文字技能的基础上逐渐提升技术能力，增加对工作的控制感。要注重提升新媒体编辑的工作自主性，减少新媒体编辑"搬运工"式的工作，将能体现创造力和能动性的工作分配给他们，提升新媒体编辑的职业效能感。

4.注重政治素质提升，加强新媒体培训

地方媒体机构内的新媒体从业者需要严格遵循宣传纪律，但他们面临着把关难度提升和宣传任务加重的倦怠问题，因此需要注重加强新媒体从业者的政治素质。地方媒体机构可进一步加强对新媒体从业者的政治素质培养，不仅针对党员，还要扩展到全体新媒体从业人员。可通过讲座、党员带动学习等方式加强党的理论知识的学习，了解并分析时事。在提高政治素质的基础上，新媒体从业者的把关能力会相应加强，有主动宣传的意识，提高宣传能力，缓解相关的职业倦怠。

地方媒体机构要加大新媒体培训的力度。具有丰富的新媒体运营经验和新媒体专业知识的基础人才是媒体融合发展的核心要素，地方媒体机构内的新媒体从业者是传统媒体机构推进媒体融合的重要部分。然而新媒体从业者面临着新媒体技术和新媒体思维能力缺陷的困惑，导致缺乏新媒体专业知识和技能，与工作岗位不匹配，引发了情绪衰竭。地方媒体要重视员工的再教育，采用"引进来""走出去"的模式，邀请新媒体领域的专家、媒体同行培训新媒体从业者，增加到《人民日报》等处于媒体融合进程前沿的媒体进行考察、安排新媒体技术的专业培训等相关项目。还可开发岗位必修课程体系，开设新媒体培训的系列课程，方便新媒体从业者自主学习。需要注意的是，一定将新媒体从业者培训的效果落实，要对培训结果进行考核，要求新媒体从业者做思考，写总结，将学习到的新媒体思维和新媒体技术切实应用到工作中去，再通过实践锻炼、强化新媒体技能。切不可学过之后便将所学知识抛在脑后，走形式主义，要加强组织方面的效果监督。

5.推广新媒体平台，提升新媒体从业者工作价值感

导致地方媒体机构内新媒体从业者职业效能低的一个重要原因，便是传统媒体机构的新媒体平台影响力不足。新媒体从业者无法得到高的阅读量、点赞量的反馈，从而认为其工作没有意义。地方媒体机构要善用营销策略，推广影响力不足的新媒体平台。如将新媒体平台系列化，打造品牌印象，用用户关注度高、影响力大的新媒体平台带动关注度较低的新媒体平台；强调每个新媒体平台的独特性，尽量避免内容的同质化；鼓励新媒体从业者在新媒体平台上与用户互动，增加用户黏度；必要时将同质化严重、影响力不足的新媒体平台关闭，集中用户的注意力。

通过以上措施提升新媒体平台的影响力，可以使新媒体从业者在工作过程中感受到工作效果，提升工作价值感。除了推广新媒体平台，传统媒体机构应引导新媒体从业者摆平心态，明白事物的发展过程是循序渐进的，激励新媒体从业者积极应对挑战，为新媒体平台的发展提供力量，使新媒体从业者明确工作的意义。

6.丰富记者团队知识结构，拓宽人才引入渠道，完善培养机制

地方媒体应与时俱进，阶段性、系统性地对其内部的新媒体从业者开展专业继续教育，形成制度性的培养机制，以保持新闻团队的活力和竞争力，如聘请国家级媒体知名记者开展系列讲座，聘请专业技术人员对从业者进行技能培训等。

总之，媒体机构应充分重视从业者队伍的继续教育。落实人才战略，同样也是全面促进新闻事业发展的有效途径。媒体的发展离不开人才的引进和培养，只有不断注入新的血液，才能使新闻记者团队在当下的快速变化中保持前进的动力。具体而言，地方媒体要与学校进行多方面的合作，要让身在学校中的新闻专业的学生有意愿成为新闻工作者，时刻了解新闻事业发展的方向和进程，建立从教育到实践、从培养到引进的畅通渠道，为新闻事业的蓬勃发展储备优秀人才。

（三）社会支持

1.健全互联网治理措施：相关法律建立

党的十八大以来，以习近平同志为核心的党中央对我国互联网的建设和发展极为重视，形成了网络强国战略思想，并在实践中形成了一条有中国特色的互联网治理道路。我国互联网方面的法律、法规日益完善。迄今为止，我国已出台近70部互联网方面的法律和法规，如《中华人民共和国网络安全法》《互联网信息管理办法》等；但有关新媒体的法律、法规仍处于起步阶段，没有形成完整的体系。

随着传统媒体与新媒体融合的步伐加快，新媒体规模扩展，地方媒体机构内的新媒体从业者加入新媒体大军。由于宣传纪律严格，地方媒体机构内的新媒体从业者产生了畏首畏尾的职业心态。他们既担心在网络上发表的信息会触碰"红线"，引发不良的影响，又需要使信息传播符合新媒体规律，完成工作任务。因此应建立、健全新媒体方面的法律和法规，使传统媒体机构内的新媒体从业者不论发布日常信息，还是履行社会职责，都有法可依。使从业者在法律的框架内明确自身的权力，增加工作的自主性，缓解压力，有利于调适新媒体从业者的职业心理状态。

2.落实新媒体从业者职业资格证发放问题

是否有职业资格证影响着新媒体从业者的职业荣誉感，关系到从业者的自我身份认同。地方媒体机构内的新媒体采编人员数量大幅度增长，微信、微博、客户端等新媒体记者、编辑承担着舆论引导的重要作用，我国却还没有建立起新媒体从业人员职业资格管理制度，这明显落后于新媒体的发展。缺乏有效的新媒体从业人员职业资格管理制度不仅不利于新媒体从业人员自身的职业发展，而且还使他们正常的职业准入、退出、职业培训、职级晋升和基本的职业采编权利缺少有效的制度保障，影响新媒体从业者的职业心理状态和职业认同。

因此要加快建立新媒体从业者职业资格证的管理制度，健全准入制度，使之制度化、规范化，保障新媒体从业人员的权利，以提升新媒体从业者的职业认同。

参考文献

[1]丁柏铨.媒介融合：概念、动因及利弊[J].南京社会科学，2011（11）.

[2]黄九清.媒介融合背景下如何培养合格的新闻从业者[J].中国记者，2009（10）.

[3]陆晔，周睿鸣."液态"的新闻业：新传播形态与新闻专业主义再思考——以澎湃新闻"东方之星"长江沉船事故报道为个案[J].新闻与传播研究，2016（7）.

[4]樊亚平.从历史贡献研究到职业认同研究——新闻史人物研究的一种新视角[J].国际新闻界，2009（8）.

[5]赵策.新闻工作者职业倦怠的成因分析——以北京报业新闻工作者为例[D].保定：河北大学，2007.

[6]吴光恒.新媒体舆论引导下的"把关人"角色嬗变[J].武汉理工大学学报（社会科学版），2018（1）.

[7]陈晶，吴均林.工作倦怠理论与研究展望[J].中国健康心理学杂志，2009（9）.

[8]郭庆光.传播学教程（第2版）[M].北京：中国人民大学出版社，2011.

[9]杜骏飞."瓦釜效应"：一个关于媒介生态的假说[J].现代传播（中国传媒大学学报），2018（10）.

[10]郭灵.知识型员工工作倦怠影响因素研究[D].济南：山东大学，2017.

第五章　媒体融合转型下网络视频媒体的社群化运营

一、视频自媒体的概念界定

对视频自媒体的界定，首先要从自媒体的基本概念山发。自媒体被称为"公民媒体"或"个人媒体"，来自英语"We Media"，在美国新闻学会的媒体中心2003年7月的"We Media"研究报告中被提出。报告中Bowman和Willis认为："We Media是普通大众经由数字科技强化、与全球知识体系相连之后一种开始理解普通大众如何提供、分享他们自身的事实、新闻的途径。"论坛、博客、微博、微信及视频网站构成了自媒体现存的主要表达渠道。

首先，视频自媒体必然是以"视频"为主要形式在互联网上传播、流通的。它需要依托于以互联网，特别是移动互联网为核心的视频内容输出平台，即网络视频平台。视频自媒体诞生于网络视频平台，并且依赖于网络视频平台强大的平台优势和用户资源传播内容，并且实现内容价值。所以，视频自媒体的发展与网络视频平台的发展状况密不可分，并且很大程度上需要得到网络视频平台的扶持、推广、分享传播。而随着社交应用平台与网络视频平台的平台间渠道被打通，网络视频平台上的视频自媒体可以利用社交应用平台得到另一传播渠道和出口，通过社交网络分享、互动，达到裂变传播的效果。

其次，视频自媒体必然带有强烈的"自"的特色。无论是内容上还是传播形式上都必须拥有独特的个人或组织特征，这种特征不但包括视频的风格特征，亦包括整个视频内容的思维方式和态度表达，拥有极强的辨识度。在交流的语境中，人们一度认为只要脱离了体制内管理的小型媒体就可以被视为"自媒体"，所以，科技圈中像虎嗅、钛媒体这样的小团队也会被归入自媒体阵营中。而上海交通大学教授魏武挥认为这不是一种清晰定义的方法，他认为，以小团队的方式运作的不一定就是自媒体。所以，魏武挥教授对自媒体的定义是："由一个人（或者非常有限的几个人）来运作、维护的彰显出强烈的个人风格特征的数字化媒体。"他认为这个定义最重要的特点是：要彰显出强烈的个人风格特征。他认为，像虎嗅、钛媒体这样的小团体运作、维护的网站本身采用的是众包的内容生产模式，都没有强烈的个人好恶，所以它们只可被称为"小微媒体"，而不是自媒体。此外，创办自媒体视频节目《罗辑思维》的自媒体人罗振宇也认为，"自媒体首先应满足独立个体的特征，提供不以媒体机构的意志为转移的内容"。

最后，视频自媒体带有独立属性，并不依附于任何其他的组织形式。视频自媒体并没有属于自己的内容输出渠道，需要借助视频网站或其他信息传播平台，其"媒介"的属性被降解，更多地让步生产内容的个人或组织，但只与视频网站等内容输出平台有合作关系，并无隶属关系，自负盈亏。这种媒介属性的降解也印证了麦克卢汉所谓的"媒介即信息"的深邃，只要是能传递某种受众需要的信息的，就是"媒介"，体现为一种个人赋权。

所以说，视频自媒体本身并不是视频网站或其他网络视频平台的归属和附庸，它与网络视频平台合作，借助其平台优势传播内容；网络视频平台也通过引进视频自媒体的内容丰富自身的内容，并且赢得流量。两者不买卖版权，而是通过广告分成的方式合作共赢。除此之外，视频自媒体还可以通过社交网络平台或一些线下活动创建新的盈利模式，自负盈亏，而这与视频自媒体自身的运营有关，它与网络视频平台和社交网络平台都是合作关系而非隶属关系，本身是独立的。因此，视频自媒体的三大核心就是视频、个性、独立。

综上所述，笔者对"视频自媒体"的界定是：社会非官方的个人或团体创办的，以网络视频平台和社交应用平台为主要运作平台，生产能够彰显强烈的个人或组织风格特征的视听内容，并且拥有一定的社群规模，能够自负盈亏的传播形态，以及其团队、组织。

二、视频自媒体的发展历程

视频自媒体并非突然出现，无论是平台建构、技术设备，还是自媒体人的自我培养，都随着网络视频平台（主要是视频网站）的诞生而发展，经历了10年的发展过程，实现了从UGC到PGC的转变，最后借助网络视频平台和社交网络平台形成了独立自主的视频自媒体。

（一）雏形阶段 —— 视频UGC

视频自媒体最早出现在以展现原创视频为基本定位的视频分享网站上，如2005年上线的土豆网、2006年上线的优酷网，其旗下的土豆播客和优酷拍客都是依靠普通用户将自己用家用DV拍摄的视频即UGC用户生产内容上传至网站，进行传播，实现与网民分享。这充分体现了互联网Web2.0时代的共享精神。用户是信息的接受者，也是传播者，其自主性和个性化能够得到最大限度的发挥，极大地调动了网友们的参与度。这也为当时的互联网视频行业带去了一阵新鲜之风，视频网站也依靠低成本的用户分享模式迅速崛起。但是，UGC是一种业余化的视频内容，内容丰富、草根化，但良莠不齐、杂乱无章，存在质量低等先天不足的问题，对用户来说，他们经常在视频网站平台上看到一些画质粗糙、镜头摇摆不定、内容没有"营养"，甚至是低俗的视频。对视频网站来说，UGC内容的时长一般较短，可以在短时间内带来高点击率和高流量，但巨大的宽带成本消耗并不能吸引广告主的关注，甚至还会引起版权方面的麻烦，不利于视频网站的广告经营。所以，UGC曾一度被斥责为"垃圾流量"。美国的市场调查机构杨基集团（The Yankee Group）的高级分析师乔希·马丁

（Josh Martin）认为："如今，依靠用户上传内容实现盈利变得困难，广告商并不看好'廉价'的视频。"

（二）进阶转型 —— UGC转向PGC

对UGC制作者来讲，一些业余UGC制作者对视频制作非常热爱，也期待获得受众的认可，但是内容生产的前提是大量的信息输入。若想获得极大的续航能力并且为受众所认可、关注，就需要不断投入时间和精力，在视频中输入大量的信息，这使得一大批UGC的普通用户从"业余化"变成了"专业化"PGC（Professional Generated Content）。

当下中国视频网站内容生产从UGC到PGC看似回归传统，其实体现着组织机器生产层面的必然性。在逐渐成熟的互联网内容生产上，UGC负责内容的广度，主要贡献流量和参与度，PGC专业生产内容，维持内容的深度，主要树立品牌，创造价值。视频网站内容生产也从内容庞杂的UGC转向注重内容品质的PGC，用以树立品牌。就优酷来说，作为现在视频网站中的排头兵，它的运营策略亦是UGC维持内容广度，同时定向选取重点对象，将其UGC转化为PGC，培养更专业化的内容生产个人或组织，抑或是引进专业的内容制作团队制作的内容。比如优酷提供的"原创作者分享计划"—— 提供给视频原创作者更多的资源和机会，帮助这些草根播主提高专业技能，甚至获得丰厚的回报，以此激励这些有才华的视频作者生产出更多高质量的视频内容，牢牢吸引住喜欢看各类游戏视频的忠实观众。PGC对有现成广告模式的视频网站来说，带来了大量的流量和PV。由此可见，视频网站在这一阶段在PGC的扶持和掌控上拥有了绝对的主导权。

（三）成熟阶段 —— 更为自主的视频自媒体出现

随着用户生产内容逐渐专业化，以及视频网站的大力扶持，视频自媒体终于成型，尤其是社交应用平台为视频自媒体节目推广提供了另一个出口，使得视频自媒体逐渐形成一个独立的个体，与视频网站的关系也由视频网站扶持转变为与视频网站合作，主导权重新回归，并且可以自负盈亏、自主经营。网络视频平台和社交应用平台亦变成工具性的存在，使视频自媒体更为独立而自主，借助两种平台的一体化实现自身的运营和发展。最有代表性的视频自媒体节目《罗辑思维》于2012年底至今已走过了100多期，在优酷上的总播放量已达21亿余次，其微信公众号订阅数截至2015年2月已达320万。在两次会员招募中，共有2.5万会员贡献了近千万元的入会费，有人给予《罗辑思维》1亿美元的估值。《罗辑思维》在短时间内依靠自身的脱口秀节目积累了如此高的人气和众多的铁杆粉丝，构建了独特的盈利模式，用自身的实验和实践探索互联网时代的游戏规则，向人们展示着视频自媒体的可能性。从视频自媒体诞生和发展的历程可见，每一种形态上的转变都伴随着网络传播环境的改变。UGC阶段依赖视频分享网站最原始的视频上传和分享功能；PGC一方面由一部分UGC转变而成，另一方面则依赖视频网站的着重扶持，负责视频内容的深度，从而树立品牌，产生价值。而对于独立视频自媒体，自媒体内容已经实现了产品化运营，并且成为在视频网络平台和社交应用平台一体化的基础平台背景下发展的小经济体。（见表6）

表6　视频自媒体诞生过程各类形态的对比

	UGC	PGC	视频自媒体
平台	网络视频平台	网络视频平台，部分借助社交应用平台	网络视频平台、社交应用平台一体化
制造者	庞杂的用户	个人或团队	以某人为核心的团队，有的已经公司化运营
内容构成	零散的各类信息	相对集中的形式和内容	更加分众化
运营管理	用户自愿	视频网站	独立运营
产生价值情况	无	极少	价值足以运营一个小团队甚至小公司
主导权	用户	视频网站	视频自媒体组织本身
独立与否	独立	不独立，依赖视频网站	运营独立，但需要借助网络视频平台和社交应用平台

　　视频自媒体的一步步蜕变体现的并不是一种形态替换另一种形态，而

是从一种形态中衍生出一种新的形态，并且与原有的形态共存。新形态的出现并不代表之前的形态不再有存在价值，而是意味着所有的形态都是网络视频平台内容的组成部分。从广义上来讲，视频自媒体是视听形式的自媒体，包括一切UGC、PGC内容。但是此处研究的视频自媒体是借助平台一体化的视频自媒体，它不但借助网络视频平台输出主要的自媒体内容，还需要社交应用平台的出口维持整个视频自媒体的运营，从而形成拥有小型生态系统的视频自媒体。

三、视频自媒体面临的机遇

视频自媒体并非凭空出现，而是随着互联网技术背景、视频行业背景、用户收看习惯等条件的具备而逐步发展起来的。

（一）视频自媒体发展的互联网技术背景

视频自媒体的发展有赖于网络平台的搭建。从视频自媒体的起源和发展历程来看，视频自媒体伴随着网络视频平台的搭建逐渐从UGC用户生产内容升级为PGC专业生产内容，再利用人人都可接触到的可移动的社交应用平台强大的信息传播能力形成了独立自主并有鲜明特色的视频自媒体。网络平台的搭建成为视频自媒体发展的技术平台基础。网络视频平台是视频自媒体的母体，也是视频自媒体发展的起源地，承载了视频自媒体最重要的内容输出。其技术形态及行业规范的变化都对视频自媒体产生了巨大的影响。社交应用平台，尤其是微信平台的发展为视频自媒体新的传播提供了渠道，它亦是视频自媒体形成社群化建构、利用社群形成全新的盈利模式的最重要的阵地。

视频自媒体是在硬件设备和网络传输技术逐渐成熟的基础上发展起来的。在智能终端快速普及、4G牌照发放、电信运营商网络资费下调及Wi-Fi覆盖日益普遍的情况下，网络用户逐渐有条件在智能移动终端上观看视频节目，并且不受空间和时间的限制。网络视频平台和社交应用平台被整合在一个移动终端上，使用户非常方便地在自己碎片化的时间中接受视频节目,得到社交应用平台上视频自媒体的附加传播信息或参加社群活动。智能终端占据了人们的碎片化时间,创造了极大的视频节目内容需求,这也给予视频自媒体的蓬勃发展提供了沃土。

(二)自媒体人主动占据"麦克风"

自媒体是传播技术高度发达的产物,具有传播主体平民化、多样化及传播形式交互性、自发性等特点。自媒体时代就是"人人都有麦克风"的时代。由于自媒体的普及,作为"草根"的普通人都具备了自由披露信息、发表意见更充分的权利和更方便的条件。以往,个人的声音借助大众传媒进行传播必然遇到两个关口:内容审查的把关和传播资源占用。由于大众传媒有把关人进行把关,大量来自草根的信息和意见往往不被通过,草根并不具备媒介接触权和使用权。同时,在传统媒体中,无论是报纸媒体版面还是广播电视媒体时段,都是媒体的传播资源,而这种媒体资源是有限的,总是处于紧缺状态。所以,在传统媒体时代,"草根"的话语权和发声的自由度相对小。而在自媒体时代,"草根"借助网络传播平台发声不用通过审查和把关,也不必依赖媒体提供的有限的版面和时段。可以说自媒体时代是人人拥有前所未有的话语权的时代。而一些在某个领域有专长的人通过在网络传播平台发布信息吸引了大众的关注或转发分享,拥有了大批粉丝。

视频内容制作和传输成本的降低使视频自媒体节目的制作门槛降低,并且缓解了视频自媒体的生存压力。高端数码单反相机的价格相较于专业摄像器材低了很多,却能够拍摄出与专业摄像机同样拥有高清画质的视频文件,广泛应用于网络视频的制作。同时,免费的非线性剪辑软件的升级也使得视频后期制作变得更加容易,使一些热爱视频制作,并有着强烈的表达、表现欲望的网民和成本受限的专业团队得到了释放。低成本的视频内容制作和传输降低了视频自媒体的生存压力,促使制作者利用自身的有利资源制作并传播独特的视频自媒体内容。

（三）视频自媒体内容需求市场广阔

从受众人群来看，在互联网环境中长大的"90后"一代已经开始步入社会，人口数量与互联网使用时间两项红利叠加，必然催生出一个庞大的内容需求市场。"90后"作为互联网环境的"原住民"，其生活方式极具电子化特征，与互联网密不可分，社会交往、学习、生活、娱乐都惯于在互联网上进行。观看网络视频的时间也逐渐增加，这无论在数量上还是质量上，都使人们对网络视频内容产生了巨大的需求。同时，年轻的受众也无法仅仅满足于对网络视频节目的单项观看，他们善于利用社交应用平台来进行自己的社交活动，也倾向于寻找与自身态度、价值观、喜好符合的内容深度参与。这都给视频自媒体的传播机制和盈利模式带来了巨大的发展机遇。

四、基于两大网络传播技术平台的视频自媒体发展分析

随着信息技术的进步，我们有了高速率、大容量、宽频带的带宽及无线网络的自由支持；多媒体技术、数据库技术的发展让我们实现了广播电视、计算机、通信的三网合一；智能手机和平板电脑的快速成长为多终端硬件技术的实现，为我们多渠道获得多媒体信息提供了方便。一个全新的网络视频平台时代到来，传统的网络视频形态因其内在平台功能的多元联动，从而发生了前所未有的改变。通过网络视频平台内部相关视频功能，可以搜索到全方位的视频内容，无须四处寻找视频资源；可以轻松通过平台与好友直接进行沟通和分享。

窗口（Windows）是一个与平台（platform）相对的概念：窗口在传媒领域指代特定的信息传输展示舞台，分散性大且功能性单一；平台则是一个继承性的传播载体，可以是真实的实物，也可以是虚拟的概念，其包容性和内涵都比窗口广，是一个综合的、复杂的多功能集合体。

视频自媒体其实并不是一个媒介实体，而是以生产内容为主的内容输出者，需要借助其他信息传播载体，即需要借助平台的力量来发出自己的

声音。网络视频平台是视频自媒体的发源地，也是视频自媒体内容的载体。同时，网络视频平台的技术变革和行业发展都时刻影响着视频自媒体的发展状况。所以，探讨视频自媒体的传播机制，必须对基于网络视频平台的视频自媒体进行分析。随着移动互联网时代的到来，以互动、分享为主的社交应用平台也大量出现，不但使视频自媒体的传播力极大地增强，还使视频自媒体探索出了一条独特的经营、发展之路。

（一）视频自媒体基于网络视频平台的发展分析

所谓的"网络视频"，指通过互联网，运用以新的继承和传输分发技术开展的分享业务提供的视频文件，业内也常泛指"网络电视"。

网络视频平台指视频媒体网站或相关软件开发商开发的支持不同硬件设备和软件系统的相关视频软件客户端或浏览页面的集合体，其系统可以完成综合性的多种视频服务，包括视频的编辑、上传、分享、搜索、播放、下载等相关功能，体现为对当前网络视频媒介的生态体系的概括和总结。网络视频平台的多功能联动使传统的网络视频形态发生了前所未有的改变。用户只要开启一个网络视频平台，就可以完成过去所有的操作，在编辑、搜索、播放、上传、下载、分享视频时无须打开数不尽的窗口，而是通过平台就可以轻松操作。

网络视频平台是视频自媒体从诞生之日起必须依存的母体，所以，探索视频自媒体的传播机制必然离不开视频自媒体在网络视频平台上的运作方式，以及网络视频平台的发展对视频自媒体产生的影响。视频自媒体的发展进程与网络视频平台的发展进程同步，这与网络视频平台的技术条件相关，也与视频行业的发展和网络视频平台公司的发展目标有着莫大的关联。当然，由于网络视频平台是视频自媒体内容落地、品牌建立的最主要的平台，其内容也必然符合网络视频传播的规律。网络视频平台需要视频自媒体提供内容，以增强自身的"造血能力"，打造一个网络视频生态。两者一直相互依存，不可分离。

1.基于网络视频平台的优势

网络视频平台功能整合强化了视频自媒体传播的特性。从传播学的角度来看网络视频平台，可以将之定为一种可以进行传播活动的中介性公共机构和传播渠道。随着传播媒体的融合和发展，之前很多独立的传播媒介被统一在一种新的媒介中。网络视频平台就是这样一个综合的多功能集合体，可以系统性地完成多种视频服务，包括视频的编辑、上传、分享、搜索、播放、下载等。这些功能整合在一起，使得视频自媒体利用平台功能自主进行视频内容的上传和编辑，受众也可以通过搜索、播放、下载、分享等方式推进视频自媒体的传播和分析。有关视频自媒体内容上传的一切都可以在这个网络视频平台上自主操作，并不一定需要平台上的专业人员过多地参与并把关，实现了视频自媒体自主、独立的传播。

2.网络视频平台庞大的用户规模提供资源

根据中国互联网络信息中心于2015年1月最新发布的《中国互联网络发展状况报告》："截至2014年12月，网络视频用户规模达4.33亿，比去年年底增加了478万。"其中，手机视频用户为3.13亿，与2013年年底相比增长了6611万人，增长率为26.8%。网络视频用户的整体规模仍在继续增长，手机视频的用户规模和使用率仍保持增长，但增速已明显放缓，网络视频行业步入了平稳发展期，并且网络视频在网络应用中的地位日益稳固，已成为网络用户重要的应用选择。从网络视频收看终端设备来看，手机已超过PC，成为收看网络视频节目的第一终端，71.9%的用户选择用手机收看网络视频；其次是台式电脑和笔记本电脑，视频用户的使用率为71.2%；平板电脑、电视的使用率都在23.0%左右，作为移动端、PC端主要收看设备的补充。多终端的网络视频观看占据了用户的各种碎片化的时间，所以促成了庞大的内容需求市场。视频自媒体充分利用网络视频平台庞大的用户资源填补用户的碎片化时间，提供了大量的多样的内容，以满足用户的不同需求。（见图3）

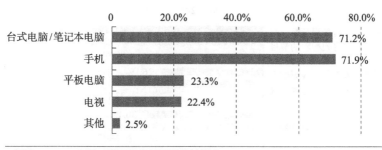

图3　网络视频用户终端设备使用率

　　终端设备不同，用户的内容偏好也有所差异。根据2015年2月CNNIC的《中国互联网络发展状况统计报告》的调查结果，在台式电脑、笔记本电脑和平板电脑上，用户更偏爱看长视频，在手机上，部分短视频，特别是搞笑类视频和游戏视频的偏好度较高。电视剧、电影、综艺节目是目前视频用户在各终端最爱看的，也是各大视频网站投入最大的视频内容，尤其是电视剧和电影。优质的影视版权内容是视频网站的主要内容来源。但是这两类视频内容更新速度太快，而且内容繁复，对视频网站的品牌形象塑造并无明显的帮助。而且国家政令对境外视频内容的管控及强势的电视台收紧版权资源也使视频网站损失了大量的优质资源，但与此同时，国家也加大了对视频自制内容的投入和对视频自媒体的扶持。

3.视频自媒体提供内容支持

　　视频自媒体是一股生机勃勃的朝阳力量，其制作门槛低，传播渠道丰富，制作团队有活力，内容多为网络视频平台上的观众量身定制。当前很多专业的制作团队或个人都由观众发展而来，他们充分了解观众的需求，制作的内容能与观众形成良好的交流和互动，短短几年时间成长迅速。所以说，视频自媒体是网络视频平台上优质内容的提供者。视频自媒体提供的优质内容不仅会影响其自身形态的发展，还会影响到整个网络视频行业竞争。

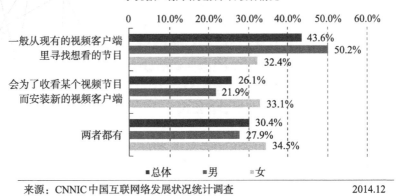

图4　手机客户端网络视频节目收看情况

　　根据2015年中国互联网络发展状况统计报告，网络视频用户主要受内容引导，网站忠诚者少，女性用户表现得更为明显。在PC端，视频用户转换视频网站只需要切换窗口，几乎没有成本；在手机端的成本则是需要新装一个客户端。用户观看网络视频节目是具有内容导向性的，56.5%的手机视频用户会为了收看某个视频节目而安装新的视频客户端，女性用户的这一比例更是达到了67.6%。可以说，视频网站的内容导向性表现得相对明显，用户的品牌忠诚度一般不高，谁掌握了优质内容，谁就掌握了受众。由此可见，视频自媒体提供的优质内容为网络视频平台带来了用户资源和流量。（见图4）

　　4.版权内容收缩，网络视频平台加大力度扶植视频自媒体

　　影视版权独播资源原本是网络视频平台70%以上的播放资源。但是2014年，国家新闻出版广电总局发布的《关于进一步加强网络剧、微电影等网络视听节目管理的通知》持续加大对互联网视听内容的管制，加强了对互联网版权内容和影视内容资源的限制，包括加大对互联网电视第三方视频内容渠道的管控力度、禁播未登记境外剧、对劣迹艺人的影视作品进行播出限制等。优酷、爱奇艺、搜狐等多家网站目前已经叫停所有涉外剧目购买的工作。这一系列的管制大大压缩了视频网站内容的容积，也使视频网站丧失了大量的流量。视频网站不得不自找出路，打造自制内容，扶植自媒体，签订PGC，以保证节目的多样性。

　　与此同时，强势电视台也收紧了自制节目版权，以发展旗下的视频网络平台。优质版权内容一向是各大网络视频公司争夺的对象，致使网络竞购战从未停止。湖南卫视的娱乐节目和影视剧向来被视频网站高价购入独播版权。然而从2014年5月份开始，湖南卫视正式推出了"芒果TV独播战略"，并致力打造属于自己的互联网视频播放平台——芒果TV平台，不再将频道制作的节目版权和转播权售卖给其他新媒体视频网站，自制的几档新节目（如《花儿与少年》《我是歌手》等）都不再对外销售互联网版权。而湖南卫视的王牌综艺节目《快乐大本营》和《天天向上》也于2015年1月起将版权收为己有，只在芒果TV平台上播出。曾经，传统媒体优质内容在视频网站上的"独播"也是各大视频网站最核心的差异化竞争资源，主要依靠购买电视台内容版权并播放的各大视频网站损失了大量优质的内容资源。"独播"策略的出台，使这种原有的内容生产模式不得不改变。

　　视频网站只有加强自身的造血能力，投向自制内容，才可以不用受制于版权内容。视频网站的内容制作能力有限，必然需要大量优质的专业视频自媒体来"供血"。因此，网络视频公司在内容争夺上逐渐从版权内容转向了行式更为丰富、内容更为多样的视频自媒体资源，以形成核心竞争力，打造自身品牌，培养网生力量，增强网络自身的"造血"功能。这既降低了内容成本，还有助于打造自身在内容竞争中的差异化战略。视频自媒体的出现让视频网站找到了一个可以与电视台进行差异化竞争的内容生产模式。

　　可以说网络视频平台的技术支持为视频自媒体提供了生存和发展的沃土。视频自媒体利用其平台优势和庞大的用户资源产生强大的传播力，网络视频行业的发展现状，无论是政策的管制还是行业的竞争，都影响着视频自媒体得到前所未有的发展机遇。同时，视频自媒体也凭借着自身的成长生产优质内容，为网络视频平台注入了强劲的动力和生命力。版权购买竞争中，网络视频平台在这种价格战中不能自拔，而版权内容的收缩更是将以此为主要盈利方式的网络视频平台推向了绝路。网络视频平台的自制内容和自制能力有限，必须与视频自媒体携手并进，扶持视频自媒体的发展，依靠优质视频自媒体增加网站流量，打造自身的核心竞争力。

（二）基于社交应用平台的发展分析

"社交"指社会上人与人的交际和往来，是人们运用一定的方式传递信息、交流思想，以达到某种目的的社会活动。以交互为主要特征的互联网Web2.0时代的开启，使人们的一部分社交活动从线下转移到了线上，针对人们的社交需求而推出的互联网应用也较多。"社交类应用"泛指带有社交元素的互联网应用，包括社交网络（SNS）、微博、即时通信工具等垂直应用。社交类应用从产生至今一直是互联网应用的主角，并处在不断的变化和发展之中。2014年，社交类应用继续强势发展，通过它们分享信息、购物、完成支付成为很多人重要的生活方式。

社交应用平台重点指代三大类：SNS社交网站、微博客、即时通信工具。根据中国互联网络信息中心于2014年7月发布的《2014年中国社交类应用用户行为研究报告》，网络视频用户中有35.8%的人转发过网络视频，其中6.1%的人常常分享网络视频，29.7%的人偶尔分享，分享过网络视频的用户比例大于分享过购物信息的用户比例，比2013年的调查结果上升了3.1百分点。（见图5）

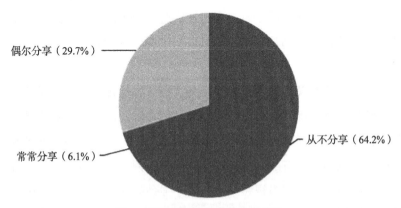

图5　网络视频用户视频分享情况

此外，65.8%的网络视频用户会在社交网站上收看别人推荐的视频，在微博等社交平台上点击进入视频网站收看视频的比例也比较大，达到了55.1%。由此可见，网民在社交平台上收看、分享视频的积极性较高，可通过视频推荐、确认核心人物转发等方式促进用户在社交应用平台上收看视频，从而提高视频的覆盖率、点击率，增加网络视频网站的流量。可以说，社交应用平台已经成为网络视频的另一个传播渠道和出口，通过社交互动分享的方式，视频内容得到了裂变式的传播。

以微信为热门应用的社交应用平台是视频自媒体发展的重要平台之一。随着手机已经超越PC成为观看网络视频的第一大终端，以手机为重要终端的微信与移动终端的网络视频平台融合，将视频自媒体的内容和推广平台打通，通过建立微信公众平台的账号打开视频自媒体的另一个信息出口，同时又通过微信的强关系分享和链接，视频自媒体的相关内容分享的到达率得到了提升。据《京华时报》报道，从活跃用户数上来看，2012年仅有5000万微信活跃用户，到2013年，活跃用户激增至3.55亿，2014年，微信与WeChat合并，月活跃账户同比增长87.0%，达到3.96亿。截至2014年8月，微信用户已经突破了6亿。数据统计显示，截至2014年8月7日，微信共有580万个公众账号，并以每天1万个公众账号的速度增加。

1.微信平台的新新媒介传播功能赋予视频自媒体更多活力

传播学者保罗·莱文森认为：互联网诞生前的一切媒介都是旧媒介；新媒介指互联网上的第一代媒介，而新新媒介指互联网上的第二代媒介。微信就是新新媒介的代表，符合新新媒介的特征和原理，视频自媒体的特征也在这个新新媒介的平台上得到了极大的发挥。

第一，新新媒介的用户都是生产者，包括微信用户。微信作为一种即时通信工具，也具有一定的社交网络功能，其朋友圈的设定就是通过发布或分享信息完成内容的生产。视频自媒体借助微信的社交性，可以推广与自身内容相关的信息，并且通过微信用户的评论和分享，得到多次传播。

第二，个人能选择适合自己才能和兴趣的新新媒介去表达和出版。微信尊重每一位用户的选择，订阅哪些公众账号，分享什么内容，完全基于用户的兴趣。视频自媒体往往都有属于自己的公众账号，免费建立，并且通过语音、图文、分享链接等符合自有气质的内容建立自身的品牌，打造个性形象，以此来吸引与自身关注点，乃至自身价值观、态度一致的用户订阅，其信息到达率要远远高于视频自媒体自己开发的App移动终端应用程序。

第三，新新媒介一般免费。申请微信或微信公众账号是免费的，视频自媒体建立微信公众账号进行的内容传播也是免费的。当然也有会员制等付费项目，但是不做硬性规定，单依靠用户的自我选择和对视频自媒体的依赖情况而定。

2.微信公众平台有助于搭建视频自媒体社群经济

目前，每一个互联网上的个人或团体都可建立一个微信公众账号，而微信公众账号的运营可以吸引粉丝订阅，并定期向订阅粉丝推送相关的内容。大的粉丝订阅量是每个账号最具潜力的资源。对视频自媒体来说，成功运营微信公众平台，形成一个粉丝社群是其价值的来源。社群的建立、社群活动及社群的各项支付交易都可以借助微信公众平台来实现。而在公众平台上运营得最成功的视频自媒体之一就是罗辑思维。

2012年12月21日，罗辑思维的微信公众平台和视频自媒体节目《罗辑思维》同时上线。这个微信公众平台作为视频自媒体节目的一种互动方式，其用户数量随着用户对视频节目关注度的提高急速增长，已经拥有350万个线上用户及2.5万个付费会员。"罗辑思维微信公众平台已经构建起了一个庞大的移动网络社区，在自媒体行业内产生很大的影响"。

基于微信公众平台的罗辑思维有两种基本的互动方式：一是每天早上推送60秒的语音；二是用户根据录音进行回复，然后获取相应的文章。用户通过手机终端能随时、随地接收到推送的内容。此外，从罗辑思维每天推送的录音和文章的内容来看，与《罗辑思维》视频节目的内容范围一致，多半是一些人类行为心理分析、合理的颠覆性观点阐述、被遗忘或是被忽略的历史细节、对常识的非常规解读等。这些内容着眼于建构个人的社会化知识体系，促进社群成员更好地发展自我，以形成人与社会的和谐发展。从知识获取的方向上来看，基于罗辑思维微信公众平台的学习可以发生在任何移动的环境，突破了传统学习的时空界限。从罗辑思维的用户和内容构成来看，罗辑思维是一个学习型、知识型的移动社群，其成员依靠知识的获取和分享，从而获得身份认同。微信公布的官方资料显示，微信用户中超过20%的人为白领阶层。这一类人是典型的知识群体，具有很强的学习需求和学习能力，同时也具备在信息技术环境中学习的条件。

五、视频自媒体发展过程中存在的问题及对策

（一）视频自媒体发展存在的问题

1.视频自媒体有待通过发展保持其自身的风格化特性

自媒体最大的特征就是风格化，具有鲜明的个性和态度，小而精，但随着自身规模的逐渐扩大，极易陷入讨好大众的旋涡中，导致自身特征的丧失。互联网使整个传播成本和信息传递成本急剧降低，使得以前在工业化时代不可能被传播出去的小众形象和寻找小众粉丝的能力在互联网时代被急剧放大。所以视频自媒体强化了互联网思维中的碎片化、分众化特征，击碎了工业时代大而全的思维方式，小而精，服务小众，并且增强了受众的黏性，提高了信息到达受众的到达率。从这一点来讲，特质比全面更加重要。所以，只有垂直发展，才能拥有高黏性的粉丝，从而形成用户互动，建立一种社群机制，做深入传播模式和盈利方式的开拓。

2.视频自媒体的独立自主受到考验

视频自媒体价值的实现途径就是使个体劳动者通过互联网充分释放他们的知识和技能，让他们不依附特定的机构自由、灵活、快速地建立个人品牌，积累粉丝，服务消费者，并获取收入。罗辑思维就曾提出过一个生存解决方案"U盘化生存"，总结起来就是16个字：自带信息，不装系统，随时插拔，自由协作。视频自媒体人都对如此自由化的协作充满了期待和激情，所以纷纷脱离组织、脱离体制，创立独立自主的视频自媒体。然而视频自媒体的运作需要资本的注入、与视频网站的合作，在获得了生存条件的同时，却使自身的独立自主性受到了考验。资本注入会使视频自媒体

的独立性受到置疑，最典型的就是垂直领域的视频自媒体。比如王自如的手机测评视频自媒体Zealer就接受了小米手机雷军的投资。虽然雷军表示不会入席Zealer的董事会，但难以保证Zealer对小米手机的测评不受到资本的影响。此外，视频自媒体依附于网络视频平台，其内容受网络视频平台内容推广标准的影响。同时，网络视频平台会根据其大数据和云储存功能计算出用户的收看行为，并提供给视频自媒体。视频自媒体为了赢得更多的流量，保证与视频网站的进一步合作，有时也会以流量为导向制作内容。

3.视频自媒体大V瓜分大部分利润，挤压众多小视频自媒体

虽然网络视频平台和社交应用平台都以开放的状态面向社会，从技术角度来看，对每一个自媒体都是公平的，但是从平台运营的角度来说，随着成功的视频自媒体影响力的扩大，无论是网络视频平台还是社交应用平台，为了从中获利，都消费了自身极大的推广资源，挤压了大量的视频自媒体的生存空间。一些传统媒体名人纷纷转战视频自媒体，大量的资金和人才也先后涌入，但并没有得到相应的回报，名利双收者依然寥寥无几。部分视频自媒体节目的走红给这个领域注入了一针"强心剂"，导致大量的节目扎堆上线。但是观众具有绝对的主动权，在观众的筛选下，最终留下来的可能只是一小部分的优质节目。

4.视频自媒体对个体的依赖性过强

前文提到，视频自媒体具有"自"的特征，鲜明的风格化的"人"是视频自媒体成功的关键。罗辑思维的创始人罗振宇也在众多场合提到，未来自媒体最重要的不是"内容为王"，而是"魅力人格为王"。但成也在此，败也在此。过于依赖个体也使视频自媒体未来的发展受到掣肘。罗振宇就曾感叹自己没有接班人，罗辑思维的投资人也曾担心，如果罗辑思维没有了罗振宇会如何发展。所以，一方面，视频自媒体节目品牌需要具有延续性，需要追求可持续发展，而另一方面，视频自媒体节目对个体的依赖性过强，缺乏长久的生命力。

（二）促进视频自媒体健康发展对策

视频自媒体依靠其鲜明的风格化特点立身，但又受困于风格化；视频自负盈亏、自主而独立，成为一个市场化的媒体，却容易因为资本的注入成为资本的附庸，也容易受制于与网络视频平台和社交应用平台的利益关系；视频自媒体虽然门槛较低，但资本、人才都涌入了少数成熟的视频自媒体，大量的视频自媒体尚不能自负盈亏；视频自媒体依赖自媒体人的魅力人格，但若自媒体人退出，或是其魅力人格受损，视频自媒体也就濒临灭亡。由此看来，视频自媒体面临的挑战既是其生存之本，又是其生存之困。解决视频自媒体发展中面临的挑战和困境，需要辩证地剖析其主要矛盾，并且将视频自媒体置于互联网思维逻辑之中，找寻解决问题的途径。

视频自媒体内容制作需要垂直化、精细化发展。深挖内容，在小领域中把内容做精、做细，提高内容的深度，可以稳固品牌，拥有"高黏性"的粉丝。尽管视频自媒体的节目内容的触角可以深入各个领域，但是自媒体采用的毕竟不是大众传媒的运营方式，也并非迎合大多数受众的需求。视频自媒体处于互联网这个分众化、碎片化的用户群体中，抓住某一碎片的忠诚群体，通过社交应用平台增加互动，逐渐形成社群已成为视频自媒体获得成功的标志。内容过于宏大，定位不标准，结果只能是用户只挑选自己感兴趣的内容观看，并不能产生持久的高黏性的用户。大众化的内容只能逐渐被边缘化，太分散的资源让用户缺乏参与感，这不符合互联网时代的视频传播思维和规则。

视频自媒体若想不淹没在众多的自媒体内容之中，除了与网络视频平台合作，获取强力推广的资源，还要培植自己的爆款内容。互联网时代面临着信息泛滥，"注意力"成为各种互联网经济体中被争抢的资源。如何在最短时间内通过吸引用户的注意力来获得他们对视频自媒体本身的关注，是每一个视频自媒体人都需要重视并实践的内容。"爆款"存在于互联网经济中的营销范畴，形成的基础是消费者的从众心理，可提高从普通用户到忠实用户的转化率。利用爆款内容产生巨大影响力的就是王自如的手机测评视频自媒体Zealer。2014年8月27日，Zealer科技的王自如与锤子科技的罗永浩决战优酷之巅，在优酷这个平台上对锤子手机测评的视频内容进行了辩论。尽管在辩论现场，王自如惨败于罗永浩，这档辩论节目却赢得了科技界和网友的极大关注，王自如及其Zealer也自此积累了大量的粉丝。虽然，这个爆款并非王自如团队刻意为之，但是，通过一场辩论一举成名的王自如，作为自媒体人，为其视频自媒体赢得了更多的关注。吸引了基数庞大的用户的注意力，也更容易使他们转化为铁杆粉丝，从而可以形成社群，扩大影响力。可以说，爆款内容的传播力巨大，如何打造视频自媒体内容的爆款，而非被动地等待为数极少的时机，是视频自媒体团队需要考虑的关键问题。

视频自媒体作为市场化的媒体，需要探寻多种盈利方式来获得生存和发展。首先，具有清晰的盈利模式，才能得到资本的眷顾。资本的注入基于视频自媒体最基础、最原始的发展动力，有助于视频自媒体大力发展更多元的盈利方式和更精细的内容制作。其次，寻求多种盈利方式也有助于视频自媒体寻找多种生存途径，不为单一的盈利方式所限制，能较好地保持独立性。

视频自媒体需要构建社群，利用社群来转换价值。社群的经济价值依托社交应用平台上的人与人的链接，指在强关系链之下的具有温情色彩的"信任背书"。获得社群用户的成本低廉，视频自媒体的内容，以及秉持的价值观和世界观给予了社群中的用户和粉丝意义，为他们提供了"媒介体验"及"社群认同体验"。这使得视频自媒体的内容很容易塑造一种狂热和喜好，并借此进行信息内容的二次传播。在这个以社交互动为主要特征的互联网时代，视频自媒体必须构建社群，把握其传播价值和具有的开拓盈利模式的潜力。

参考文献

[1]魏武挥.自媒体对媒介生态的冲击[J].新闻记者，2013（8）.

[2]王冠雄.十大问题深度解读自媒体[J].广告大观（综合版），2013（6）.

[3]王怡飞.微信：从社交软件到生活工具 —— 基于麦克卢汉媒介理

论的解读[J].新闻世界，2015（1）.

[4]郜书锴，林敏.视频网站发展的市场策略探析[J].现代视听，2010（6）.

[5]李成.几个火爆自媒体"火"在哪里（之二）——"罗辑思维的运行逻辑和想象空间"[J].中国记者，2014（3）.

[6]易绍华.电视的活路——数字化背景下电视媒体的网络化生存研究[M].厦门：厦门大学出版社，2010.

[7]孟明.作为"新新媒介"的中国网络视频平台及网络自制节目发展研究[D].福州：福建师范大学，2013.

[8][美]约翰·菲斯克.关键概念：传播与文化研究词典（第2版）[M].李彬，译.北京：新华出版社，2004.

[9]中国互联网络信息中心.中国互联网络发展状况统计报告[R].2015（1）.

[10]崔保国.2014年中国传媒业回望[J].新闻战线，2015（1）.

[11]周凯."芒果"TV独播战略颠覆了什么？[J].新闻与写作，2014（7）.

[12][美]保罗·莱文森.莱文森精粹[M].何道宽，译.北京：中国人民大学出版社，2007.

[13]葛明驷，凡佳佳.《罗辑思维》微信公众平台的价值取向[J].青年记者，2014（17）.

下篇

媒介文化生产与实践

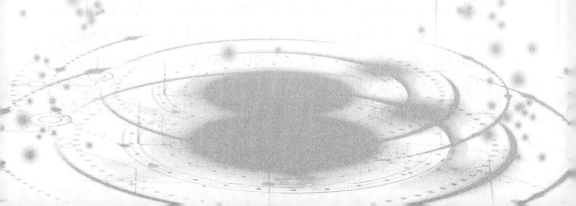

第一部分　网络游戏的媒介记忆和传播实践

第一章　《摩尔庄园》的记忆书写和传播实践

随着集体记忆研究在新闻传播学科领域崭露头角，互联网作为新的记忆媒介改变了集体记忆的建构机制，拓展了记忆研究的新领域。新兴媒介传播速度快、受众互动强，使互联网环境下集体记忆的书写方式发生了变化，人们开始关注受众在记忆建构过程中的作用，也更加关注受众的反馈，普通民众成为记忆的书写者。《摩尔庄园》作为一款承载众多玩家童年记忆的网络游戏，一经上线便引起了大范围的关注，玩家们的讨论从情绪抒发进一步扩展为记忆实践，此时《摩尔庄园》的定位已经超越其本身的游戏属性，而指向一代人逝去的童年。

一、《摩尔庄园》——数字时代的记忆符号

皮尔斯认为，符号代替了它产生或改造的事物本身，使之成为一种从心灵之外传到心灵之中的载体。符号可以整合社会成员的力量，并赋予集体新的意义。《摩尔庄园》的横空出世为当时中国的儿童玩家开辟了一个全新的天地，成为国内首个面向儿童的虚拟社区网站。游戏以现实生活为背景，构建了一个奇幻、美好的虚拟庄园，玩家可以在游戏里自由换装、装扮房间、模拟各种职业、经营农场餐厅、玩小游戏、进行互动社交等，打造了中国的"迪士尼"。游戏传达积极向上的价值观，以及善良、勇敢的品质，呼吁人与自然和谐共处，尊重知识和文明的理念，对还是儿童的

玩家的心理成长起到了正面引导的作用。也因此,《摩尔庄园》作为绿色游戏的例子进入了武汉市小学信息教材。这种"游戏+教育"的方式在儿童的习惯养成、性格培养等方面具有很高的社会价值:游戏的社交属性对培养儿童的人际交往能力具有教育意义;游戏中体现的奇幻、美好的乌托邦世界给予儿童全面的呵护和关怀,尤其对留守儿童来说,这类产品的意义更为重大。《摩尔庄园》作为陪伴"95后""00后"成长的一款游戏,所蕴含的文化价值也在潜移默化地影响着玩家的认知发展。

(一)承载童年记忆的场所

《摩尔庄园》是一款由淘米网络开发的社区养成类网页游戏,于2008年4月发布。这一时期的中国互联网市场和儿童互联网产品市场还是一片空白,推出仅仅一年,游戏注册用户就突破了三千万,活跃用户超过一千万,成为当时颇具规模、影响广泛的页游产品之一。2010年3月,《摩尔庄园》游戏注册用户已达到五千万,活跃用户达到三千万。但随着玩家群体逐渐长大,以及智能手机和大型网络游戏的发展,《摩尔庄园》页游的游戏人数在2012年开始下降,之后该游戏逐渐无法吸引新用户,于2015年2月停止更新。2018年12月,《摩尔庄园》在国内最大的游戏平台4399下线。经历了更新、重组到停更一系列事件后,2021年6月1日,《摩尔庄园》手游正式上线。作为伴随着一代人成长的童年游戏,微博话题"摩尔庄园回来了"冲上热搜,相关话题讨论突破百万次,累计阅读量过亿。

游戏的重启为玩家开辟了一条通往童年时光的道路。在玩家打开游戏,重新进入庄园之时,往日种种童年的记忆借助游戏空间被迅速唤醒,成为法国历史学家皮埃尔·诺拉所说的"记忆之场"。《摩尔庄园》作为过去的记忆与现在的经验的空间交汇点,是印刻玩家童年回忆的场所,在这个场所中,玩家实现了儿时记忆的保存和当前记忆的唤醒,并在个人记忆的基础上实体化。游戏以情怀为切入点,唤醒了众多玩家的童年回忆。玩家纷纷留言,在社交媒体上记录自己与摩尔庄园的美好故事,表达自己对游戏的怀念。《摩尔庄园》实现了人与人的连接、过去与现在的连接,在此连接的语境下，对童年栖息于"摩尔庄园"的老玩家来说，手游的风靡表现出的不仅是一种景观式的存在，更是一次集体记忆的仪式参与，是一次对消逝的童年记忆的再度找回，也是一次对集体性童年回忆的重建。

（二）唤起童年记忆的微光

刘亚秋指出，"记忆的微光"是那些若隐若现的、不急于或不便于表达的，却有着不可小觑的影响的物件，需要费一番力气才能辨认出其轮廓。在记忆内容上，记忆的微光的呈现形式是《摩尔庄园》故事中赞扬惩恶扬善的价值观、勤劳而勇敢的品质，呼吁人与自然和谐共处，尊重知识和文明等内容。玩家在消化、吸收其他人对游戏的记忆的同时，也在将自己的个人记忆融入集体记忆之中，成为这场关于情怀的博弈中唤醒自我记忆的重要象征符号。选择记忆象征符号是形成集体记忆的重要环节，这些符号有些是记忆主体主观选择的结果，有些是记忆消费者根据兴趣和爱好使用并改造的对象。

在《摩尔庄园》游戏中，小摩尔们（"摩尔"一词是由英文词汇鼹鼠"mole"音译过来的，游戏体现为"红鼻子的鼹鼠"形象）勤劳、勇敢、拥护正义，他们会在游戏里遵循现实生活的比赛规则，和平相处，共同养护着生活在大榕树上的植物精灵拉姆。儿童时期的玩家被《摩尔庄园》中的世界深深吸引，快乐的游戏体验不仅给他们的童年留下了很多美好的回忆，同时，还传达出一种积极、乐观、正能量的生活态度。这些记忆的微光让他们回想起某种过去的时间里的游戏体验，重要的不是游戏里的具体玩法和任务，而是曾经的参与游戏的童年记忆。

《摩尔庄园》的再度回归成功唤醒了一代人的童年记忆，游戏触发的怀旧情怀宛如一把连接玩家的过去与现在的钥匙。玩家或为找回那个曾经无忧无虑的自己，或为成年后追寻消逝的童年，或为重建逃离现实的儿童乌托邦废墟。更多时候，《摩尔庄园》对于他们已经不仅仅是一款简单的网络游戏，它已经化身为一个符号，指向记忆深处快乐的童年回忆。

（三）记录童年记忆的方式

互联网技术飞速发展，传统的口语传播和印刷传播逐渐式微，新兴媒介重构了人们的时空观念，也改变了集体记忆的形态、传播方式和影响力，传播主体的角色更加积极，基于兴趣等因素集合起来的特定群体在共享往事的过程中形成集体记忆成为常态，互联网时代公民主体的特点日益彰显。学者麦克卢汉认为"媒介即信息"，同样的信息在不同的媒介中会呈现出不同的形式。新的媒介会引起一种新的思考尺度，重塑自我认知；在重构社会关系和社会认知的同时，重塑个人对于世界的感知方式。与媒介不发达年代的父辈的童年不同，这一时期玩家的童年是高度符号化而媒介化的。正如英尼斯所说"新媒介一出现，就影响着人们的生活方式"。一个个符号式的人物和事件组成了玩家童年记忆的片段，他们还可通过媒介建构并参与其他玩家的童年。

《摩尔庄园》从页游再到手游，媒介形态的变化引发人们新的思考。在以基本的人物角色为架构的状态下，其文本内容如摩尔的形象、庄园的场景、故事的背景等，在两种媒介介质下被加以深化和衍化，童年的记忆由此逐渐得到再现。作为许多人童年回忆的重要组成部分，游戏参与玩家集体记忆的建构过程。该手游的推广、宣传策略和方式之一便是强调找寻儿时的记忆，以此获得快乐的满足。在童年消逝的背景下，"摩尔庄园，回来了"这短短的几个字足以牵动许多人的心。玩家的相关讨论不仅针对游戏的玩法，更是表达了对过去的缅怀和向往，勾起对童年的回忆，过往逐渐逝去的童年记忆意味的不再是"失去"，而是"回归"。对个体而言，个体通过亲身参与《摩尔庄园》手游，实现了此次仪式的参与。对群体而言，在童年消逝的语境下，摩尔庄园的回归被大家广泛讨论，在原本就保留着对童年的向往的心理状态下，集体记忆被进一步扩大、发酵，并得到进一步的传播。

二、《摩尔庄园》的记忆建构

研究发现，个人的记忆表达受媒介、群体等影响。《摩尔庄园》游戏的记忆建构是建立在记忆文本的生产、传播和消费基础之上的，可以将其理解为玩家通过记忆文本的书写建构起回忆童年的话语实践。

（一）运用经典元素唤醒记忆

提起《摩尔庄园》，许多玩家第一时间就能回忆起"红鼻子鼹鼠"这一经典形象，如图6，这些游戏角色具有一个共同特征 —— 红色的圆鼻子。不同的角具有不同的性格：佐伊是摩尔庄园里的警官，他负责维护摩尔庄园的秩序；洛克是摩尔庄园的最高行政长官，正义且慈善；么么公主可爱、善良，经常帮助摩尔庄园中的新公民；尼克在餐厅服务，他会向人们推荐餐厅最美味的食物；斯尔克是服装设计师，同时还是《摩尔时报》的著名主持人。玩家可以在游戏中创建自己的形象，以此来结交好友、完成任务。这些游戏角色引导玩家了解剧情、完成任务，与玩家有着密切的联系。

通过整理数据资料发现，在谈到"印象中的摩尔庄园是什么样"时，被访者都能清晰地说出"红鼻子的小摩尔""经营庄园""养宠物拉姆"等关键的游戏元素，并且通过"红鼻子的小摩尔"这一游戏形象，玩家可以回忆起诸多游戏细节，以及童年时期有关游戏的一些趣事。在访谈中发现，被访者都能够清晰地回忆起"摩尔"的形象，80%的被访者可以正确说出3—4个游戏角色的名字。

图6　摩尔形象（图片来自网络）

在此基础上，笔者对玩家在谈及"摩尔庄园"时主要讨论的内容进行关键词统计，共生成90个高频热词，并制作成词云图，如图7。讨论频率排在前十位的关键词为手游、黑森林、童年、庄园、拉姆、攻略、菜谱、钓鱼、摩尔、回忆。这些关键词包含游戏的角色、场景、任务等经典主题。

图7　关键词词云图

研究发现，玩家的记忆表现并不是抽象的存在，而是可以借助一些独特的形象作为主题进行记忆建构。《摩尔庄园》中"红鼻子摩尔"这一独特的游戏形象给玩家留下了深刻印象，被访者基本都能在第一时间回忆起来。虽然有些被访者不能清晰地记起每个角色的名字，但是通过"红鼻子摩尔"的形象，玩家回忆的内容逐渐丰富起来，他们慢慢进入曾经的游戏世界，他们的共同经历从不同角度被记录下来，并被注入"童年回忆"集体记忆的素材库中。那些模糊不清的游戏记忆可以通过独特的"小摩尔"的形象与准确而强烈的童年回忆建立联系，从而激发玩家回归游戏的强烈愿望，这些具有特点的游戏角色成为集体记忆建构过程中的重要主题，进一步唤醒尘封在玩家脑海中的童年记忆。

（二）建立情感连接强化记忆

《摩尔庄园》的游戏背景设定是玩家化身红鼻子小鼹鼠，带上超级精灵拉姆与魔法师库拉进行争斗，守护家园。虽然这是一个架空现实的虚拟的童话世界，但游戏的本质仍然是符合实际情感设定和认知的"正义与邪恶"的较量。游戏中许多情节内容都有现实生活的影子，例如不同的摩尔（玩家）有不同的职业和等级，有独属于自己的身份"摩尔身份证"，也有每月可领取的庄园工资"摩尔豆"。但这绝不表现为对现实生活的简单复刻，而是来自玩家脑海中虚拟或现实的想象。《摩尔庄园》可以说是一个虚拟版和缩小版的现实空间，在这里，玩家可以塑造新的社交身份，实现与现实世界截然不同的情感连接，得到在现实中所无法获得的仪式性和补偿性。

《摩尔庄园》的社区模拟玩法为当时的少年群体玩家打开了新世界的大门，在摩尔庄园的世界里，玩家可以暂时从学业压力中抽身，沉浸在一个没有老师、作业、考试的虚拟乐园中。在这里，他们在农场种植、钓鱼、装扮家园、经营餐厅，还可以通过任务结交好友，游戏成为他们开拓社交、培养合作能力的场所。

《摩尔庄园》的制作人Ricky曾提到，他们将游戏定位为"慢节奏的、轻松而愉快的、人与人互动更紧密的休闲、社交类手游"。从这个角度来讲，《摩尔庄园》仍然坚持简单、纯真的游戏画风和大家熟悉的任务，让身处"内卷时代"的玩家通过游戏完成童年时光的仪式性回归。作为信息时代的"原住民"，当代年轻人身处社会阶层流动逐渐固化、身体亚健康、就业压力严峻的生存夹缝中，玩家参与游戏往往出于短暂而急切的情感需求，这种需求又在很大程度上被用于缓解快节奏的生活压力和心理压力。脱离了儿童身份的玩家面对来自现实生活中的压力，在虚拟空间中得到了"仪式性"释放。《摩尔庄园》中的游戏背景设定体现的既是对现实的复刻，也是对现实的超越。这种"超越"来自在游戏中再度回归"积极""乐观""悠闲"的生活态度。被填补在虚拟空间中的是来自现实生活的情感空缺，当玩家再次接触到游戏时，特定的集体记忆被唤醒，并且在潜移默化中解构并重构集体记忆。

（三）创造象征符号重建记忆

哈布瓦赫在《论集体记忆》一书中强调，虽然象征性的符号无法在内心深处还原所有事件的细节，但它可以在大脑中逐渐印刻下一个场景或形象。研究发现，当玩家置身于特定的场景或空间时，有关游戏的集体记忆更容易得到再现。游戏通过复原当年的游戏场景，为玩家建立了一个回忆的空间，让玩家的童年记忆在登录游戏时就被唤醒；同时，游戏增添了新的内容，使玩家在回忆童年的同时对游戏产生新看法和新期待。游戏上线之后，玩家在微博上对游戏的场景设计大加称赞，纷纷表示"这就是印象中的摩尔庄园"。

《摩尔庄园》最初上线时的广告语是"摩尔庄园，快乐童年"，每位玩家都可以拥有一块属于自己的庄园，并将庄园装扮成自己喜欢的样子，养花种菜，喂养动物，享受经营的乐趣，游戏为最初一代的玩家营造了一个悠闲自在、充满童趣的虚拟乐园。

当前，该手游以"IP回归，快乐养老"的口号重新上线，显然其目标受众不再是儿童，而是游戏最初一代的参与者——当年的"95后"和"00后"玩家。童年时代的他们更多面临的是课业压力，是在窄窄的一方课桌上无法排遣的寻找快乐童年的心绪，而如今，他们的烦恼和压力早已不如童年时代那般简单而纯粹，表现为就业压力、求学窘境、职场竞争等形式。这些人大多正在读大学，或是刚步入工作岗位，面对"内卷"的环境，他们也许只想"普通"。

不论是页游还是手游，《摩尔庄园》的游戏理念都是主打"快乐"和"梦想"，旨在通过打造社交、养成、益智为一体的虚拟庄园，从本质上表现为一种"慢生活"式的媒介叙事。相比于节奏紧张、比拼激烈的竞技类游戏，慢节奏式的养成类游戏能够填补奔波中的碎片化时间，也能够提供一方诗意栖居的天地。例如，摩尔庄园的居住区和行政区都在一片"芳草落英"中，这片区域以外有雪山、海洋和火山，而居住区里有开心农场和阳光牧场，有植物精灵拉姆，游戏的背景音乐每隔一段时间都会出现溪水声和鸟鸣声，这些都是传统"田园牧歌"式生活的仪式化想象和新媒体实践的体现。

正是认识到其主要用户群体的特征，《摩尔庄园》再度回归后倡导的游戏理念和方式才具有独一无二的价值——既"怀旧"，也"解压"，共同塑造着独属于当下社会的"慢场景"，为玩家提供了一个重温童年、躲避现实的空间。

三、《摩尔庄园》与数字时代的集体记忆

曼纽尔·卡斯特尔认为，21世纪是数字技术和网络社会蓬勃发展的时代。社会是由以微电子为基础的信息通信技术驱动的网络构成的，对生产、再生产和消费都有很大的影响。基础通信技术的革新带来了传播媒介形态的变化，进而影响传播活动的全过程。大众传播媒介的更新发展深刻影响记忆的建构机制，并呈现出新的发展趋势。在以报纸、电视等传统媒体为主的年代，集体记忆的建构和传播依赖于媒体的新闻报道框架，媒体参与重大事件的报道进而让读者形成全民共享的集体记忆，这一点在有关家国情怀和民族记忆的报道中尤为明显。进入数字时代，新媒体平台的崛起致使人类记忆建构走上新征程，数字报纸、数字电视、移动网络、手机端、触摸媒体、VR技术等的兴起全面改变了集体记忆的传播和发展。新闻报道中叙事内容逐渐"平民化"，普通民众成为集体记忆的书写主体，

"人人都可言说"成为一种常态。

　　游戏媒介作为典型的数字化产物，其在记忆的建构和传承中扮演了重要角色。《摩尔庄园》手游上线以来，玩家们的记忆书写和记忆实践呈现出不同的形式，主要体现在记忆主体多元化、记忆内容平民化、记忆形态立体化三个方面。媒介形式不断革新重构了玩家集体记忆的建构机制，人人都可以参与到集体记忆的书写过程中来，记忆发展呈现出多样化的特点。

（一）记忆主体多元构成

　　陈振华指出，当前的研究者开始关注记忆的受众面向，这是破解"主体缺席"的一种努力。传统媒体时代，人们的集体记忆的形成主要依托于口述、报纸、电影、电视等，媒体通过新闻框架塑造重大事件的报道，让人们知道那些自己无法回忆起来的经历，从而实现对社会乃至民族的认同。随着互联网技术的发展，传统的口语传播和印刷传播逐渐式微，新兴媒介重构了人们的时空观念，也改变了集体记忆的形态、传播方式和影响力。集体记忆的呈现方式更加多样化，个人、群体成为新的记忆主体。受众主动参与记忆建构在一定程度上替代了主流媒体主导记忆建构的局面，人们可以根据兴趣、喜好等因素集合成特定群体，充分利用文字、图片、声音、视频等各种传播手段进行交流和分享，在共享往事的过程中形成集体记忆成为常态，使得互联网时代公民主体的特点日益彰显。

　　媒介技术的发展打破了精英群体书写集体记忆的垄断局面。《摩尔庄园》上线以来，玩家们通过微博、微信、抖音、豆瓣等社交媒体平台参与集体记忆的建构，个体玩家自发地在网络上表达过往，书写自己与摩尔庄园的故事，呈现了以"回忆童年"为主题的集体记忆，共同组成了集体记忆的丰富内容，也赋予了新时代集体记忆传播新的意义。不同于以往依赖传统新闻工作者和媒体平台进行记忆建构，社交媒体传播速度快、受众互动强、信息覆盖广的特性使得玩家的记忆实践迅速传播，影响广泛。从这一点看，社交媒体的诞生消解了传统媒体一家独大的局面，记忆主体实现了由"见证者"到"书写者"的转变，"人人都可言说"成为一种常态。

（二）记忆内容平民呈现

以往的媒体善于运用社会文化理论对重大事件进行报道，形成自上而下的、具有民族统一性的家国情怀和集体记忆。随着记忆主体的多元发展，数字时代的集体记忆内容开始出现平民化转向，个体记忆自下而上地参与记忆建构的过程。在这一转变过程中，集体记忆内容建构受意识形态、社会规则的影响较小，更多的是讲述自己的故事，关注普通人的生活。从记忆主体的视角进行平民化叙事使得数字时代背景下的集体记忆内容变得更为丰富，更接近受众的生活。

数字游戏为玩家建构相关集体记忆提供了多元化的平台，并逐步嵌入个人和群体的记忆之中，成为维持人与人的关系的重要纽带，成为构建个体乃至社会记忆的重要因素。《摩尔庄园》集体记忆的建构依托网络话题、社交分享、H5活动等方式。例如，给自己的照片戴上"红鼻子"，参与话题讨论，形成个人专属海报，在参与讨论的过程中分享自己与《摩尔庄园》的美好故事，在这个过程中丰富集体记忆的内容；或者参与社交媒体平台的相关话题和群组讨论，对游戏进行个性化、趣味化的解读，汇聚不同的声音；或者通过"表情包""流行梗"等多样的集体表征符号进一步拓展集体记忆内容的边界，将严肃的内容趣味化，这样的表达方式符合当前受众的接受习惯，可以吸引更多的玩家参与进来，并通过再构的方式为集体记忆内容建构增添素材、注入活力，丰富记忆内容。从玩家参与集体记忆建构的过程来看，实现记忆内容的平民化是数字时代集体记忆的重要突破，个体玩家散落于多元的媒体平台进行记忆实践，从而拥有了不同的记忆。

（三）记忆形态立体建构

艾莉森·兰兹伯格提出"假肢记忆"，认为个体与历史叙事于经验场合交互时就会出现"假肢记忆"。值得注意的是，个体并不简单地参与历史叙事，而要与个体的经验、习惯和意识形态产生共情，触发记忆，从而获得深刻的个人感受。兰兹伯格提出的"假肢记忆"将注意力转向"体验感"，换句话说，即受众不应简单地接受与事件相关的故事，而应该更为直观化、沉浸式地接受这一记忆，注重记忆的"体验感"。数字时代之前，传统媒体的新闻报道受制于内容呈现的方式，很难触发受众的"假肢记忆"。数字化时代，传播技术赋予内容传播全新的方式，图片、视频、3D动画等以独特的方式削弱了时空界限，多媒体、融媒体等交互式媒体形态弥补了这一缺憾，更直观地影响受众的观感和记忆，使得受众较少受到外界影响而全身心地投入叙事中，形塑相关的集体记忆。典型的利用"假肢记忆"来建构集体记忆的案例就是为纪念各类重大事件而建立的纪念馆，例如南京大屠杀纪念馆、汶川特大地震纪念馆等，通过图片、视频、全息影像等方式刺激人们的感官记忆，从而达到记忆的延伸。"假肢记忆"在塑造主体能动性和促进群体认同方面具有重要的作用。

《摩尔庄园》手游在原来页游2D画面的基础上全面升级到了3D世界，摩尔城堡、摩尔拉雅雪山、淘淘乐街、爱心广场等经典场景更为立体而真实。玩家们可以在不同的地形中做出各种行为，如行走、游泳、乘雪山缆车、玩蹦床等，享受不同的互动乐趣，获得一种整体性的自我感受，实现童年游戏记忆的沉浸体验，达到忘我的快乐状态。游戏场景触发的"假肢记忆"可以将玩家带回记忆中的摩尔庄园，使玩家产生共情，从而增强体验感，促进群体认同。

不可否认，数字时代是集体记忆发展的新时期。西方学者提出"数字记忆"的概念，为丰富集体记忆研究提供了新思路。数字记忆深刻影响着人类记忆的建构方式，这俨然成为人们普遍接受的事实。现如今，人类已经习惯于将当下产生的一切信息都储存在数字化媒介中，并自觉接受这种更为直观化、沉浸式的记忆模式。戈梅尔和贝尔将生物记忆与数字记忆进行了对比，他们认为，生物记忆会随着时间的流逝而褪色、消失、合并，或变得与原先完全不同，但是数字记忆恒久不变，具有强大的包容性，可以将事件所有的细节都记录下来，这是生物记忆不能比拟的。由此可见，数字记忆正悄然改变人类的记忆系统，并重新塑造着新的社会格局。

参考文献

[1]周鸿铎.传播效果研究的两种基本方法及其相互关系（下）[J].现代传播，2004（4）.

[2]周鸿铎.传播效果研究的两种基本方法及其相互关系（上）[J].现代传播，2004（3）.

[3]李宗浩，王健，李柏.电子竞技运动的概念、分类及其发展脉络研究[J].天津体育学院学报，2004（1）.

[4]何慧娴.让数字演绎体育无限精彩 —— 电子竞技运动及在中国的发展[J].体育文化导刊，2004（8）.

[5][美]洛厄里，[美]德弗勒.大众传播效果研究的里程碑（第3版）[M].刘海龙，等，译.北京：中国人民大学出版社，2009.

[6][美]施拉姆，[美]波特.传播学概论（第2版）[M].何道宽，译.北京：中国人民大学出版社，2010.

[7]郭庆光.传播学教程（第2版）[M].北京：中国人民大学出版社，2011.

[8][美]拉扎斯菲尔德，[美]贝雷尔森，[美]高德特.人民的选择（第3版）—— 选民如何在总统选战中做决定[M].唐茜，译.北京：中国人民大学出版社，2012.

[9]张志鹏.电子竞技直播的平台化研究[D].广州：暨南大学，2015.

[10]陈东.中国电子竞技产业发展研究（1996 — 2015年）[D].济南：山东大学，2015.

第二章 《英雄联盟》赛事在微博平台中的传播效果研究

　　媒介技术的不断革新在改变传统传播方式的同时，也催生了诸多新兴产物，以《英雄联盟》赛事为代表的电子竞技就展现了强大的发展潜力。面对新的传播环境及不同于以往的传播方式，如何把握机会扩大影响，构建一个健康的传播环境，进而转变一些受众的思维定式就显得尤为重要。同时，微博平台利用其传播主体的多样性、传播内容的丰富性及舆论环境的相对自由收获了大批受众。目前，《英雄联盟》赛事内容传播的主阵地也离不开微博这一平台。因此，本章试图将"《英雄联盟》赛事"作为研究对象，在对其发展现状及在微博平台中的传播特点进行研究的基础上，结合部分传播学理论，通过量化研究来分析微博平台中《英雄联盟》赛事传播在受众的认知、情感和行为层面产生的效果。

一、影响《英雄联盟》赛事在微博中传播效果的要素

　　衡量一项传播活动是否有效的标准便是它的传播效果，而影响传播效果的因素又是多方面的，所涉及最主要的是传播主体、受众及传播内容这三个方面。本章研究的对象是《英雄联盟》赛事在微博平台中的传播效果，故而主要从发布赛事内容的主体账号、传播的赛事内容及关注赛事内容的受众这几个方面对影响其传播效果的因素展开论述。

（一）传播主体要素

本章探究的是《英雄联盟》赛事在微博中的传播效果，但由于传播主体是多样化的，因此不同传播主体的信息传播行为也会产生不同的传播效果。

1.自媒体的传播主体渠道

笔者调查了548位《英雄联盟》赛事的关注者发现，受众在微博中获取赛事信息的渠道是多样化的，而不同的渠道又代表着不同的传播主体，受众获取信息的主要渠道包括微博热搜、微博话题、《英雄联盟》官方微博、相关自媒体账号、微博大V账号、赛事粉丝群。除去将用户作为传播主体进行自主获取信息的微博热搜及微博话题，受众对《英雄联盟》官方自媒体账号及相关类型的自媒体账号的满意度都较高，而受众的认同度是衡量传播效果的一个重要依据。

2.主流媒体的传播主体渠道

除了比较常见的传播主体，在获取赛事信息及访谈的过程中发现，主流媒体账号对《英雄联盟》赛事的相关报道更能够引发受众的情感认同，特别是一些关注度较高的大型赛事。如图8和图9，对微博中"人民电竞"账号发布的内容和个别自媒体账号发布的内容进行对比发现，两个账号都于2018年8月29日发布了关于中国队夺得亚运会英雄联盟项目冠军的报道，仅拥有39万粉丝的"人民电竞"账号却在该条内容下收获了9.9万个点赞、3.1万次转发及4.4万次评论，而拥有接近800万粉丝的"玩加电竞LOL"账号在相同的内容下方仅获5439个点赞、1231次转发及1259次评论。但在其他信息的传播中，"人民电竞"的内容鲜有人关注。由此可见，受众在一些涉及国家实力及荣誉的赛事报道中更渴望获得主流媒体的关注及认可。一方面，主流媒体的权威性及可信性造成了这种情况，即使到了新媒体时代，传统的主流媒体在转型中仍保留着固有的优势；另一方面，由于电子竞技长期处于不被关注的状态下，导致了受众的被动，急需一个权威主体去替他们发声，一些主流媒体恰好做到了这一点，事实证明，此举也获得了不错的传播效果。

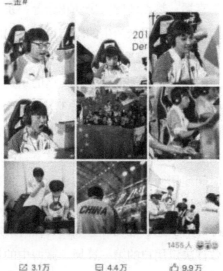

图8　"人民电竞"对中国队在亚运会夺冠的报道

图9　自媒体对中国队在亚运会夺冠的报道

（二）传播内容要素

《英雄联盟》赛事在微博中的传播具体是以哪些内容为支撑的也是影响其传播效果的重要因素。赛事传播，顾名思义，在微博中向受众传递的内容主要是与《英雄联盟》相关的赛事信息，具体包括赛事直播、赛果报道、赛后采访、选手直播、热点话题、场外花絮等一系列内容，十分广泛而复杂，因此，不同的内容对受众产生的影响也是不同的。

1.主要传播内容——基本赛事信息

这部分是最常见的，也是各类传播主体传播的重点。在诸多自媒体涌现的今天，"内容为王"逐渐成为各类主体迎合受众、获取流量的核心要素，如何做好传播内容的创新是同类型自媒体账号面临的一大挑战。《英雄联盟》的赛事直播版权被各大直播平台尽数拿下，因此，受众在各平台观看比赛时是没有时间使用微博的，更多的是利用"弹幕"与同时段用户交流；赛后，他们才会根据自己的需求去获取相关内容。所以，在这一前提下，受众往往选择那些快速、准确、直观而又独特的内容。

传播内容的时效性决定用户的第一选择。微博中的传播主体对赛事信息进行报道时往往采用文字与视频或者GIF图片结合的形式，因此，能够在第一时间截取到精彩镜头的传播主体往往更吸引受众。这类镜头在直播中是转瞬即逝的，部分错过此画面的受众为了满足自己的心理，便会搜寻这类内容。故而赛事信息越及时，就越能吸引受众的注意力。

传播内容的准确性决定用户的依赖性。如果说时效性是传播内容吸引受众的前提，那么准确性就是传播内容留住受众的关键。传播主体在撰稿时不仅要注重时效性，更要保证内容的直观和准确，不能对双方比分、选手ID等基本信息、选手的采访语录及直播语录等加以修饰或进行篡改。准确、直观的传播内容会取得更好的传播效果。

传播内容的创新性决定用户的关注度。众多主体对同一赛事的报道难免大同小异，即便及时、准确，久而久之也会引起受众的视觉疲劳。所以，内容的创新度也是衡量传播效果良好与否的一个标准。比如在访谈及自身的赛事信息接触行为中，笔者发现"玩加电竞LOL"这一自媒体账号会在某些赛事信息的传播内容中设置一些活动来与受众进行互动,包括抽奖环节、粉丝投票等,在与受众互动的过程中增强其传播效果。

2.休赛期的传播内容 —— 以选手为主体

《英雄联盟》赛事同其他职业联赛一样,每年都有固定的休赛期,而没有比赛对于传播主体是一个很大的挑战,所以,安排休赛期间的传播内容是吸引受众关注的主要方式。通过对几家电竞类自媒体的休赛期报道内容进行整理,包括"玩加电竞LOL""虎扑电竞""大电竞eSportsFocus"及"英雄联盟"官方账号,笔者搜集了这四个账号从2020年5月1日到2021年1月8日的休赛期报道,内容主要集中在职业选手、选手转会信息、对其他国家赛区的报道、官方活动、粉丝互动、国家政策等方面。可以看到,休赛期间的报道内容主要是围绕选手进行的,包括他们的直播情况、日常生活及训练情况。同样,此类内容的互动情况,如点赞、转发、评论的效果也优于其他类型的传播内容。

(三)受众要素

影响《英雄联盟》赛事在微博中的传播效果的因素还包括受众的差异性,例如受众的年龄、职业、受教育程度等,以及受众对微博的使用频率和对《英雄联盟》赛事信息的关注度。

1.受众性别影响媒介及赛事接触行为

受众在人口统计学方面的差异使他们在整个传播过程中发挥着不同的影响力,这些差异也是影响他们认知、情感和行为的关键因素,进而影响整体的传播效果。笔者调查的548位受众中,男女比例基本相当。为了研究不同性别微博使用频率的差异,笔者将"性别"设为自变量X,将"使用微博的频率"设为因变量Y,然后进行交叉分析,得到图10。可以看到,男性经常使用微博的频率要高于女性。同时,再将"关注《英雄联盟》赛事的情况"设为新的因变量Y,与自变量"性别"进行交叉分析,得到图11,男性经常关注《英雄联盟》赛事的比例同样高于女性。由此可见,同样作为电竞赛事传播的受众,该类内容对男性的吸引力一如既往。但数据显示,随着电竞行业的不断发展,越来越多的女性受众也开始接触并关注电竞领域。艾瑞咨询公布的《2020年中国电竞行业研究报告》显示，2020年我国电竞用户女性占比达到了36%，较2019年提高了12百分点，女性受众的不断加入也为《英雄联盟》赛事及整个电竞行业注入了新的活力。

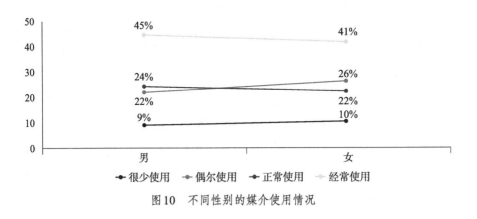

图10　不同性别的媒介使用情况

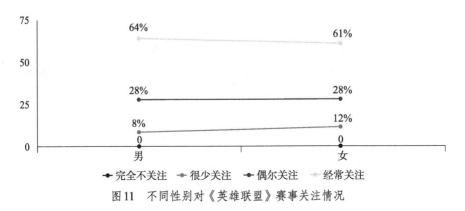

图11　不同性别对《英雄联盟》赛事关注情况

2.受众赛事关注度影响受众行为

受众对《英雄联盟》赛事的关注程度的不同也影响着他们的各种行为。本处笔者以"关注《英雄联盟》赛事的情况"为自变量，以"在微博中参与《英雄联盟》赛事讨论"为因变量，进行交叉分析后得到图12。发现关注赛事内容的用户会积极参与赛事讨论，说明关注度会对受众的后续传播行为造成影响。假如自变量不变，以"使用微博的频率"作为因变量进行交叉分析，可得到图13。经常关注《英雄联盟》赛事的用户的日常微博使用会更为频繁，占47.23%，赛事信息接触度越高的用户，使用微博的时间也越久。

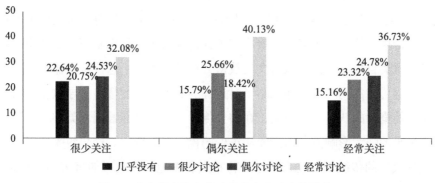

图12　受众赛事关注度对赛事内容讨论的影响

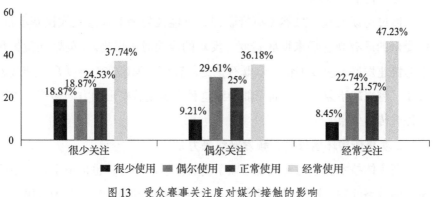

图13　受众赛事关注度对媒介接触的影响

二、《英雄联盟》赛事在微博传播中效果的不足与原因

　　借着新媒体发展的蓬勃势头，以《英雄联盟》为代表的电子竞技正在展现出它的无限活力，并逐渐形成一种文化现象。同时，随着中国英雄联盟电竞俱乐部再夺2019年全球总决赛冠军，加之疫情期间其他体育竞技类项目的停办，《英雄联盟》赛事的传播又到达了一个新的高峰，但是，通过调查访谈来看，《英雄联盟》赛事在微博平台中的传播效果仍表现出

不足。

（一）《英雄联盟》赛事在微博传播中效果的不足

1. 受众情感包含偏见，存在刻板印象

《英雄联盟》赛事的内容在微博中的传播是通过各类传播主体来实现的，传播主体的宣传策略直接决定了其传播效果，其中发挥主要作用的就是电竞类自媒体。但是从前文的数据分析可以看出，这些自媒体在进行赛事内容传播的同时，往往忽略了对正确的赛事观念的宣传，导致受众对电子竞技概念的认知比较模糊，在整个传播过程中只能看到《英雄联盟》赛事带来的强大影响力，而没能从正确的视角来看待它。这会使受众以"电子游戏"的传统观念先入为主，将重点更多地放在它可能带来的"危害"上，进行批判，很显然这种固化的观念是不客观的，有悖于提升《英雄联盟》赛事传播效果的初衷。

通过访谈发现，虽然《英雄联盟》已经被列为亚运会正式比赛项目，但受众的固有观念仍未彻底转变，反对的声浪时常出现。《英雄联盟》赛事的快速发展本应该加快受众既有偏见的转变，但事实上与受众的传统思维模式越来越不兼容，进而可能导致这种发展朝着畸形的方向转变，不利于提升传播效果。

2. 赛事传播环境较差，频发网络暴力

新媒体技术在推动《英雄联盟》赛事发展的同时，也带来了一些不可避免的网络问题。网络暴力现象在整个赛事传播过程中显得尤为刺眼，严重破坏了正常的传播秩序，与营造健康的电竞环境的理念背道而驰。

我国《英雄联盟》赛事起步较晚，近几年才迎来了发展的高峰，还在不断优化。在这个学习、成长的过程中，可以接受一些合理的调整建议，但受众实施"越界行为"只会适得其反，破坏现有的发展路线，从而极大地削弱《英雄联盟》赛事在微博中的传播效果。

3. 传播内容新意不足，过度追求热度

首先，在《英雄联盟》赛事火爆的大背景下，自媒体账号的不断涌现已成趋势，但由此产生的问题就是传播内容越来越单一，缺乏新意。对几

个关注度较高的自媒体账号进行对比发现，传播内容几乎完全相似，甚至有些自媒体会直接引用相关赛事的内容，借自己的平台进行发送。这些内容在消耗受众的时间和精力的同时，也会造成其审美疲劳，降低《英雄联盟》赛事的传播效果。传播内容的套路也几乎一样，渐渐模式化，缺乏新意。采用一成不变的风格只会在激烈的竞争中失去优势。

其次，传播主体在进行赛事内容传播时，为了吸引受众，获取热度，对一些具有敏感度的内容或话题人物进行大面积传播，甚至主动"带节奏"。这已经成了一种普遍现象，一方面容易形成同质化内容，使受众产生反感情绪，另一方面损害了媒体自身的形象，反而会使受众流失。过度追求热度只能获取当下的价值，久而久之，重心的偏离会不断挤压优质内容的生产，不利于提升《英雄联盟》赛事的传播效果。

（二）存在问题的原因

1.传播主体缺乏正确引导，宣传不力

目前，《英雄联盟》赛事的发展前景一路向好，但在进行大量内容传播的同时忽略了对《英雄联盟》及电竞内涵的宣传普及，这使得受众的整体认知不够，仅停留在表面，没有正确的观念，进而影响《英雄联盟》及整个电竞领域的良性发展。

（1）自媒体传播内容存在偏向

电竞诞生较早，《英雄联盟》赛事的发展也已经历了十个年头，却一直没有得到社会的广泛认同，人们也习惯于将电子竞技视为许多青少年沉迷游戏、不务正业的诱因，这种误解在于受众对电子竞技的认知不够。在看到了《英雄联盟》系列赛事带来的强大影响力后，国家及相关行业开始出台一系列政策对电竞产业进行扶持，进一步释放其发展潜力，使《英雄联盟》一跃成为当下极具话题度的新兴产品。但是重心的偏离使各类传播主体开始忽略对《英雄联盟》赛事本身的内涵的宣传，导致社会整体缺乏一个正确的价值导向，若不及时引导，会逐渐形成一种隐患，影响《英雄联盟》赛事及整个行业的未来发展。

（2）主流媒体价值引导力度不足

在众多鼓励性政策出台的同时，除了微博相关自媒体宣传不力，主流媒体也没有做好价值引导。笔者搜索了"央视新闻"微博官方账号关于电子竞技的报道，以"英雄联盟""电子竞技"作为关键词搜索发现，2013—2016年，"央视新闻"账号仅发送了4条与之有关的微博，2017—2020年，"央视新闻"编辑并发送了22篇相关内容的报道，虽然增长幅度有所提高，但总量还是屈指可数。相较于自媒体账号，主流媒体有着天然的优势，其权威性和可信性是深入人心的。因此主流媒体对《英雄联盟》赛事的报道和认同释放的信号可以有效地使一些受众的思维定式发生转变，但显然目前主流媒体的引导力度是不足的。

2.审核把关限于形式，监督欠缺

微博的低门槛、高自由加上监管的不成熟，使得《英雄联盟》赛事的传播环境越来越差，同时，传播主体把关的不严格也加剧了传播环境的恶化。

（1）人人都有麦克风，平台监管不足

《英雄联盟》赛事传播依托微博平台，其受众也具有双重身份，既是赛事信息的接收者，也是微博的使用者，因此，平台的准入规则和监管体系是导致用户行为受限的最直接因素。人人都可以成为微博用户，并且能够随意发言，甚至有很多未成年用户参与其中，盲目跟风。此外，还缺乏有力的监督审核机制，部分低俗、敏感词汇不受限制，严重影响正常的赛事传播环境，从侧面降低了受众的参与动机，从而影响了整体传播效果。

（2）主体把关难度大，不良信息扰乱正常秩序

《英雄联盟》赛事内容的爆炸式增长对传播主体而言也是一种考验，极大地提高了把关工作量和信息过滤的难度。一旦出现纰漏，势必造成受众产生愤懑情绪，而事实证明这种情况是时有发生的。此外，传播主体对一些已经出现的恶意言论置之不理会助长这种不良风气，污染赛事传播环境。还有部分自媒体为了博人眼球、吸引流量，故意传播一些具有争议性的敏感内容，这势必打乱正常的电竞传播秩序，造成不良的传播效果。

（3）受众网络素养低，传播环境进一步恶化

《英雄联盟》赛事受众自身的网络素养不高也是造成电竞传播环境较差的原因。由于电竞受众的年轻化，以及网络规则意识的淡薄，他们在面对一些舆论旋涡时缺乏正确的判断力，抑或是在"沉默的螺旋"效果的作用下被同化，成为其中的一分子，对《英雄联盟》赛事的传播环境和自身都会产生恶劣的影响。还有部分受众虽然能明辨是非，但是会与对方进行"互喷"，这种不理智的行为也只会使矛盾激化，进而影响整个电竞传播环境。

3.赛事传播模式固化，双向传播属性薄弱

（1）传播模式固化，赛事内容缺乏内涵

《英雄联盟》赛事的快速发展，使得大量赛事内容涌入传播过程中。一方面，这些信息中有受众需要的有效信息，也夹杂着诸多垃圾信息，混淆视听，加上传播主体把关不严格，难免会有一些无效内容被受众接受，在一定程度上降低了传播内容的质量；另一方面，传播主体在面对大量的信息时，往往选择影响层面较大的内容进行传播，从而忽略了一些精品内容，也造成了传播内容的同质化，缺乏新意。

但《英雄联盟》赛事传播模式固化是主要原因。经历了近年来赛事传播的高潮，自媒体深知《英雄联盟》赛事的强大影响力，在内容生产、传播方面投入了大量的精力来保持这种影响力，却忽视了对传播模式的完善，仍保留着过去的模式化传播，进入了"什么内容有热度，就传播什么内容"的怪圈，缺乏主观能动性。此外，对其他内容的传播也逐渐形成套路，只变传播内容，不变传播形式。虽然这种传播模式在一定程度上有利于增加受众黏性，但从长远来看会使传播主体产生惰性思维，不利于传播内容的创新发展。传播内容泛娱乐化，缺少内涵也导致了赛事内容质量低下，进而影响传播效果。

（2）双向传播属性薄弱

在前文的调查结果分析中，受众对微博中《英雄联盟》赛事信息的参与行为也比较弱。而受众的行为是影响传播效果最有效的因素，各传播主体要充分意识到这方面的重要性，改变以往的传播策略，及时止损。随机

选择两个自媒体账号进行内容截取，发现评论数量寥寥无几，似乎回到了传统媒介传播时代的单向传播模式，受众只是信息的接收者，不主动参与，而反馈是整个传播过程中尤为重要的一环，能够让传播主体及时了解受众的需求，从而对传播内容做出调整。

三、提升微博中《英雄联盟》赛事传播效果的策略

（一）加强内容引导，传递正确《英雄联盟》赛事观

随着《英雄联盟》赛事的不断发展，为了保持这种持续攀升的影响力，各传播主体不仅需要继续对赛事内容进行传播，更应该立足平台优势，对《英雄联盟》的内涵和发展的意义进行大力宣传，转变受众的传统思维，传递积极向上的赛事理念，促进《英雄联盟》赛事的良性发展。

1.官媒利用粉丝优势适时传播，满足受众需求

首先，作为《英雄联盟》相关自媒体账号的传播主体，要充分利用自己的粉丝优势，对相关内容进行适时传播。笔者关注的几家自媒体账号的粉丝数量均在500万和1000万之间，而《英雄联盟》官方账号更是拥有1354万粉丝。但从前文的调查来看，几家自媒体对《英雄联盟》赛事内涵宣传方面的报道是远远不够的，仅有111条内容与之相关。对此，各自媒体账号要保持敏感度，时常关注有利于电竞生态发展的政策趋势，在传播赛事内容之余，将此类信息传递给受众，表明国家对电竞行业的关注度及支持度，进而利用此类权威信息对受众的认知、情感、行为等做出引导。

其次，报道此类内容不能采用"复制＋粘贴"的简单模式，要迎合用户的需求，对有关内容进行概括、精简，将之转变成通俗易懂的内容，再传播给受众。如果内容过长，还可以分批次进行传播。同时，要时刻注意受众舆论风向。如果某一内容引发了受众消极的情绪，传播主体在接下来的内容报道中就要进行适当的引导，避免造成舆论不可控的局面；而当内容获得受众的一致好评时，就可以顺水推舟，继续进行同类型内容的传

播，但也要把握好"度"，避免受众出现审美疲劳的情况。

最后，自媒体账号在进行内容传播后，要对用户的点赞、转发及评论情况进行评估，了解他们的认知情况，并做选择性回复，收到反馈以便进行二次传播。

2. 主流媒体利用自身优势，做好舆论价值引导

除了上述自媒体账号，微博中的主流媒体账号更应该利用自身的权威性、客观性及话语权，充分发挥"议程设置"的作用，对受众进行引导，传递正确的价值观。

尽管我国《英雄联盟》赛事起步晚，但随着人民网旗下开通了"人民体育电竞频道官方微博"，主流新媒体平台对电竞赛事的报道逐渐增多，《英雄联盟》赛事在新媒体环境内已然成为主流。这样的突破能够进一步引导受众正确看待电子竞技，也有助于人们摘下有色眼镜，促进整个行业的发展和进步。

所以，主流媒体要把握自身定位，借助优势对相关内容进行设置，在网络时代，更要利用议程设置的强大功能，引导受众形成正确的观念。除了进行大方向的宣传，也要注重小的方面，探索各省市《英雄联盟》赛事的发展模式。我国的《英雄联盟》赛事与传统大型体育赛事接轨的一个标志就是引入"主客场模式"，每一支队伍都将拥有自己的主场。目前，北京、上海、西安、武汉、深圳、杭州等地已有自己的代表战队，那么这些地方对电竞产业的宣传和政策扶持也是必不可少的。因此，主流媒体应把握好定位，利用资源优势，积极与地方沟通、联动，将专业化、具体化的内容传播，推动《英雄联盟》赛事健康、持续发展。

（二）丰富治理体系，打造健康的《英雄联盟》赛事环境

营造健康的传播环境，就要减少网络暴力及制造恶劣节奏的现象。因而不论是微博平台、各传播主体还是用户自身，都应该积极参与《英雄联盟》赛事传播环境的治理。

1. 平台方完善审核监督机制

微博作为当前影响力比较广的社交类信息平台，为《英雄联盟》赛事

的生长提供了极其肥沃的土壤，但绝不能忽略外界对赛事的干扰和破坏，否则它即便长成了参天大树，也可能在一夜间倾倒。因此，微博作为提供平台，要从源头对它进行治理，使它健康、有序地发展。

首先，要适当提高门槛，对注册用户的信息进行严格的审核，确保实名制。一般情况下，一个用户只可申领一个账号，但同时要注重对用户隐私的保护。其次，要完善平台现有的"青少年模式"及管理员审查制度。当有《英雄联盟》赛事时，就要对相关主体账号的评论区进行实时不间断的线上监控，一旦出现恶意评论，可进行删除或做其他有效处理，避免更多的用户盲目参与。最后，要加大惩治力度。网络不是法外之地，应基于相关法律、法规或《微博社区公约》，对扰乱网络环境的行为及用户进行严肃处理，传递正确的价值观念。

2.传播主体把关传播内容

《英雄联盟》赛事传播的相关主体在进行内容传播时要进行严格的事前、事后把关，保证内容的准确性及客观性。传播主体在进行赛事内容的传播时，要多重把关，最重要的是保证传播的内容准确无误，如赛事结果、双方比分、选手ID等基本信息，不能因追求时效性而忽略了准确性，这样才能在吸引受众的同时获取他们的认同，进而取得良好的传播效果。此外，各传播主体还要对传播内容的客观性进行把关。《英雄联盟》的每一支战队都拥有大量的粉丝团体，一旦传播内容中出现了额外的倾向性，便会引发双方粉丝的微博论战。因此，传播的内容一定客观、真实，如实报道。

新媒体时代"事前把关"面临的难度及挑战性逐渐加大，"事后把关"便成为媒体进行传播内容过滤的另一种有效方式。相关自媒体账号需在《英雄联盟》赛事信息传播中打起精神，及时制止网络暴力行为，并对相关用户进行禁言、拉黑等处理。还要积极引导用户，看见类似信息尽快举报，千万不要因冲动而参与其中，要为《英雄联盟》赛事的发展创造一个良好的网络空间。

3.用户参与传播环境维护

营造健康、友好的《英雄联盟》赛事传播环境，除了平台发力和对传播主体进行把关，还需用户积极参与。在提高自身网络传播素养的同时，也应对其他受众的言论进行监督和举报，共同经营当下来之不易的电子竞技传播环境。

作为普通用户，在浏览赛事信息时可以主动参与评论，讨论比赛中的高光时刻，提升赛事热度；在日常生活中也能在投票模块中为自己喜欢的战队选手加油；如果有比较中肯的建议，也可以直接私信相关自媒体账号，供他们参考。但受众在获取信息的过程中难免遇到一些不良的网络现象，要做到不支持、不参与、不回应，并在第一时间通过微博平台进行举报，还可以联系传播主体做相关处理，行使好属于自己的监督权。

除了普通用户，还有部分微博大V用户需要在新媒体时代充当"意见领袖"，在关键事件中对其他受众施加正面影响。在新媒体时代，意见领袖的内涵和外延都得到了延伸，但他们在传播过程中仍扮演着重要角色，所以微博中主要以《英雄联盟》为传播内容的大V用户、比较有知名度的解说、常以正面形象出现的选手及热衷于《英雄联盟》的明星等要利用好自身的公信力及话语权，向用户传递正确的电竞价值观，使部分受众的思维定式有所转变，同时引导用户共同营造和谐、正向的网络环境，进一步加强《英雄联盟》赛事在微博中的传播效果。

（三）创新传播形式，丰富《英雄联盟》赛事内容传播体系

当前，《英雄联盟》赛事内容这块"饼"已经被诸多自媒体账号分割殆尽，而且这种趋势并没有减弱的迹象，导致各传播主体的传播内容逐渐同质化，进而用户在进行内容选择时出现了审美疲劳，大大降低了《英雄联盟》赛事的传播效果。所以，自媒体账号要发掘更为优质的传播内容，在传统的信息推送模式上加以创新，加强与受众的交流和互动，满足他们与日俱增的多样化需求。

1.创新传播形式，优化传播内容

赛事内容传播平台位于整个产业链的下游，赛事内容的火爆离不开大众媒介的传播。同时，媒体的热度也随着《英雄联盟》赛事影响力的提高

而提高，这也是电竞类自媒体仍在不断涌现的原因之一。在如此激烈的竞争中，各传播主体在做好本身的内容传播的基础上，应将目光放得更加长远，从电子竞技带来的多方利益出发，发掘《英雄联盟》赛事的其他传播价值。

用户在获取赛事信息时，接受的内容多为直观、表面的传播内容，故此类内容的记忆点也是比较浅的，无法给受众留下深刻印象。因此，传播主体应强化传播内容的记忆点，可以对优质内容做再编辑，进行二次传播或多次传播，以此吸引用户的注意力。传播主体在传递信息时，还需定期做一些科普类版块，例如《英雄联盟》在我国的发展历程、目前的电竞联赛体系、电竞产业创造的种种价值等，使受众在获取赛事信息之余充分了解电竞的内涵。最后，要加强与俱乐部选手的联动，可以合作拍摄纪录片或者人物专访，来有效地吸引用户的注意力。

在进行赛事内容传播时，要保留图文结合和"文字＋短视频"的形式，确保内容的直观性和流畅性。在此基础上对传播内容进行创新，利用"第一人称""3D"等非传统视角为传播内容增添新意，以此来吸引用户的眼球。同时也要注意传播内容的趣味性，适当加入一些当前比较火爆的"梗"，通过传播形式的创新来增强自身的传播效果。

2.加强双向传播，了解用户需求

传播主体在进行赛事内容传播时，另一个需要提升的地方就是加强与受众的交流和互动，接受他们的反馈，通过反馈来了解整个用户群体的需求风向，从而调整自己的传播内容，使用户获得满足，以此提升自身的传播效果。

在"使用与满足"理论下，多数受众获取传播内容的动机是喜欢《英雄联盟》、喜欢某些选手和战队，基于此使用微博参与到传播过程中，最后使自己获得满足。自媒体账号应当抓住受众心理，及时调整传播内容，使受众获得最大限度的满足。比如可以定期设置一些抽奖、投票、讨论环节来引导用户积极参与，鼓励他们对近期比较热门的内容进行讨论。如果反响比较激烈，那么接下来的传播内容就可以这些热门话题为基础，进行修饰、加工后传递给用户。传播主体还可以通过组建微博群聊的方式，将自己的粉丝聚拢起来进行管理。微博群聊既可以作为用户交流、分享的场所，又可以成为大家建言献策的平台。此外，传播主体要将"微博超话"利用起来，可以定期在其中发放调研问卷，在发现自身不足的同时也能了解用户需求，以期改变自身的传播策略。在面对一些网友的私信时，要选择有针对性的建议进行回复，同时也要留意日常传播内容中的用户评论，对反馈最多的问题集中改善，完善用户体验。

新媒体时代，媒介仍需把握"内容为王"，尤其是《英雄联盟》赛事这类具有固定群体的传播内容，内容的独特性和优质性是这类自媒体得以生存、发展的基础，而受众的需求就是他们前进路上的风向标，只有做好内容，赢得受众，才能进一步增强自身的传播效果。

参考文献

[1] 陈振华.集体记忆研究的传播学取向[J].国际新闻界，2016（4）.

[2] 常江.互联网、怀旧与集体记忆[J].青年记者，2019（16）.

[3] 储加音.传播学视域下我国集体记忆研究的发展与转向[J].科技传播，2020（17）.

[4] 高睿婧.集体记忆研究的传播学取向探析[J].新闻传播，2017（24）.

[5] 郭雨宁.数字媒介时代集体记忆研究的新方向[J].新闻研究导刊，2020（20）.

[6] 贺建平，王永芬，马灵燕.受难与国耻建构："重庆大轰炸"集体记忆的媒介话语策略[J].国际新闻界，2015（12）.

[7] 陈虹虹.集体记忆的媒介实践研究 —— 以南京大屠杀纪实影像为中心[D].武汉：华中科技大学，2018.

[8] 陈颖.媒介仪式的效果：认同与实践 —— 电子竞技赛事对青少年玩家的影响研究[D].南京：南京大学，2015.

[9] 黄钰颖.媒介对集体记忆的建构 —— 以大陆地区"慰安妇"主题影视作品为核心[D].上海：上海师范大学，2020.

[10] [美]保罗·康纳顿.社会如何记忆[M].纳日碧力戈，译.上海：上海人民出版社，2000.

[11][美]戈登·贝尔，[美]吉姆·戈梅尔：全面回忆——改变未来的个人大数据[M].漆犇，译.杭州：浙江人民出版社，2014.

[12][加]马歇尔·麦克卢汉.理解媒介：论人的延伸[M].何道宽，译.南京：译林出版社，2019.

[13] Rheingold H.The Virtual Community: Homesteading on the Electronic Frontier[J]. Massachusetts: Addison Wesley Publishing Company Reading,1993 (1).

第二部分　网络公益传播实践
第一章　基于微信平台的公益传播研究

一、移动互联网时代下微信公益的发展现状

（一）微信公益传播的发展缘起

随着社会的进步和人们生活水平的提高，公众的公益意识越来越强，很多人开始参与到公益事业中来，目前的公益正从事业型公益、企业型公益转向平民公益，一种平民的草根公益应运而生，它就是微公益。如果说微公益与微博的结合是公益发展的必然趋势，那么微公益与微信的结合体现的就是该趋势的进一步深化。移动互联网的发展让每个人都成为世界的中心，为我们呈现出了一个扁平化的世界，它让信息传播的载体逐渐由PC端转向以手机为载体的移动端，微信的出现不仅改变了信息的传播方式，也改变了人们的生活方式。

据统计，截至2014年12月，我国手机网民规模达5.57亿，85.8%的网民使用手机上网，其中65.0%的中国网民使用微信。目前，微信用户已达6亿，微信与WeChat的合并，月活跃账户数达到4.68亿，55.2%的用户平均每天打开微信10次以上。高黏度的使用让人们已经习惯了用微信进行沟通和交流、学习和工作。微信的传播手段多样，具有推送文字、图片、语音、视频等信息的功能，拥有敏锐感知力的公众通过微信获取信息，关注社会议题，分享公共话题，为微信公益的开展提供了巨大的用户

群体和发展潜力。如今，微信公益的关注目标延伸到了社会发展的各个方面。微信公众平台中有公益基金组织开通的平台，如壹基金、嫣然天使基金、中国红十字基金会等，有以关注弱势群体为主的平台，如关注心智障碍的"hearts心公艺"、关注盲人的"为盲胞读书"、关注留守儿童的"上学路上"、关注罕见病残障人士的"瓷娃娃"等。除了传统的公益组织开通的微信公众号，也有关注流浪宠物的"狗与爱的世界"、关注海洋环境保护的"上海仁渡"、关注公益事业发展的"公益慈善论坛"等。由此可见，微信公益的目标群体不仅仅是弱势群体，它还涵盖了环境保护、健康公益、志愿活动等方面，相较于传统公益模式，微信公益开展的议题更为多元化。

（二）微信传播与公益传播的契合点

1.群体重合度高，平台潜力大

首先，微信的用户呈年轻化趋势。18—34岁的青年为微信的主要用户群体，占总用户数的86.2%。这部分人也正是公益活动参与度最高的群体，他们热衷于通过微信关注社会议题、参与事件讨论、分享信息并进行交流，对社会公益有着浓厚的兴趣和敏锐的感知力。

其次，微信用户素质高，收入多。腾讯官方数据显示，70.0%的微信用户的学历为本科及以上，32.0%的用户属于中产阶层，月收入为3000—5000元。高素质的用户往往对社会矛盾、公益事业等问题更加关注，公益理念也更容易让用户产生共鸣。收入的高低从某种程度上决定着行动力的大小。微信用户的主体属于大众消费的主体，他们有能力也有余力参与公益活动。

最后，微信的用户黏性高。据企鹅智酷的数据分析，有55.2%的用户平均每天打开微信10次以上，近1/4的人甚至平均每天打开微信超过30次。近半数用户每天使用移动终端超过3小时，超过5小时的用户有26.6%。由此可见，微信已经融入了人们的日常生活当中，改变着人们的行为习惯。

2.人性化传播符合公益传播诉求

一对一、一对多的直线传播缩短了与用户之间的传播距离，良好的沟通、及时的反馈、趣味的互动能够激发用户参与活动的强烈欲望。微信将现实中的人际关系网络链接到了虚拟世界。2014年1月，微信升级到5.2版，推出了微信商城、滴滴打车等多项应用，在移动互联网时代开辟了一种全新的生活方式。微信的传播不受时间、空间的限制，扩大了传播辐射面，最大范围地将公益信息传达给用户，提高了公众对公益活动的认知率。微信支持语音、文字、图片等多种信息传播方式，有助于丰富公益活动的内容；即时的互动沟通也能有效提高用户参与公益的热情。

3.微信拓展公益传播多渠道

在全媒体时代，传播的核心竞争力不再体现在"内容为王"的主场上，而是体现在传播渠道的竞争上。公益活动本身内容同质化现象严重，在宣传公益活动的信息中，"募捐""捐赠"等相关词语出现得较为频繁，公益内容也使公众接受公益信息的兴趣度受到了限制。因此，公益组织必须利用新媒体实现转型，只有在内容完善的基础上拓展传播渠道，才能在海量的信息传播中脱颖而出，吸引公众对公益的注意。微信为信息传播提供了多样化的渠道，微信朋友圈平台主要用于朋友之间的信息传达，它主要是为用户表达看法，获取朋友信息，分享所见、所感建立的平台。朋友圈是微信基于强关系链接的典型，它的传播主体和接受主体仅限于朋友和熟人，因此，公益信息在此平台的传播会更易于让人接受，信息可信度高。

二、微信公益传播的形成机制

基于微信平台的公益主体

1.公益团队搭建公众平台

据《中国公益组织互联网使用与传播能力第三次报告》，在调研的308家公益组织中，民间成立的公益组织占81.00%，有68.94%的公益组织拥有并使用官方微博，其中经常使用微博宣传公益内容的公益组织占

37.00%。虽然公益组织使用微信的数据还没有给出，但可以看出公益组织善于利用新媒体平台传播公益知识。

2.微信个人的公益发起及传递

随着社会的进步，公民的话语权得到了极大的满足，他们可以24小时保持在线，随时、随地获取信息，发表评论。微信用户群体也是积极参与公益的主体，他们既是活动的发起者和传播者，又是活动的评论者和监督者。由于微信具有强社交属性和参与门槛低等特点，他们在微信平台上能够自主地发表言论、交流、沟通。比如号召为留守儿童讲故事的"上学路上"是由知名传媒人刘新宇在微信上发起的公益活动，邀请社会知名人士和志愿者来讲故事或名著，利用微信录音软件录成音频放到MP3播放器里，最后发放到留守儿童的手中，让故事陪伴留守儿童缺少父母的童年和漫长的上下学的路途。

3.企业开展公益营销

微信的多样化功能为企业做公益提供了平台，中国企业开始尝试用微信做公益，并将公益行为社会化、众筹化。新希望乳业通过企业微信及员工微信朋友圈发起了"你点1个赞，我捐1元钱，为300名孤儿筹专属体检"的公益活动，6天内收到了近8500个赞。企业的公益众筹也成为企业公益营销的重要形式。泛华集团搭建了带有公益性质的网络互助保障平台"E互助"，市民通过关注"E互助"微信公众号成为会员，"E互助"以众筹方式推出了家庭守护计划，旨在为罹患癌症或意外死亡的互助会员及家庭提供帮助，义务为他们均摊助捐资金。

三、微信公益传播的相关内容

（一）诉诸情感的公益宣传

公益宣传只有诉诸情感，让受众产生情感共鸣，才能提高受众参与公益的热情。微信公益信息常附有图片、视频、音乐等内容，通过视觉和听觉的刺激激发用户对公益产生认同感。2014年9月28日，临近"国际聋人日"之际，百度推出了微信公益活动——"世界上最动听的歌"，用爱为听障人士奏出动人"旋律"。"世界上最动听的歌"收录了《寂静之声》《天空之城》等温馨的名曲。这项公益活动的特点就是在人们陶醉于乐曲时，旋律却戛然而止，周围顿时一片寂静。公益活动通过这种形式引导我们更加用心地关注听障人群，对他们的生活感同身受，是对他们的一种关爱和尊重。

（二）互动性的创意内容

朋友圈和微信群是微信使用者最常用于发布信息和讨论话题的地方，是多元态度和内容的聚集地，也是传播理念的最佳平台。借助强社会关系是公益发力的突破口，很多公益的创意内容都是从朋友圈开始传播、扩散的。天涯社区公益总监梁树新将"微公益"的特点概括为：快乐公益，人人公益，创意公益，跨界整合、基于社会化媒体的沟通平台和情景公益。他认为，快乐和创意是微公益的两大重要特色。2014年，青基会发起了"挑战8小时"的公益步行筹款活动，将公益理念与徒步行走结合。参加者需要主动通过朋友圈向朋友寻求资助，将筹集到的款项用于参加比赛，然后将每日锻炼的结果分享在朋友圈中。使娱乐与公益融合在一起，不仅可以在轻松、快乐的环境中为公益活动筹集善款，让公益捐赠成为一种乐趣和时尚，还能够加强与朋友的社交互动，给参与者带来趣味性和现场体验感。通过微信传播、分享信息，用运动的力量感染周边的人，使之参与公益活动，为公益活动带来了二次筹资的可能，营造良好、健康的公益环境。

（三）微信公益传播的构建模式

1.利用朋友圈进行"强关系"传播

基于强关系链接的点对点的传播方式更容易让用户将真实的社交关系带入微信的传播活动中；同时，社交属性强的微信也提高了信息的可信度，降低了人们置疑的可能性。在虚拟的网络传播中，熟人之间的强关系让微信在信息传播、社会交往等方面的功能有了更好的延伸，一对一的精准性传播大大增强了微信的传播效果。

2.借助公众平台进行精准传播

精准传播体现出媒体和社会发展的一大进步，它指的是基于新媒体技术进行的大规模"精确制导传播"，即能按照观众的个性化需求，将相应的信息和内容准确地传达到具体的个人。移动互联网时代，人们习惯根据自己的兴趣、爱好来获取信息，把选择主动权让位给用户，其实是增加了用户的使用黏性，不论是哪一类的微信账号，受众都会遵从自己的意愿，长期关注自己感兴趣的账号。这样，用户对公众号的认可度更强，忠诚度更高，微信公众号的传播更加精准。公众平台除了能够精准地推送信息，也能够精准地接受用户的反馈。微信公众账号推送信息属于一对多的精确传播，这种传播提高了信息的到达率。一方面，微信为公益的发展打开了新的入口，让用户即时获取信息，通过即时回复与用户产生在线互动，取得了良好的反馈效果；另一方面，微信公益能够将线上的宣传和线下的活动整合起来，使公益宣传达到事半功倍的效果。

3.建立"微网站"进行多媒体传播

随着信息技术的发展，在微信第三方服务平台功能的支持下，微网站能够依据建网目标不断添加、更新网站的信息内容，展示更好的宣传效果。移动媒体时代也是阅图、听音的时代，大众的注意力已经由长文章开始转向易于直观展示的内容——图片、语音。在碎片化的时间内，人们大都不愿去涉猎需要大量时间去理解的内容。微网站简易、直观的设计和排版能够很快抓住受众的眼球，吸引公众参与。

微网站不仅是进行公益活动宣传的平台，更是展示数据的平台。公开是公益发展的必然前提，有数据的支撑，微信公益才更加可信，即时的成果展示才能使生活在各个场景中的人会聚到公众号平台这一场景中，提高用户参与的认同感。语音、视频、文字、图片、数字等多媒体的传播方式能够让受众深入地了解公益活动的进展，增加互动，达到面对面的宣传效果。

四、微信公益传播中存在的问题及建议

（一）微信公益传播中存在的现实问题

1.私密平台限制传播效果

在公益活动中，微信可借助微信公众平台、朋友圈等方式进行宣传，但微信公众平台与朋友圈在信息传播上具有不同程度的局限性。公众号受到关注粉丝数量的限制，本身并不具备大范围传播、宣传的优势，它的影响力的大小取决于用户订阅和关注度的多少。微信点对点的传播模式限制了它的传播范围，使它不能像微博那样能够产生转发量和关注度。用户对微信公众号的关注往往取决于公众平台推送的信息内容的质量，质量不好的内容难以被二次传播，影响微信公益的传播效果。微信朋友圈只限定互相关注的好友才可以看到，是私密性较高的分享平台。朋友圈虽然有点赞和评论的功能，却不显示转发率，用户只能在有限的好友内根据信息内容在朋友圈内的出现度来判断事件的影响力，很难形成大规模的传播。

2.欠缺"把关"，谣言扩散

随着移动互联网技术的发展和智能化手机的普及，发微信已成为人们的生活方式之一。在信息多元化的传播空间中，繁杂的信息迫使人们每天都接收具有不同观点的信息，并进行自我选择。每个人都成为信息从这个朋友圈跨向另一个朋友圈的把关人，微信用户既是信息消费者，也是信息审查者，受众成为自己的编辑、守门人和信息收集人。由于受众文化水平、专业判断能力不同，很容易因对信息的把关不到位使微信谣言肆虐。成几何倍数扩散的信息也给微信公益的发展带来了不小的挑战。

微信的"净化"功能较差。朋友圈的"强关系"在某种程度上增加了用户对谣言的认可度，圈子里的成员可以分享信息、交流情感，因此微信的发布乃至转发很大程度上是一种非理性的行为，发布者其实处于失控的状态。在半开放的微信圈中，谣言的活跃度较高，因此粉碎谣言难度很大，同时，谣言因击中了人们需求的软肋和心理穴位，极易被大量转发、扩散。在微信公益的传播过程中，用户并没有受过公益组织的专业培训，

对公益活动的进程不了解，于是轻信公益谣言，上当的可能性极大。作为熟人关系圈中的一员，用户会有避免朋友再次上当的心理，对谣言信息进行转发。

（二）完善微信公益传播的具体对策

1.借助微博，发挥微平台联合力

微信在传播的广度和效率上有其自身的局限性，很多信息只是在朋友圈或微信群里转发，并且容易出现谣言或不实信息。而微博传播公益事件主要利用弱关系，通过大 V 转发，最后达到裂变式的传播效果。格兰诺维特认为"弱连接"不如"强连接"坚固，却有着极快的、可能具有低成本和高效能的传播效率，微博的传媒属性更强，微信的社交属性更强，发展公益事业必须重视这两大微平台的作用，侧重发挥不同媒介的功能。多对多的传播特征让微博成为一个传播覆盖面广、反馈迅速、易形成社会话题的平台。在微博上发送的一条信息能够在短时间内通过用户的相互转发迅速扩散，转发传播的人数会裂变式增长。微博较微信名人效应更强。微博是一个开放的平台，经过 V 认证的微博号的信息、身份较为透明，"意见领袖"的号召力、传统媒体的权威性在微博信息传播过程中起着重要的推动作用。

微博的传媒属性与社交属性的比例约为7:3；微信则相反，传媒属性与社交属性的比例约为3:7。微信的主要传播方式是一对一的精准性传播，受众呈散点状分布，属于封闭式的交流，因此，它的影响力和传播力非常受限。微信因具有私密性，设定数据只能在后台看到。据估算，微信的月均活跃用户数是3.55亿，如果有1%的人阅读并转发，就有355万人的影响力。由此可见，微博的传播人数较微信的传播人数多。微博的弱关系提高了信息的流动性，同一信息瞬间被社会上属于各个群体的受众传播出去；而微信基于强关系，信息传播受平台功能的限制，因此传播人数并不多。注重"关系社交"的微信和注重信息分享的微博在传播过程中各具特色，从短期效果来看，微博的传播效果比微信明显。微博在传播信息的过程中通过话题设置、搜索热词等功能很容易转移作为"围观人"的微博用

户的注意力，使事件形成舆论焦点；而微信是一个私密的分享平台，不易在短时间内形成大范围的传播。

微信公益如果要人们长久、持续地关注，即时、快速地引爆公益信息，就必须联合微博的信息宣传力量，在公益传播中扬长避短，与之融合发展。差异化的自媒体传播方式有利于形成优势互补的发展之路，只有采用媒体联合的方式，整合媒体资源，才能更好地弘扬公益文化，发展公益事业。

2.公开公益信息，即时辟谣

社会公信力是慈善公益组织的"第一生命"，实行信息公开、透明是公益组织塑造公信力的第一步。微信当中大量的信息数据都被保留在后台，用户在前台很难实时掌握公益动态，这就需要公益组织做到"信息对等"，放下公益组织的身段，定期公开公益事件的数据，包括信息传递人数、涉及省市范围、用户反馈情况、筹款情况等，让公益信息在阳光下运行。让谣言止步，任何言语的解释都是无力的，只有通过定量的数据分析，才能够还原事情的本真。"诈捐"和"侵吞捐款"都是数据信息不透明造成的公信危机的表现。微信公益组织必须配备专业化的团队，监督捐款流向和支出明细，并将公益项目实施过程开诚布公。微信认证的"益捐赠"公众账号提供了较为完善的信息公开服务，在公众平台信息公开的菜单下，捐款人可以查询相关的财务简报、捐款信息，增加了受捐项目的透明度。只有通过严谨的态度、公开而透明的信息、到位的公益宣传，才能增加微信用户对公益组织的认可度。微信几何式的传播影响力有助于重新树立公益组织的公信力。

微信是一个私密化的传播空间，若信息的传播过程不透明，微信就很容易变成谣言的温床。谣言等有害信息的存在将破坏社会上的信任关系，进而影响整个沟通环境的健康发展，因此，加大微信辟谣力度，净化微信交流环境有助于发展和谐、稳定的社交网络。据统计，仅2014年上半年，腾讯安全中心就收到举报约6000万条，经审核，数百万个恶意账号被冻结。鲁甸地震发生后，相关的几条谣言在朋友圈中被广泛转发，随后，这几条谣言遭到大量网友的举报，政务机构微博、主流媒体微博及微博活跃群体纷纷辟谣，并以推送"利用地震救灾诈骗五种形式"等信息提醒网友，以防他们上当。"公安部打黑除四害""民防小卫士""重庆网警""郑州日报"等博主也发布了辟谣信息，避免网络谣言泛滥造成的"次生灾害"。政府和新闻媒体要充分利用自媒体平台，第一时间发布权威信息，完善谣言鉴定和澄清机制，使传统媒体与新媒体联动，结合公信力和时效性，扼杀谣言。国家实行"微信实名制"后，在一定程度上有效整治了微信谣言的散播，避免造成更大的公益损失。

3.政府加强微信公益的引导和管理

2015年1月13日，国家互联网信息办公室依法关闭了24家网站、9个频道（栏目）及17个微信公众账号。国新办将以"后台实名，前台自愿"为原则，实行微博、微信、贴吧等注册信息实名制，全面推进网络真实身份信息的管理。由此可见，国家已经开始加大对网络环境监督、管理的执法的力度。

首先，完善移动互联网相关法律体系。法律是公民的合法权益不受侵害的强大保障，然而我国针对移动互联网而制定的法律、法规少之又少，这很容易导致微信公益的无序性、盲目性。微信朋友圈中谣言泛滥、不法行为屡见不鲜的现状迫切需要国家制定相关的法律严加惩治，通过立法明确微信公益项目的组织构成、运营方式、资金等内容；加快出台公益组织对善款的使用和管理办法，确保筹款流向的正常化；对有资格进行公益活动的账号实行严格标准划分，对以公益之名实行诈骗的不法分子予以严厉打击。随着我国移动互联网网民的增多，加快移动互联网领域的立法已经迫在眉睫，必须用法律对移动互联网的不法行为加以约束，做到有法可依、违法必究，才能减少权益受损的网民的数量。

其次，建立完善的社会监督、管理机制，保障社会公众的监督权。微信由于存在私密性的特点，导致用户无法在前台看到捐款人数、筹款金额等重要信息。对于做公益，最关键的一点就是要信息透明，后台的不透明容易导致公众对公益的信任度逐渐下降。因此，政府要对公益账号进行监督和管理，让微信公益项目必须在公众平台上公开，落实项目责任制，按照国家相关法规、要求主动公开善款流向，披露给公众，并做到及时反馈。建立举报奖励机制，鼓励用户发现破坏公益的谣言后及时报案，让网民充分行使自己的监督权，参与网络公益组织的管理。政府要在第一时间公开声明，杜绝此类谣言进一步扩散。政府应尽快完善互联网金融管理制度，健全互联网金融法规，明确人民银行、工信部等对互联网金融的监管责任，建立长效预防监管机制，对微信公益内容、筹款方式、资金链条进行有效管理。只有监督、管理到位，网友才不会只是转发、评论，做一个"旁观者"，而是去当一名真正的公益志愿者。

最后，引导微信公益项目规范化、常态化。国家需要加强对民间公益组织的扶持力度，对微信公益的线下活动给予场地或宣传报道方面的支持。国家还要严格审核微信公益项目。微信公众账号的准入门槛低，虽有认证，但水平参差不齐。针对涉及发动公益活动的微信公众号，政府要提高准入门槛，建立权威的微信公益平台，推动公益持续健康发展，增强公众对微信公益项目的可信度。

4.严格审核公益账号，提高支付技防水平

公益只有以信任为基础，才能获得长远的发展。微信的准入门槛低，只要提供的资料不违反相关法律、法规，都可注册成功。这导致出现在微信上的公众账号良莠不齐，不利于微信公益的发展。随着微信社会影响力的不断增强，有必要对微信公众账号的开通条件进行严格审核。微信团队对公益慈善这类微信公众账号的审核并不严格，远远不及传统公益组织建立的标准，公益类的微信公众号的权威性并不高，这给微信支付的安全带来了隐患。因此，要建立严格的公益类微信公众账号的审核制度。对于即将开通微信公众号的公益发起者实行实名制，加强对微信公众账号的跟踪管理，不但要审核公益组织发起公益项目的资格，还要充分核实公益财务的具体流程和资金管理者的身份。

五、微信公益传播的未来发展趋势

（一）实现微信功能的全方位整合

移动互联网的发展不仅催生了通信、媒体和消费文化，更让中国进入了由微传播、微政务、微支付、微电影和微视频构成的"微时代"，微博、微信、微视频已经成为主流的传播方式。在"微时代"，新媒体应用的移动化趋势明显，手机保持着第一大上网终端地位，4G技术的普及也让移动媒体摆脱了传播速度的束缚。微平台产生新文化，微表达汇聚正能量。微公益时代，人人都可以成为公益活动的发起者，公民参与公益的主体意识不断增强，对公益事业的热忱不断高涨。随着移动互联网的发展，微公益成为以微博、微信为媒介载体的新形式公益，微公益的影响力和号召力促使企业、公益组织、媒体开始尝试微公益项目。基于强关系的微信已经成为很多用户讨论公益话题、参与公益活动的主要渠道，因此，微信公益的发展是大势所趋。

出于公益的迫切诉求，在选择微信传播渠道上也应有变化。目前的微信公益传播只是在朋友圈、公众平台、微信群等平台分散地传播，而且以接收公益号的公众平台的公益信息为主，影响力仍受限。朋友圈与微信群是微信使用者最常用于发布信息和讨论话题的地方，是多元态度和内容的聚集地、理念传播的最佳平台，借助强社会关系是公益发力的突破口，很多公益的创意内容都是从朋友圈开始传播、扩散的。微信群比朋友圈的定位更加精准。朋友圈中的信息是向所有微信好友公开的；微信群则是将微信好友再进一步分类，使其兴趣、价值观更加相似。在微信群中，用户虽无法面对面交谈，但可以通过发送语音、视频、图片等内容在共同的平台上进行交流、沟通，营造一种实时在线感，因此在微信群中传播的信息共鸣感更加强烈，信息可信度也更高，真实的公益信息在微信群中的传播可以达到一呼百应的效果。微信公众平台是腾讯在微信社交的基础上推出的具有媒介属性的自媒体平台，开通微信公众平台的主要群体是政府、媒体、社会组织、企业和个人，他们可以通过平台向账号关注者群发图片、文字、语音等形式的内容。未来的微信公众号有必要与微信群结合。微信群更有助于将志同道合之士聚集在一起，会催生很多"去中心"的圈子团体，培养公众的自发组织能力，增加精英的话语权。而微信公众号作为公益信息发布的主要平台，产生的微信群是进行活动跟进、公开捐赠信息、倡导公众参与的有利支撑平台。双平台的信息传播有利于公益活动系统地进行。

（二）搭建有信任度的募捐平台

互联网的发展使公益募捐产生了巨大变化。互联网的低成本、可透明化推动着公益筹款由传统高成本的人力筹款经由微博的网络筹款，向大众筹款方向前进。

随着移动互联网技术的不断进步，手机端比PC端具有更高的传播和劝募价值，这使得在微信平台上开展公益众筹成为可能。微信应继续探索发展"互动捐款"等众筹形式，建立以公益项目为主线的公益组织和企业，有效结合客户资源与公益项目的宣传渠道。微信募捐平台与支付功能的捆绑改变了以往筹款与捐赠分离的情况，降低了捐赠人的成本，提高了募捐效率，达到了公益项目筹款的最好效果。微信公益的关注议题不断增加；公益关注的群体也更加精准；公益组织利用公众号，通过宣传、合作，打造出自己的公益品牌，"拍卖募捐""点赞捐款"等多样化的公益模式也在不断地被挖掘出来。微信从传播信息到接收、反馈，到募集捐款，再到线上与线下互动，正在逐渐形成一条成熟的公益传播链条。

（三）营造有利于公益理念表达的传播环境

网络技术的发展促使公益传播环境发生了根本性改变，公众既是公益信息的接收者，也是公益活动的发起者。微信凭借成熟的技术，私密化、便捷性的功能，让微信公益建立在传受双方的互动和反馈的基础上。同时，微信公益也会与传统主流媒体、微博等新媒体合作，让公益传播进入一个全媒体传播的时代。

环境对媒介的决定作用不仅表现在形式上，更表现在对传播观念和传播内容的影响上。在任何一种环境中，人们都会有自己独特的信息需求和心理，时刻变化的传播环境让人们不甘心处于被隔绝的状态，而是力求创造更好的传播氛围。因此，公益观念的深入必须借助传播环境，只有在健康的传播环境下，公益事业才能得以稳定发展。微信具有广阔的发展空间和良好的发展前景，但准入门槛低，若保持微信公益在公益的轨道上合理运行，就必须营造一个良好的微信传播环境。微信团队应给予公益团队更多的技术支持，开放平台，不定期公布公益数据，让公益团队不止了解自己的传播情况，还更清楚自己身处的大的公益环境的发展情况。微信公益的发展不仅需要技术的支持，更需要政府的协助。政府要强化微信公益平台技术支撑平台的安全化保障。网络安全问题一直是互联网存在的一个重要问题，政府必须完善网络立法，防止不法分子利用微信"浑水摸鱼"，将微信公益纳入慈善法中。微信公益只有在强大的安全保障之下才能够平稳、正常发展，才不会有损社会影响力和公众的信任。

参考文献

[1]中国公益2.0腾讯公益慈善基金会.中国公益组织互联网使用与传播能力第三次调研报告[R].2012.

[2]孟燕.微博公益传播机制研究[D].济南：山东大学，2013.

[3]龙建.精确传播与媒体竞争力[D].重庆：重庆大学，2008.

[4]张亚婷.微信朋友圈的话语传播机制分析[J].重庆邮电大学学报（社会科学版），2014（5）.

[5]陈永东.微信之于微博：是互补而非替代[J].新闻与写作，2013（4）.

第二章　"轻松筹"的传播效果研究

一、"轻松筹"平台概述

（一）"轻松筹"的发展现状

1.起步阶段

2014年9月，轻松筹网络科技有限公司成立于北京。"轻松筹"平台作为该公司旗下最主要的产品，把目光聚焦于公众健康保障领域，随后上线的各种功能、各个版块均与大众的健康保障息息相关。次年5月，"轻松筹"在国际互联网大会GMIC上获得"最具创新企业奖"；同年12月，"轻松筹"总用户超过1000万，日均注册用户超过10万。

2016年2月，中国红十字基金会与"轻松筹"平台合作成立了"中国红十字基金会·轻松筹微基金"。2016年8月，民政部公开了13家首批"网络募捐信息平台"名单，"轻松筹"与阿里巴巴、腾讯、百度等互联网巨头共同跻身该名单，并且是唯一一家接受民政部管理的公益众筹平台；同年10月，其注册用户就已经超过1亿人。

2.创新发展阶段

2017年，也是"轻松筹"高速发展的一年，它在完成新一轮融资之后成为全国最大的免费个人求助平台。2017年7月24日，"轻松筹"自主研发的区块链系统正式上线，这一系统保证了"轻松筹"的筹款全程公开、透明、可追溯。

截至2018年10月，已有超过6000万会员加入轻松互助，累计帮助超过1306位大病会员获得互助金，累计划拨互助金总额超过2.66亿元。

在业务版块方面，除"轻松互助"业务，"轻松筹"还划分了"大病救助"和"轻松保"业务。"大病救助"将社交的强关系运用到大病筹款中，在大数据和人工智能的加持下加快了审核环节的速度，人机协作的高效方法让用户可以在更透明的模式下参与线上公益，需要帮助的大病患者可通过"轻松筹"发起大病求助项目。截至2019年4月，"轻松筹"在全球180多个国家和地区的用户总数超过6亿，帮助众多家庭筹集慈善款项总额超过360亿元。"轻松保"是"轻松筹"与华泰保险、安联保险等公司合作共同推出的多款会员定制保险产品。

3.建立多平台传播网络阶段

目前，"轻松筹"乘上全媒体时代的"快车"，将官方App、微信公众号、微博官方账号、官方网站作为四大主要阵地。最受受众青睐的"轻松筹"官方微信公众号主要设置了"我的筹款""发起筹款""个人中心"三大版块。点开"我的筹款"可以进入爱心首页，在这里可以自由查看、选择已经在平台上发起的项目，项目详情、进度，筹款、捐款明细和爱心留言，还可以查看捐款排行榜。除"轻松互助"，用户在爱心首页还可以参加其他"轻松筹"下设业务，如"轻松保""轻松公益"等；在"我的筹款"版块还可以查看筹款攻略、已经捐过款的项目。微信公众号的操作也很便捷：在"发起筹款"版块可以瞬间发起一个项目，要谨慎填写筹款的最终金额，添加标题、文本信息，并提供照片等待审核，就可以进行求助众筹。点击"个人中心"可进入"轻松筹"的增值服务，比如"绿色就医通道""在线问诊""健康商城"等。

（二）"轻松筹"的传播特点

1.传播环境半封闭式，具有强关系链

"轻松筹"主要依托微信平台传播，而微信传播具有以人际传播为主，信息传播便捷、速度快，圈子化传播明显等特征。微信传播的这些特点也影响了"轻松筹"的传播特点。

首先，微信熟人社交传播环境下产生了劝服效果。"轻松筹"作为网络公益众筹平台，产生于社交平台成熟发展的基础上，而微信作为社交平台的代表，为"轻松筹"信息的传播提供了强有力的支持。微信的朋友圈在最大限度上为求助信息提供了保障。每在"轻松筹"上发起一个求助项目后，通过社交平台的外链可以快速跳转到主界面；而除了发起项目的必要信息，最让人产生信任感的就是页面中的"帮他证实"一栏。在这里，熟人可以帮助求助者证明身份、情况的真实，以这种方式来为项目发起人争取到陌生人的信赖和善款。

其次是病毒式的快速传播路径。2016 年年底的罗一笑事件、2017 年8 月底的"小朋友画廊"等都曾在微信朋友圈霸屏，产生的社会影响、带来的热烈讨论让人印象深刻。而这些都与微信传播环境密不可分。在激烈的社交平台竞争中，微信不断进行着版本升级；同时，各种小程序更新、H5大热、微信公众号创出的各种特色服务功能等，使微信依然是一个不可替代的渠道，熟人圈、强关系、精准推送、即时性、双向性、低成本、多样化等特性使微信一直保持着线上公益渠道中的主流地位。

微信朋友圈作为微信的特色传统功能，使得微信一直保持着一种半封闭的状态，而这种状态中又存在很强的社会关系网络。在这个网络中，无论是何种内容、形式的信息传递，都有着极高的信任度。在日常的生活中主动去证实信息真伪的人少之又少，在省去这一步骤的情况下，真假信息混杂使得病毒式的传播效果体现得淋漓尽致。微信群作为微信的另一特色，也是重要的公益信息传播路径，三个人聚在一起就可以建立，群里的人少到三五个，多则成百；群成员的成分也是各式各样，如在各种兴趣圈的"交流群"、每个学校班级都必须使用的"学生老师群"，还有让人想不到的"砍价群""拼单群"。建群已经成为当前人们的一种工作、学习方式，在中国的社交中必不可少。基于微信这样较为封闭的场合，非营利项目的完成显然比微博劝服效果的产生要快。

2. 传播过程受同情的互惠机制及地位的差异机制影响

首先是同情的互惠机制，指情感资源的互换在社交中给予我们动力，我们愿意进行某种情感表达是因为我们希望在其中得到同样的情感回馈。同情作为人特有的情感，当我们将它赋予别人时，本质上是与他人互惠互利的。而前文论述的微信熟人社交传播环境更加深了这一机制的表现，大众都渴望在自己提供了精神支持和物质帮助后，求助人以铭记和感恩回应。事实也恰恰证明，正是在微信的朋友社交圈中，这种回应最为深刻。

其次是地位的差异机制。每个人在社会中总是处于不同的位置，在社交中也会不自觉地将自己的位置与他人进行衡量、比较。正如库利的"镜中我"描述的那样，他人给予我们的位置判断会促成我们不断的自我认知。一个引人注意的公益项目除了具有求助原因等描述，求助者往往为方便他人做出判断而上传家庭房屋财产、车辆财产、保险情况等，在争取他人的信任的同时，方便他人做出求助者处于绝对的弱势地位的判断。对于没有遭受贫穷、死亡威胁的受众，通过对对方弱势地位的判断推演出自己的优势地位，这种认知对激发同情心理有很大的作用，同时，对自身所处状态的满意程度也有所加深；反之，有房、有车，并且还未变卖的项目发起人很难得到大众的认可，甚至会招来怀疑。

轰动一时的"罗一笑"事件中地位的差异机制就得到了很好的体现。当被爆出罗尔家庭条件优越时，舆论从"父爱如山"到"罗尔的经济状况比我还好，我在深圳都没有房子"，发生了戏剧性的转变。因为在大众心中，有房、有车代表着不再处于绝对弱势地位，大家对自己的地位认知在这个时候也发生了变化，从相对优势转变为相对弱势。在这种情况下，大众的同情心很难被激发，只剩下被欺骗的愤怒。

3. 传播者和接受者均被赋权

西方赋权研究出现于 20 世纪六七十年代，之后便在社会科学领域逐渐流行起来。新媒体赋权的相关研究则是在新媒体流行之后开始的。赋权又称"增权"，从社会科学领域逐渐延伸，并迅速在传播学领域占据了一席之地。而对"互联网赋权"的概念，可以这样理解：互联网赋权，赋予的是权力，而不是"权利"。从这个角度讲，研究者们提出"互联网赋权"，或者"互联网增权"，这两种翻译方式都是可以的。因为，法律面前，公民的权利人人平等，权力却不同。互联网不能赋予权利，只因为技术特征传播优势有助于公民权利的表达或实现。新媒体带来的赋权虽然是一种客观的存在，但更表现为大众的一种主观感受。

新媒体赋予了我们话语权。随着网络公益众筹平台的出现，这些弱势群体在具备了相应的知识、语言能力之后，拥有了一个第三方提供的渠道，这个渠道最大的优点就是向个人开放，在什么时间、地点，以什么方式发起项目，求助者都可以自己决定，向网友展现何种生活状态、筹集多少善款、期限、回报也都由自己做主。而出资人也在捐和不捐之外有了更多的选择：置疑项目的真实性、要求追加公开条件、给予更深层次的救助、帮忙转发等都体现了话语权的增加。

二、信度与效度分析

（一）信度分析

进行信度分析是为了保证结果的一致性，主要用来检验受访对象本身是否具有稳定性，从而判断调查问卷的可信性及稳定性，来保证调查结果分析的正确性。对于信度分析，最常用的检测方法是分析 α 系数，且仅针对定量数据。克隆巴赫信度系数（Cronbach α 系数值，下同）如果在0.8以上，则该测验或量表的信度非常好；如果在0.6以上，则该量表应被进行修订，但仍不失其价值；如果低于0.6，量表就需要被重新设计题项。本次调查问卷涉及四个维度（受众认知层面调查、受众态度层面调查、受众再传播与反馈行为层面调查），分别需要进行三次操作，然后将三次操作的结果合并整理成一个表格（见表10）。

笔者运用SPSS24.0软件对调查问卷结果进行信度分析，得出结果如下：受众认知层面调查结果信度系数为0.912（见表7），比0.8大，表明数据信度质量高；受众态度层面调查结果信度系数为0.944（见表8），比0.8大，表明数据信度质量高；受众再传播与反馈行为层面调查结果信度系数为0.919（见表9），比0.8大，表明数据信度质量高。综上所述，研究数据信度系数值均高于0.8，删除题项后信度系数值并不会明显提高，说明信度较高，可用于研究。

表7　受众认知层面调查结果信度分析

名称	校正项总计相关性（CITC）	题项已删除的α系数	Cronbach α系数
我清楚地了解"轻松筹"的用途	0.767	0.894	
我可以说出"轻松筹"相较于其他平台的优点和特色	0.691	0.911	
我对"轻松筹"宣传的项目很熟悉	0.772	0.893	0.912
我清楚地了解"轻松筹"的运营模式	0.793	0.888	
我清楚如何查看、监督"轻松筹"的善款流向	0.867	0.873	

表8　受众态度层面调查结果信度分析

名称	校正项总计相关性（CITC）	题项已删除的α系数	Cronbach α系数
我非常欣赏"轻松筹"带来的社会价值	0.861	0.930	
我认为"轻松筹"产生的社会价值正是我想实现的社会价值	0.905	0.926	
我很喜欢"轻松筹"的页面设计	0.725	0.947	0.944
我认为"轻松筹"是一个正能量的形象	0.854	0.932	
我为自己参与网络公益众筹而感到自豪和光荣	0.835	0.934	
我对"轻松筹"平台的善款流向很信任	0.829	0.934	

表9　受众再传播与反馈行为层面调查结果信度分析

名称	校正项总计相关性（CITC）	题项已删除的α系数	Cronbach α系数
我会积极在"轻松筹"平台上寻找捐款项目	0.747	0.908	
我愿意在"轻松筹"平台上捐款	0.740	0.909	0.919
我会积极转发/点赞/分享"轻松筹"上的筹款项目	0.809	0.899	

名称	校正项总计相关性（CITC）	题项已删除的 α 系数	Cronbach α 系数
我主动对外宣传"轻松筹"平台	0.784	0.902	
我在看见"轻松筹"平台的负面消息时会选择相信平台或在网上维护其形象	0.774	0.904	0.919
如果遇到困难，我更愿意选择在"轻松筹"平台上发起众筹而不是在其他平台	0.786	0.904	

表 10　"轻松筹"传播效果调查结果信度报告

名称	对应题项	Cronbach α 系数
受众认知层面调查	5	0.912
受众态度层面调查	6	0.944
受众再传播与反馈行为层面调查	6	0.919

（二）效度分析

效度分析即分析问卷的有效性，用以分析测量工具或手段能够准确测出所需测量的事物的程度。分析 KMO 值：如果此值高于 0.8，则说明效度高；如果此值介于 0.7 和 0.8，则说明效度较好；如果此值介于 0.6 和 0.7，则说明效度可接受；如果此值小于 0.6，则说明效度不佳。

运用 SPSS24.0 软件对调查问卷结果进行效度分析，得出的结果如下：所有研究项对应的共同度值均高于 0.4，说明研究项信息可以被有效地提取。另外，KMO 值为 0.803，大于 0.6，意味着数据有效。综上所述，此次调查问卷效度较好，可以继续分析。（见表 11）

表 11　"轻松筹"传播效果调查结果效度报告

	因子载荷系数	共同度
受众认知层面调查	0.633	0.419
受众态度层面调查	0.814	0.725
受众再传播与反馈行为层面调查	0.802	0.632

续表

	因子载荷系数	共同度
特征根值（旋转前）	3.205	—
方差解释率%（旋转前）	70.022%	—
累计方差解释率%（旋转前）	70.022%	—
特征根值（旋转后）	3.205	—
方差解释率%（旋转后）	70.022%	—
累计方差解释率%（旋转后）	70.022%	—
KMO值	0.803	—
巴特球形值	216.611	—
df	10	—
P值	0	—

三、"轻松筹"对受众的传播效果

（一）对受众认知的效果

认知层面的调查结果可以从图14中看出。随着对"轻松筹"平台的认知提问的进一步深入，选择"很少"和"完全不"的人数呈上升趋势，"轻松筹"对受众认知层面的影响效果随着受众认知程度的加深而减弱。虽然公众因为"轻松筹"的传播活动对社会公益的个人认知得到了不小的提升，但"轻松筹"还需要用更有效的方式进行更大规模的公益理念传播，加深公众的公益意识，在认知方面的传播效果还有很大的提升空间。

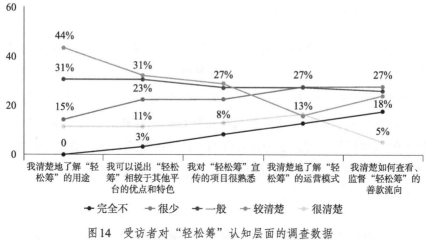

图14 受访者对"轻松筹"认知层面的调查数据

（二）对受众态度的效果

公益传播的目的不应只停留在公众对公益的认知层面，必须引起公众心理和态度的变化。通过上面的论述和图15可以看出"轻松筹"对受众态度的影响以正面为主，"完全不"和"很少"的选项选择人数均较少，在所有的问题中，有正情感倾向的人数均超过了一半。可以说"轻松筹"在受众对社会公益的情感、责任建设上产生了比较大的作用，在调动大众情绪、促使公众主动参与公益、推动公益核心价值的形成和维护上的影响值得肯定。

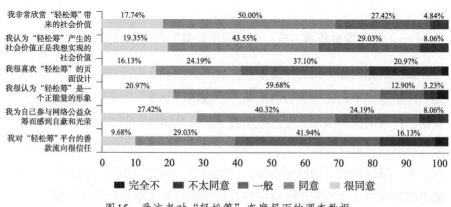

图15 受访者对"轻松筹"态度层面的调查数据

（三）对受众行为的效果

态度是一个比较抽象的概念，它需要通过行为来体现，从上述论证和图16中可以看出，在从态度到行为的转化上，"轻松筹"的传播效果不是很理想，持中间态度的受众占大部分，他们对捐款、转发、点赞、分享等都持有不确定的态度，这必然与平台存在的问题和网络公益众筹发展过程中的瓶颈相关，将态度转化为行动是传播的最终目的和最重要的效果，"轻松筹"的刺激用户的行动率水平一般，还有很大的进步空间。

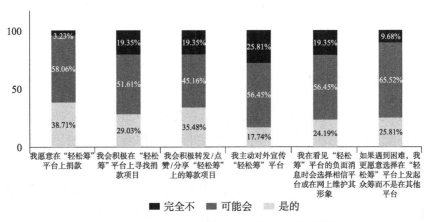

图16　受访者对"轻松筹"行为层面的调查数据

四、提升"轻松筹"传播效果的对策

（一）转变项目叙事方式：从"眼泪公益"到"阳光公益"

以大篇幅讲述个人的悲惨遭遇，以期刺激大众对之产生同情的方法仍是"轻松筹"平台宣传项目的主流。公众用"卖惨"一词对此类现象进行概括，这表明这种叙事方式已经引起了大众的同情疲劳。因此，"轻松筹"平台在进行项目宣传时应主动采用阳光公益的理念，强调捐赠带来的积极的一面，减少捐赠者的同情消耗，使大众感受到公益捐赠的积极情绪，促成正能量回应，这有利于公益信息在社会信息系统中进行优质传递。

1.减少传播中的痛苦情绪，突出积极的情感表达

在"轻松筹"的传播负面效果中，最明显的就是同情疲劳。要减少这种疲劳，就要从其根源上改变。对平台中大量的消极项目表达进行引导，使之转变。平台可以打造典型的"阳光项目"，并亲身示范，让用户看到效果和转变，在循序渐进中形成平台新风向。

小朋友画廊活动是腾讯公益举办的，项目的初衷是帮助智力有缺陷的孩子，但整个项目的重点并不是告诉大家智力有缺陷的孩子的可怜处境，而是让孩子通过绘画展现他们对生活的热爱和他们的天真。"轻松筹"平台项目应借鉴这种正面的情感表达，阳光的叙事方式是未来网络公益众筹的发展方向。"轻松筹"在其平台项目表达上应更多地体现对生活的热爱、面对挫折的不屈、在逆境中的坚持等积极向上的情感。

2.展现平台人文关怀，引导大众的情感认同

公益的本质并不仅仅在于激发大众的同情心，而在于形成一种互帮互助的社会理念，使人与人相互理解，构建一个和谐、稳定的社会。其中，人文关怀是其精神支撑，大众的情感认同才是公益达到其目的的关键所在。在过去的"眼泪公益"中，公益组织在营造公益传播环境的时候往往忽略了情感认同，无论是希望工程的"大眼女孩"，还是后来"轻松筹"中的各种悲情文本，在处境与被救济人不相同的大众的眼中很难激起情感认同，仅仅带来同情是不够的。

以尊重为表现的人文关怀正是达到情感共鸣的重要方式。"轻松筹"平台应主动引导人文关怀，在平台项目中传递情感支持。在以"大病救助"为主打的"轻松筹"平台中，求助者往往身患疾病，公益信息的传播在此时也是一种健康传播。在健康传播的过程中，情感支持拥有超越医疗救助的意义。"轻松筹"平台更应认识到情感共鸣的力量，可以借鉴米公益的喜憨儿洗车行项目。这个项目并不是通过直接捐款对智力障碍的人进行帮助，而是对他们进行技能培训，让他们自食其力，以力所能及的方式融入社会。从中我们看到的是每个人的努力，他们和大家一样，都是通过自己的劳动赢得他人的认可和尊重。同时，"轻松筹"可以发起诸如"橙子微笑挑战""冰桶挑战"等活动，在趣味中传递情感支撑，用轻松的方式带领大众了解被救助者的真实处境，以尊重的态度展现平台的人文精神，在社会中形成以情感共鸣为主、人文关怀气氛浓厚的公益传播环境。

（二）强化平台主体责任：从自主把关到加强内外合作

"轻松筹"作为行业带头平台，要意识到自己的信息传播者身份，以及这种身份应承担的社会责任，通过不断完善自身的法律意识，明确参与平台项目的各方主体，对他们进行不间断的引导，并且在现有信息审核机制的基础上进一步优化流程，建立长效的责任追溯机制。"轻松筹"平台作为影响力最大的网络公益众筹平台之一，完善的行业制度、规范和流程标准将助益其发展，所以应做好带头倡议工作。平台应为每一类项目设立负责人制度，与项目发起人共担责任。

1.严格审核账号资料

公信力是影响传播效果的关键，想有源源不断的生命力，网络众筹平台就要把握好公众的信任。不论什么行业，审核机制和信息披露制度都是公信力的"代言人"，网络公益平台应保证每一个项目的质量。

一个严谨的审核制度应包括以下几点：求助者的真实身份和家庭条件、合理的治病真实花销、筹款过程中各种金钱使用明细、求助用途外剩余款项的使用方法。应在项目正式发布前就完成对各项信息的审核。对所描述的病情，应要求项目发起人提供诊断书；为确保诊断书的真实性，还应附上医院的公章。平台此时要主动对项目发布信息与诊断书的一致性、图片的真伪等进行专业的审核。

2.优化区块链技术

传统的募捐形式采用的多为相关部门跟踪回访进行登记的方法，其间的人为可操纵空间极大。而如今，中国已步入移动支付时代，网络公益平台得益于移动支付的普及，可以通过对接电子支付平台查询电子账单。同时，进行其他必要的线下支付也必须将发票拍照、扫描，上传至平台。

此外，据2018发布的《区块链蓝皮书：中国区块链发展报告（2018）》介绍，当前，区块链技术还处于初级阶段，面临加密、智能合约攻击、代码漏洞等诸多挑战。"轻松筹"作为业内第一家将区块链技术运用到公益行业的企业，更应重视区块链技术问题，为善款的流向保驾护航，并以此作为自身的特色优势；在完善技术的同时，还应向大众重点宣传区块链技术的原理和作用，为公益组织技术赋能，让公益更透明。

3.建立完善的内外监督体制

在机构监管方面，应设置一个独立于网络公益平台的第三方监管机构。该管理监督机构依据国家制度准则，对登记在案的网络公益平台行使监督管理权，民政部正担当着这样一个角色。

在社会监督方面，媒体和大众不能缺席，知情权、话语权都应在这个时候得到充分体现。但应警惕网络暴力行为，在公民行使监督权的同时加强其媒介素养的教育，让网络公益在全社会的关注下有序进行。

在内部监督方面，需要行业互制来保障。慈善组织行业组建协会将方便管理，任何违规的平台都将被淘汰。同时引入评估系统，定期对每个网络公益平台进行评估、打分，评估结果将影响政府的认可度及支持力度。

（三）创新传播形式：商业化和轻量化

在传统的公益叙事中，公益平台早已习惯了生产沉重、哀伤的内容来调动公众的情绪。而随着社会的不断发展，人们的生活、工作压力越来越大，再面对这些过于沉重的信息时，本身就存在的焦虑更是被无限放大，人们急需一个释放的出口。轻量化的公益方式正是因为自身的趣味性和轻松性而更受大众的欢迎，而在公益中将商业化的形式与轻量化的手段结合，可以将"轻松筹"在公益传播中给人们造成的压力有效消解，助力平台发展。

1.增强粉丝效应，引入游戏化传播策略

"轻松筹"平台的传播不用避讳与商业结合，这有助于缓解人们的心理抗拒。首先可以与商业明星合作，借助偶像粉丝的力量推广公益项目，提升公益知名度和参与度。与商业明星的合作应该少而精，不以明星数量取胜，要选择知名度高、风评较好的明星。同时，合作不能停留于表面，如郑恺作为阜阳临泉县的扶贫大使，不止一次参与到扶贫一线工作中，明星通过亲身示范，更能成为其粉丝的榜样，而数量不小的粉丝在受到感召

后更容易主动成为公益宣传群体的一员。

其次，斯蒂芬森在其游戏理论中曾这样说道："大众在进行传播内容的选择时，基于自我取悦目的的内容，才能达到最多的快感。""大众传播之最妙者，当是允许阅者沉浸于主观性游戏之中者。"这很好地体现了游戏在大众传播中的独特作用，公益传播同样适用于这种方法。"轻松筹"可以选择与商业公司合作，联合打造场景化、游戏化的新型募捐方式。例如蚂蚁森林和微信步捐，大众只要在日常生活场景中进行消费、娱乐等，就可以将举手之劳转化成为公益分数，形成善举。这些行为无须耗费大众大量的精力，而且内嵌于日常生活中。还有的商业公司推出大众购买指定的日常生活用品，就可将公司的利润按一定的比例捐赠出去的活动，这样，商业公司不仅参与了慈善，更展现了自己良好的社会形象。

但有一点值得警惕：游戏的方式虽可以在一定程度上缓解在公益传播中产生的心理压力，但切记，不要陷入娱乐至死的陷阱之中。"轻松筹"平台应牢牢把握好娱乐"度"的标准，守住平台的公益初心，将引导大众公益行为、植入社会公益理念的责任扛住；也要及时监控粉丝效应带来的社会影响，评估粉丝效应带来的成果，勿要迷信粉丝效应，沉迷它带来的虚假繁荣。

2.强化与短视频平台合作，减轻受众的疲惫感

"轻松筹"平台可以与轻社交平台合作，例如抖音、快手等。短视频平台自出现以来就赢得了人们的喜爱，发展势头迅猛。时间短、情景化、故事化的视频内容是其主打，正是这种让人放松的方式，才使它们在各种层出不穷的新社交平台面前屹立不倒。首先，"轻松筹"平台可以利用这些轻量化的短视频平台制作符合自身定位的短视频内容，虽然公益话题一直给人以严肃的认知，但与短视频平台上流行的娱乐形式结合，才可以吸引更多的受众参与；其次，拍摄短视频时使用的贴纸、滤镜也是其主打，在医疗卫生、健康话题热度较高的当下，"轻松筹"可以与短视频平台合作打造相关特色贴纸、滤镜，利用短视频平台的话题功能形成良好的社会传播效果，甚至是一种流行文化。

但是更多的途径还有待挖掘，具体的结合方式和界限还需考察，充分利用轻社交的传播路径，更能加速促进项目的善款筹集。

参考文献

[1]李美玲. 微信公益传播现状与效果研究[D].郑州：郑州大学，2017.

[2]梁颐，刘华. 互联网赋权研究：进程与问题[J].东南传播，2013（4）.

[3]周俊.问卷数据分析 —— 破解 SPSS 的六类分析思路[M].北京：电子工业出版社，2017.

[4]宗益祥.游戏人、Q 方法与传播学 —— 威廉·斯蒂芬森的传播游戏理论研究[M].北京：中国政法大学出版社，2017.

第三部分　老年群体的媒介实践

第一章　健康传播要素对高校老年知识分子健康
行为影响研究

2019 年 7 月，国务院印发了《关于实施健康中国行动的意见》（以下简称《意见》）。《意见》中提出："要坚持普及知识、提升素养，自主自律、健康生活，早期干预、完善服务，全民参与、共建共享的基本原则，到 2030 年，要达到全民健康素养水平显著提升，全民实现普及基本的健康生活方式，因重大慢性疾病而产生的过早死亡率显著降低，人均预期寿命有较大提高，居民主要健康指标水平进入高收入国家行列，健康公平基本实现。"中国老龄化趋势正在不断加剧，老年群体比重越来越大，老年人群的健康状况需要被了解、关注并加以改善。高校老年知识分子在接触、理解健康知识上有一定的优势，在健康传播中对其他老年群体有带动作用。扩充高校老年知识分子的健康知识储备量、优化他们的健康行为对提高老年人群整体的健康素养，实现健康生活有很大的促进作用。

一、理论来源与概念辨析

（一）相关理论

1. 拉斯韦尔的 5W 传播模式

美国学者 H.拉斯韦尔是首位提出传播过程模式的学者。他在自己发表的论文《传播在社会中的结构与功能》（1948 年）中第一次提出了构成传播过程的五种基本要素。之后他在此基础上对这一过程进行了排列，形成了传播学中无人不知的"5W 模式"或"拉斯韦尔程式"。五个"W"是英文中不同疑问代词的首字母，即：Who（谁）、Say What（说了什么）、In Which Channel（通过什么渠道）、To Whom（向谁说）、With What Effect（有什么效果）。此模式的提出为大众进一步了解传播过程指明了方向，成为传播学史中具有里程碑式意义的存在。

2. 柯斯特的知信行理论

英国健康教育学家柯斯特最早提出了知信行理论（knowledge、attitude、belief、practice，简称KAP），用来说明知识、态度、信念、行为在影响人们的健康行为方面发生改变的原理，是一个成熟的有关行为改变的理论。这个理论把人们的行为分成三个连续的过程，分别是获取知识、产生信念、形成行为，也就是从"知"到"信"，再到"行"。"知"是行为发生改变的基础，指健康知识；"信"是人们的健康行为发生改变的动力，指态度和信念；"行"是健康行为发生改变的整个过程，其中包含从消除危害到产生健康的行为，以及产生促进健康的行为。

（二）概念辨析

1.健康传播的概念

有关健康传播的定义，学术界一直没有统一的观点，因此健康传播慢慢演变成为了多角度、广义的概念。美国疾病控制与预防中心（Centers for Disease Control and Prevention）联合美国国家癌症学会（National Cancer Institute）及疾病控制中心，从健康卫生专业的角度出发，对健康传播如此定义："健康传播是一种影响人们的态度和行为的方式，通过有效地传递那些与健康有关的信息，从而有效地预防疾病，提高人民生活和健康水平。"我国学者张自力认为，健康传播是在特定的历史和社会环境下一种以传递健康信息、普及健康知识为目的的社会实践活动。还有很多学者从不同的研究取向出发，对健康传播有不同的定义。1994年，美国学者Rogers对健康传播的定义是目前为人们所普遍接受的，他认为健康传播是把医学界复杂的研究成果变为通俗易懂，并且人们能够普遍接受的健康知识，以此来影响人们对健康的态度，从而改变行为来降低患病概率和死亡率，提升人们的健康水准和生活质量的一种行为。由于健康传播覆盖的领域非常广，Rogers在1996年发表的另一篇文章中是这样描述健康传播的：健康传播就是所有包含人类健康内容的传播。这个定义更加简洁、明了，同样为国内外学者所接受。

2.健康传播的现实内涵

虽然从不同角度出发来定义的健康传播有各不相同的偏重点，但无论是哪一种，只要涉及传播，包含的内容都离不开传播过程中的五个要素，即传播者、传播内容、传播媒介、受传者、传播效果，健康传播也不例外。根据相关文献和理论研究，本章将健康传播要素定义为：健康传播中的传播者指在健康传播过程中进行收集、整理，把关、筛选健康方面知识的组织或者个人。

在传播学中，传播效果具有双重含义，第一重含义指受传者经过带有明确说服动机的传播行为后，自身产生的心理、从态度到行为的变化。第二重含义指大众传播媒介的活动对受传者和社会产生的一切影响和结果的总体。在健康传播中，我们依旧把传播效果划分为认知、心理和态度、行为三个层面，本章中的传播效果主要指健康传播中最直观的传播效果，也就是获取健康知识和建立健康观念。

二、健康传播因素对高校老年知识分子健康行为影响的调查分析

主要探讨健康传播要素对某地区高校老年知识分子的健康知识获取、态度和行为的影响，进而对产生的原因进行分析，并提出可以适当改善高校老年知识分子健康行为的对策和建议。调查对象为某地区各大高校60周岁以上的知识分子群体，参与问卷的对象有496人，参与深度访谈的对象有6人。

（一）传播者对传播效果的影响

根据数据可以看出，医生、专家、官方媒体（如新华社、人民日报）等是高校老年知识分子接触较多、信赖程度较高的健康知识传播者。同时，亲友虽然不是人们接触最多、最信赖的健康知识传播者，但他们在健康知识传播者中的地位还是很重要的。健康知识传播者应该具备丰富的健康知识这一点得到了大家的一致认同；同时，健康知识传播者善于利用多种形式与受众进行无障碍交流，也得到了部分调查对象的认同。随着健康观念的形成和对自身健康关注程度的提高，人们不再满足于被动地接受有关健康的知识，而是主动地、积极地去了解、学习健康知识，获取健康信息。因此，健康知识传播者的知识量、权威性、传播技能和人们的信任度是人们较为看重的传播要素，影响健康行为的重要方面。

（二）内容定制化对传播效果的影响

健康知识涵盖的具体内容相当丰富。根据调查数据可以看出，人们虽然频繁接触医药广告，但是对这些内容的信赖程度都不高，对通过网络科普接触的健康知识内容，也都会根据生活经验、日常积累、来源是否可靠等进行判断和辨别，对接触较少的社区医疗活动和政府卫生部门的宣传认可度较高。健康知识传播内容也是整个健康知识传播过程中必不可少的一项，由于高校老年知识分子对健康知识的需求较多，在繁多的健康知识内容中，大家都有自己的选择偏好和辨别标准，因此，健康知识传播内容定

制化程度与传播效果是正相关的关系。

（三）传播媒介效能对传播效果的影响

随着科学技术的不断发展和更新，人们在日常生活中可以接触到的健康知识传播媒介越来越多，得到的过程也越来越便捷。根据调查数据，年龄是限制高校老年知识分子选择健康传播媒介的一个重要条件。知识素养和文化水平较高的老年人在选择健康传播媒介时，除了会选择大部分老年群体都会去选择的电视、广播等易操作的传统大众媒介，还会同时使用微信、微博、健康类App等网络媒介。一些年龄较大，特别是80岁以上的老年人不具备灵活使用可即时传播和更新的网络媒介，大多选择了电视、广播、专业书籍等更新周期较长、内容选择较被动的传统媒体。同时，在健康传播媒介选择中，女性比男性更多地使用了人际传播的媒介。健康传播媒介保持传播畅通，健康知识内容才能即时、有效地传播到受传者那里。因此，健康知识传播媒介也是一个对人们的健康行为影响程度较高的要素，它的即时性、可信度、可及性与传播效果是正相关的关系。

（四）受传者接收与参与度对传播效果的影响

健康知识受传者是健康传播过程中的主体，受传者的素养会直接影响健康传播效果。健康知识传播中的受传者素养主要通过个人的学习能力和健康传播参与度这两个方面来体现。个人的学习能力指对健康知识的学习意愿和能够有效吸收这些知识的能力。健康传播参与度指受传者接触健康知识时是否积极使用传播媒介、是否愿意对自身已掌握的有效的健康知识进行再次传播。面对健康知识传播的内容，受传者不是在被动地接收知识，而是积极、主动地选择并吸收知识，这一过程充分显示出受传者的自主选择性。同时，在健康知识传播中，受传者不仅是健康知识的接收者，也是健康知识的传播者、对传播媒介进行效果反馈的反馈者和对他人进行健康知识传播的再传播者。随着受传者个人的学习能力和健康传播参与度的提升，健康知识传播效果也会提升。因此，健康知识受传者的素养与健康传播效果是正相关的关系。

（五）健康行为变化的重心 —— 传播效果

健康传播过程中的传播者、传播媒介、传播内容、受传者都对健康传播效果有直接的影响。知信行理论认为，人们从获取知识入手，在此基础上产生一定的信念，并最终形成行为，这是一个连续的过程。具体的健康行为的产生，都表明健康传播过程中的各要素不单单对健康传播效果产生影响，也直接或间接地对受众的健康行为产生影响，受众不仅对健康知识有了观念、态度层面上的改变，也将之转化为实际的健康行为，这也是健康知识传播中要达到的最终目标。因此，健康行为与健康传播效果是正相关的关系。

笔者还通过健康行为自评量表（SRAHP量表），从营养行为、心理健康、体育锻炼、合理医疗四个维度测量个体的健康行为自我效能。本量表是国际通用量表，可以科学地从各个方面预测个体的健康行为能力，为他们改善健康行为提供强有力的参考，具有良好的信度和效度。以健康传播五个要素为切入点研究高校老年知识分子健康行为的影响因素，通过调查分析可知，健康知识传播者的知识量、权威性、传播技能、信任度，健康知识内容的可靠性、表现性、可操作性，健康知识传播媒介的即时性、可信性、可及性，健康知识受传者的积极性、学习能力、再次传播意愿、对健康传播的满意度等都与高校老年知识分子健康知识的获取和健康观念的形成有直接关系，并且通过其中介作用对健康行为产生了间接影响，健康知识传播效果对健康行为也有直接影响。

三、高校老年知识分子健康传播的问题及影响因素

（一）健康传播中的问题

1.健康知识质量良莠不齐，真假难辨

在健康知识传播者层面，存在的最大问题就是老年人在日常生活中能够接触到的"伪专家""假权威"正在成倍增加。尤其是在网络媒体中，一些传播者时常伪造身份来欺骗受传者，在传播健康知识时经常冠以"业

界权威""专业医师"等名号发布信息，扰乱了健康传播环境，影响了人们对健康知识的判断。传统媒体和网络媒体发布的健康知识理应经过编辑层层审核之后才进入传播环节，出现在受众眼中；但现在人们接触到的很多健康知识，即便是权威机构发布的，也可能存在一些偏差。同时还有诸多问题，例如官方媒体传播的健康信息是否全部真实可信、健康知识传播者和受传者在编码和解码的时候是否有共通的意义空间、官方媒体的"把关人"是否比自媒体更加严苛等问题都值得我们思考并研究。此类事件还有很多，这些现象如果不能被尽快消除，将严重影响健康传播的整体环境。

2.内容同质化，缺乏心理健康传播内容

在健康传播大热的环境下，健康知识内容呈爆炸式增长态势。仔细观察这些健康知识内容会发现，许多媒体的传播内容基本相同，缺少原创性。大量重复性极高的健康知识内容出现在健康传播中会消耗老年人的时间和耐心，阻碍他们获取更多不同的知识内容。同时，在这样的相互转载、相互借鉴的过程中，一些科学而有效的健康知识可能在某一个环节中就发生了错位，导致许多错误的健康知识观点和信息在这种无休止的相互转载之下变得"可信"。

健康知识内容现存的问题是不仅缺少原创性，还缺少针对性。面对老年群体，传播者在传递健康内容时大多选用"诉诸感性"的方式，主要通过营造某种气氛或使用感情色彩强烈的言辞来感染对方，以谋求特定的效果。同时，在现有的健康知识传播中，缺少专业的心理评估和心理健康相关内容的传播会对健康行为造成影响。忽视老年人的心理健康、缺少心理方面的健康知识内容的传播没有从根本上了解老年人的心理状态，这是健康知识传播急需解决的问题。

3.健康谣言纷杂，社区服务有待提升

传统媒体和网络媒体作为健康知识传播媒介的主力军，在健康知识传播过程中存在很多问题。在本次调查中，很多老年人反映，观看电视节目时难以区分公益性和商业性养生栏目。而面向老年群体的一些线下健康知识讲座的主办方鱼龙混杂，健康知识传播目的也各不相同，难以分辨出公

益性的健康知识讲座。网络媒体的飞速发展使传播健康知识的成本越来越低，日常生活中一些从"空腹不能吃苹果"到"早晨空腹吃一个苹果"等的健康知识反事件也屡见不鲜。除了传统媒体与网络媒体，社区、老年活动中心等也是健康传播媒介中的一员，但现实情况是社区中包含健康知识传播的工作较少，未能有效利用自身优势。

4.健康素养两极分化，自我需求有待满足

健康素养指个体具有获取、理解、处理基本的健康信息和服务，并运用这些做出正确的判断和决定，维持并促进健康的能力。本次调查中健康行为自评量表数据显示：高校老年知识分子健康行为得分的离散程度较大；同时，在营养行为、心理健康、体育锻炼、合理医疗四个方面健康评分均高于平均水平的老年知识分子数量比评分均低于平均水平的少。这说明高校老年知识分子群体内部健康素养呈两极分化态势：部分人健康素养较高，健康行为能力较好；但健康素养偏低、健康行为能力较弱的老年知识分子也不在少数。

5.健康知识难以转化，运用效率低

所谓的"传播效果"指传播者发出的信息经媒介传至受众而引起受众思想观念、行为方式等的变化。本章定义的健康知识传播效果主要通过受传者获取的健康知识是否形成了健康观念（态度）来评判。根据理论基础和本次调查结果，人们总体获取健康知识的意愿较高，能够接触到的健康知识内容丰富，对健康知识传播效果持中立态度，但健康行为得分离散程度较大，在不同维度和程度上都表现出差距，部分老年知识分子健康行为能力较弱。健康行为的改变通常建立在健康知识吸收和健康观念树立的基础上，高校老年知识分子对健康知识的吸收能力较好，但健康行为能力存在明显的不足，说明高校老年知识分子没有将已获取的健康知识有效运用到生活中，健康行为转化能力不理想。

（二）健康传播中存在问题的影响因素探析

1.传播者素养参差不齐，缺少内容把关

随着传播和获取健康知识信息的途径越来越多、方式越来越便捷，人们越来越关注自身的健康，对健康知识的需求也在日益增加，自媒体传播的门槛不断降低，现有的市场监管也不全面。这些健康传播者自身的健康知识储备情况不明确，传播技能是否符合标准也有待考证。大量的传播者涌入健康知识传播领域，使健康传播环境变得纷繁复杂，质量堪忧。其余官方机构、专业组织的传播者们同样存在专业知识不够、传播技能偏低、把关缺失等问题。从长远来看，不管受众感知的信源如何，他们从传播中得到的信息内容都是一样的。信源可信性的影响仅限于受众对传播的接受动机，不准确的健康信息会扰乱人们对正确健康知识的认知及应用。

2.传播内容过于相似，未深入关注个性需求

出现健康知识传播内容千篇一律，没有原创性和针对性的原因有以下几点：许多传播者一味追求效率，使健康知识内容同质化严重。同时，在没有具体了解不同群体需求差异的前提下随意转载健康知识，缺乏针对性，使相同的健康知识在老年人之间不断传播，影响了人们正常获取健康知识内容的时间和精力，也影响了人们对健康知识的正确辨别。另外，虽然各大网站、社交媒体等平台都有原创作品申请标识和保护机制，但是版权保护机制不健全。

导致现有的传播内容大多缺少精神关怀和心理健康方面的内容的原因，是在健康传播过程中，传播者和传播媒介忽视了不同人群的具体特征，在没有深入了解受众群体的前提下，机械地传播自以为受众需要的健康内容，忽视了群体的差异性。例如，心理健康对于敏感的、有知识的群体尤为重要，社会心理应激能够通过多种机制影响人们的躯体健康，心理失健也会导致躯体失健。不针对受众进行调查研究、千篇一律的健康知识传播是没有显著效果的。

3.平台监管欠缺，传播媒介还未物尽其用

网络传播信息的迅捷性和无障碍性使得人们可以自由地发布信息，同样也给各类质量堪忧，甚至是谣言的健康知识内容借助各种先进的传播手段进行快速、广泛的传播提供了条件。之所以会出现健康讲座真假难辨、网络媒体健康谣言此起彼伏等情况，原因有以下几点：一些没有社会责任感和职业荣誉感的健康知识传播者为了获取利益，没有原则地发布各类内容，博人眼球；权威的健康知识传播缺失、滞后、模糊，在受众需要了解某方面的健康知识时，手边可接触到的权威内容却无法满足自身需求，这种真空状态便成了谣言产生的催化剂；法律、法规的缺失，相关机构的监管失当也是一个不容忽视的原因。关于网络媒体，至今仍未有一套被普遍接受和遵守的完整的法律、法规，从而导致一些使用网络进行健康知识传播的人的行为没有受到严格的监管和约束。

4.个体存在差别，周围资源有待有效利用

部分老年人健康素养偏低、健康行为能力较弱的原因是每个人的个体差异性和对待健康知识态度的不同。一部分老年人因外在条件受限，接触、理解健康知识时有障碍，影响了自身的健康素养和行为能力，形成恶性循环。如年长者老花眼较严重，在阅读方面有一定的困难；有些老年人患有不同程度的慢性疾病，身体欠佳；另一部分老年人存在心理问题，比如退休后社会参与度降低，心理落差大，影响了健康知识的获取和健康行为的改进；有些独居老人缺少配偶和子女日常的关注和照顾，与人的沟通、交流较少，孤独感强，健康行为能力较差，对健康知识和精神需求较强。

5.忽略传播反馈，缺乏健康行为的转化

高校老年知识分子将接收到的健康传播内容转化为健康行为的能力较弱，除去自身吸收和理解能力不足，很大程度上是因为各传播媒介在健康知识传播过程中以把内容传播给受众为结点，忽视了受传者的反馈，没有考虑健康知识传播效果。社区和单位作为可以直接接触受传者的组织，在促进健康传播内容转化为健康行为方面存在缺陷。只有详细了解老年人的健康素养水平、健康知识获取意愿、健康知识传播效果和健康行为能力水平，把这些内容添加到健康传播过程中，才能解决健康行为转化能力不理想的问题。

四、改善老年人健康行为的未来路径

（一）重视意见领袖，提升把关作用

1.建立健康知识意见领袖的影响

意见领袖（opinion leader）是一个团队中构成信息和产生影响的重要来源，是能够左右多数人态度倾向的一少部分人。尽管他们不一定是团体中的正式领袖，但通常足智多谋、消息灵通，或者在一些方面能力出众，能够获得大家的认可，并有一定的人际关系处理能力，因此成为公众或群体的意见领袖。例如，社区中的所有成员一般具有共同意识、共同利益和关系。而很多老年人恰恰都有希望与人交流的意图，特别是与同龄人，因而他们更容易建立一种良好的关系。因此，社区应发掘人力资源，培养社区意见领袖，带动社区内部形成科学、有效、良好的健康知识传播环境。

2.加大健康传播内容的把关力度

健康知识的传播离不开健康知识传播者，他们是人们获取健康知识、形成健康行为的关键要素。但现有的健康知识内容质量参差不齐，信息来源存疑，谣言和虚假信息层出不穷，在健康知识传播过程中会对老年人产生极大的负面影响。因此提升媒体编辑的"把关人"素养刻不容缓。传播者要有正确的价值观，遵纪守法，才能把符合群体规范的、健康的知识内容通过健康的传播渠道带给受众；同时还要加强健康知识传播人员的职业道德和专业素养，加强相关人员的专业知识和技能培训。

（二）增加对老年人的健康传播内容定制

1.了解老年人的健康传播需求，进行有效传播

面对大量的信息，人们的注意力极度分散。在选择过程中，人们的注意力会被那些能够满足自身动机和需求的信息吸引，因此要提高对老年人健康知识传播内容的定制化程度。不同的老年群体对健康知识的需求是有差异的，只有长期有效地针对群体需求进行调研，才能真实了解受传者的健康状况，抓住需求关键，找到健康知识传播重点，合理安排健康传播计

划,提升老年人健康知识传播适配度,改善其健康行为。同时借助多媒体组合传播,即一种媒体同时使用多种传播符号,以多通道的方式同时刺激受众的多个感官,引起受众的多感官反应,从而使受众对信息的感知和记忆的效果更加明显。传播健康内容时,在"诉诸理性"的基础上,可以丰富内容的表现形式,以图文结合、视频教学、H5、直播、面对面等多样的形式进行传播,使老年人对"如何做"理解得更透彻,在实践上更得心应手。

2.注重对老年人心理健康的关注

身体健康、积极主动、有较大的社会参与空间的老年人,精神需求一般能够得到满足,心理状态较好;但是年龄偏大、不爱与人沟通、性格孤僻、离婚或丧偶的独居群体在精神和心理上得到的关怀相对缺失。因此在健康知识传播中,大众传播媒介要考虑老年人精神需求的差异,开设心理健康专栏,提供丰富的心理健康、心理疏导、心理构建、积极的心理暗示等方面的内容,形成全方位、多层次的心理健康知识传播体系;社区和离退休处应开设专业的心理健康课程,提供专业的心理评估、一对一的心理咨询服务,同频共振地改善老年人的心理问题,使心理健康教育成为健康知识传播内容中的重要一环。

(三)整合媒介资源,优化传播环境

1.联合健康知识传播资源,完善社区服务

合理、有效的健康传播结构应该是以社区为圆心展开的,社区可以联合多种外部力量,整合资源,提高健康知识传播效率,改善老年人的健康行为。社区应与权威的健康传播机构合作,通过"社区+商业"的合作模式互惠互利。第一,社区订购合作机构的纸质版健康知识传播类产品,同时,推广新媒体平台可以帮助老年人更加快速、便捷地获取健康知识,社区对机构形成有效监督,可以降低伪科学和虚假健康知识的传播风险。第二,定期邀请专业医师、医学教授等在社区举办讲座,深入了解高校老年人的健康需求,面对面传播健康知识,同时收集对有关机构健康知识传播的意见和建议,形成良性机制。第三,加快信息化建设,与合作机构共同搭建社区老年人健康管理、服务和生活平台。

另外，还可以通过社区与家庭合作，形成社区、家庭合作型健康知识传播模式。"社区+家庭"模式可以形成一个长期有效且稳定的健康传播环境，通过该模式，受传者是否在所学的健康知识的基础上形成健康观念、产生健康行为的情况可以充分被了解；同时，受传者还可以相互交流、相互督促，共同进步。

2.制定相关政策，优化健康知识传播环境

迅猛发展的移动媒体、社交媒体和自媒体使信息呈现"爆炸式"流动，健康知识传播更因其高度的敏感性和特殊性在长期和短期范围内都对老年人产生深远影响。健康知识传播内容大到疾病防控，小到生活中的健康小常识。大的方面的健康信息和知识对于社会的重要性显而易见，但小的方面也非常容易产生蝴蝶效应。因此，在健康产业欣欣向荣、传播媒体百花齐放的形势下，政府应及时给予发展中的媒体相应的政策指导，制定相关的法规和制度。第一，加大对健康知识类网络媒体的审核力度，建立全行业准入标准，规范其传播行为。第二，对公益性和商业性的健康知识传播活动进行明确区分、分别监管，对商业性健康知识传播采取严格的监管形式，在健康知识传播中应对两者进行明显标识区分，给予受众提示。

（四）发挥优势，互相帮助，整体提升

1.整体提高老年人的媒介素养

受传者的健康传播素养对健康知识传播的影响至关重要，素养的高低对健康知识传播效果（健康观念的形成）和健康行为产生直接影响。良好的健康素养可以帮助老年人对自己的身体素质进行评判，更准确地认识各种疾病，了解自己的健康需求，对健康知识进行甄别，找到适合自己的、科学而有效的健康知识。改进现有的健康知识教育内容和传播方法也必不可少。很多健康知识类书籍和文章对非医学类专业的老年人来说，阅读并理解其中的健康知识内容难度较大。因此，在向大众或专属目标人群传播健康知识时，应根据受众本身的知识水平和阅读目的对相关内容进行编写。面对高校老年知识分子等老年群体的日常健康知识需求，应多以对

话、图表、视听资料等简单明了、通俗易懂的表现方式进行传播，提高健康知识内容的质量，进而整体提高老年人的健康素养。

2.鼓励老年人多沟通，成为健康知识传播者

在社区中，可以通过定期举办健康知识教学、分享、交流活动等方式加强高校老年知识分子之间、同辈群体之间的沟通、交流，互学、互助，同时要尊重他们的个别化。帮助高校老年知识分子对健康知识传播有更多的认识，可以使他们成为健康知识传播者，从而更加积极地获取、理解知识内容，并且通过自身实践和健康行为的改善发挥自身的教学优势，帮助身边的同辈改善健康行为，扩大健康知识传播的影响。

（五）深入了解反馈信息，提高"知、信、行"的转化

1.助推健康知识到信念和行为的效果转化

塑造适合老年知识分子学习的环境。健康知识从知到行，往往需要较强的专业认识、心理素质和行动能力。因此，政府、学校、社会组织要积极为高校老年知识分子提供进行健康知识传播和锻炼的场所，加强对退休老人的人文关怀，提供免费健康知识、心理咨询热线等；将患有相同疾病、经历相似、健康行为能力相近的老年人组成相应的群体，有共同的话题可以帮助他们更好地吸收相关的健康知识，互相交流、探讨、鼓励、监督，形成良性的健康知识学习和健康行为化的环境，因人而异进行健康知识传播引导。

2.高校老年工作应重视老年人的健康行为能力

为了保证高校老年知识分子的健康知识传播质量，有效地改善并提高他们的健康行为能力，应调动工作人员传播健康知识的积极性，定期组织各高校管理机构进行交流学习，探寻积极、有效的健康知识传播方法。部分高校老年知识分子不能有效吸收所接触的健康知识，要达到由"知"至"行"也较为困难，这是受到了健康知识内容的专业性的影响的表现。在评价健康知识传播效果时增加反馈和沟通环节，不仅能从受众的角度出发衡量传播效果，还可使健康知识传播从单向转变为双向，去除传播过程中出现的"噪声"，提升老年人的健康行为能力。

五、结论

随着慢性疾病患病率的不断增长和人们对健康知识的需求的日益增加，各级政府部门、科研机构、社会组织等对健康知识传播、健康行为促进教育的关注度在不断攀升。老年群体作为社会的重要组成部分，其身心健康和健康知识需求都是理应关注的焦点。目前，有关健康知识传播的研究热度居高不下，而本章选取高校老年知识分子作为研究对象，分析其健康行为与健康传播要素的关系，或可为健康传播与更多不同群体的关系的深度研究提供思路。优化老年群体的健康行为对于个人、家庭、社会都是至关重要的课题，在传播手段日新月异，健康传播环境复杂、多变的情况下，如何满足受众的需求，营造健康的传播环境，整体提升受众健康行为能力是健康知识传播者和研究者应不断思考的问题。

参考文献

[1]郭庆光.传播学教程（第2版）[M].北京：中国人民大学出版社，2011.

[2]杨廷忠，郑建中.健康教育理论与方法[M].杭州：浙江大学出版社，2004.

[3]郭玥.我国健康传播现状分析[J].中国健康教育，2007（2）.

[4]张自力.健康传播学：身与心的交融[M].北京：北京大学出版社，2009.

[5] E.M. Rogers.The Field of Health Communication Today[J].The American Behavioral Scientist, 1994（11）.

[6]杨永辉.重视中高级知识分子身心健康势在必行[J].山东师范大学学报，2005（2）.

[7][美]拉扎斯菲尔德，[美]贝雷尔森，[美]高德特.人民的选择（第3版）—— 选民如何在总统选战中做决定[M].唐茜，译.北京：中国人民大学出版社，2012.

[8]高其法.不确定性和认知偏差对健康行为转变的影响研究[J].中国全科医学，2014（31）.

第二章　微信使用对老年人社会资本的影响

随着信息技术的发展和人口老龄化程度的日益加深，媒介数字化和人口老龄化成为我国社会的突出特征。伴随着老年群体的代际更替和收入水平的提升，手机使用成为老年人需求的一部分。微信作为当下的国民社交软件，成为老年人接触智能手机的首选App。尽管不少老年人积极介入互联网，学习使用微信，但其学习速度远低于技术发展的步伐，这迫使老年人成为"数字弱势群体"。老年人的微信使用体现为一个拓展社交网络、重建社会联系、再次社会化的过程，这也是社会资本理论关注的问题。因此，本章以社会资本理论为视角，聚焦数字背景下老年人的微信使用行为，试图探究微信使用对老年人社会资本获取、运用和积累的影响，以及老年人与微信的真实关系。

一、重建联接：社会资本在老年人微信使用中的体现

传播媒介影响着社会制度和社会关系。在传统媒体时代，人们获取社会资本主要源于线下的亲属、朋友等社会关系网络，社交媒体的出现逐渐打破了这个局面，人人参与、信息共享的特征使得人们的社会网络由线下转为线上。传媒作为社会网络结构的重要节点，承载着不同于普通社会成员的作用和职能。微信将人们的社会网络编织在一起，实现了社会网络的全面嵌入。依据社会资本"个人网络的规模和网络中资源嵌入的数量"的测量标准，微信成了人们获取线上社会资本的重要途径。但微信对老年人来说是一个完全陌生的事物，从习得到熟练需要一个漫长的过程，在整个

社会的关系网络都由线下到线上迅速拓展时，老年人线上社会资本的发展却缓慢且停滞，呈现出"数字失联"的局面。

在公众的印象里，新媒介对老年人来说操作难度大，是一件遥不可及的事物。然而笔者在走访时发现，老年人的微信采纳情况超出了预想，有不少老年人可以熟练地使用微信。提及使用目的，"和亲友及时联系""广交朋友""获取信息""充实生活"的出现频率最高。老年人的微信使用也可以被视为重建社会联系、获取社会资本的过程。

依据普特南的联结型社会资本和桥接型社会资本理论，老年人通过微信获取的社会资本主要分为两类：一为存在于内部关系的联结型社会资本，连接类似亲属、熟悉的邻居、亲密的朋友的同质性群体；一为存在于外部关系的桥接型社会资本，横跨不同的群体和圈子，聚焦外部交流，连接诸如新朋友和陌生关系的异质性群体。微信改变了人际传播的形态，为用户构建了更为广阔的社交空间。微信向内的"熟人社交"模式加深了老年人的亲密关系，维持了他们的关系；同时，其向外的社交模式打开了原本没有的社交节点，扩大了老年人的社交网络。

（一）联结型社会资本的重构 —— 同在感

学者胡春阳在研究手机和亲密关系时提到了"共在感"，他讨论了通过"共在手机上"，即人们"在一起"的新方式，考察了亲密关系是如何通过手机传播变得更强、更深、更近的。微信恰好弥补了老年人因地缘产生的社交网络的断裂。对老年人来说，微信是一款以强连接为主、弱连接为辅，融合了虚拟社交和现实社交的社交新平台，微信的语音、视频、群聊功能为用户营造出一种"同在感"，能够实现即时的远距离交流，构建以亲密关系维持的公共空间，让原本已经生疏的亲密关系重回亲密。本研究发现，微信营造的"同在感"有助于老年人维系亲密关系，重建联结型社会资本，这也是老年人微信依赖的重要原因。

不少老年人的晚辈选择离开家乡到外地工作、求学，但老年人又需要与这些生命中最重要的人保持稳定而持续的联系，于是，跨越时间和距离的微信成了老年人维持亲密关系的必要工具。微信的交流方式更为开放、自由，可以分散、长时间地进行沟通，而且视频连线将"想象"化为"现实"，老年人可以随时看到亲人们的当下生活，仿佛置身于亲人烹饪、旅行、工作等场景。此外，朋友圈的点赞、评论，照片，表情包，新闻的分享、反馈，群聊中的讨论、沟通等，都是微信交往中"同在感"的体现。微信满足了地缘条件受限的老年人维系亲密关系的需求，缺失的联结型社会资本也得以重建。

（二）桥接型社会资本的延展 —— 弱连接

微信是一款以强关系为主、弱关系为辅的应用。在亲密关系中，微信交往是对现实交往的补充，而在陌生关系中，微信构建了新型社会交往的模式，成为老年人扩大社会网络的主要途径。通过访谈发现，老年人微信列表中的新朋友主要来源于群组，老年人的群组具有多样性的特征，除去家族群、同学群，老年人还加入了许多群组，如读书群、烹饪群、广场舞群、养生群等。这些群组中大多为陌生人，基于相同的兴趣、爱好聚集到了一起，他们在群里分享链接、交流经验，并结识了许多新朋友，扩大了社会交往的范围。此外，笔者还发现：比起现实生活中的朋友，有一部分老年人更喜欢与陌生网友聊天，在与陌生网友聊天时可以打消顾虑，敞开心扉。

受访者m（女，74岁，本科，大学教授）

"我很喜欢与陌生网友聊天。之前在网站上认识许多朋友，后来加了微信。和陌生网友聊天比较放松，有些话没法与生活中的朋友聊，但是在网友面前可以敞开心扉。而且聊天的网友大多兴趣相投、志同道合，能够聊到一起。"

作为一款社交App，微信可以为老年人构建具有私密性的个人社交网络，微信昵称既是用户情感意向的表达，也体现了对其隐私的保护。因此，许多受访的老年人表示，在初识陌生人的时候，往往选择添加微信，并且会通过朋友圈对对方进行初步的了解。学者胡春阳在研究微信陌生好友之间的人际传播时提到："微信推出的趋异于其他技术中介形式的多元社交方式拓展了人们的交友范围，为陌生人交友开辟了崭新的、便捷的渠道，使人际传播发生了新的变革。"微信使得老年人的社会连接不局限于亲密关系，逐步向陌生关系渗透，为老年人扩展社会连接、拓宽桥接型社会资本开辟了新渠道。

同时，基于微信这一社会化的网络平台，老年人拥有了新的社会交往空间，在此空间中重建了集体生活。兴趣、爱好群将具有共同爱好和话题的老年人聚集在一起，形成了相应的组织。尽管这些组织是非正式的，但赋予了老年人社会属性，这种属性代表着老年人重新活跃于社会，满足了老年人结识新朋友的需求，拓展了老年人因自身退出社会主流领域而变得狭窄的桥接型社会资本。

二、知识习得：社会资本运用在老年人微信使用中的吸收

作为社会交往的重要工具，微信改变了老年人的社会交往形态，编织出一张庞大的社交网络。通过微信，老年人积累了联结型社会资本和桥接型社会资本，提高了人际交往能力，丰富了社会交往。然而，老年人在重建社会联系、获取社会资本的过程中也面临着操作技能上的困惑。尽管老年人在技术层面落后于其他群体，但老年人在媒介的使用上表现出的不完全是被动接受，还有主动习得。笔者在养老院做义工时发现，老年人求助得最多的问题就是微信的使用，包括视频聊天、好友添加、新闻搜索、微信购物等各方面的功能，甚至有不少老年人提议开办老年微信学习班，全面、系统地讲授微信的使用。由此可见，年龄并非老年人使用微信的绝对障碍，老年人有强烈的意愿和能力习得智能设备的操作技能，适应技术更迭带来的社会变革。

依据林南的理论，社会资本是能够给人们带来回报的社会关系投资，老年人的微信使用体现的既是拓宽社会网络，获取社会资本的过程，也是运用社会资本，助力微信使用的知识习得过程。老年人习得微信知识的途径主要有晚辈数字反哺和同辈共同探索两种，均体现了老年人对原有社会

资本的运用。

（一）老年人微信使用习得中的晚辈数字反哺

人口结构越来越老和媒介形态越来越新是当下信息社会的基本特征。周玉琼教授在研究中提到了"数字难民"这一概念："在青少年数字原生代引领的新媒体浪潮中，中年数字移民亦步亦趋，老年数字难民则被日益边缘化。"作为数字"原住民"和数字"移民"的青少年和中年人具备手机自学能力，能够迅速掌握新生媒介产品的各项功能；对于被称为"数字难民"的老年人，则需要一个漫长的过程，微信登录、好友添加、视频语音聊天、发朋友圈、关注公众号等都需要老年人一步步学习、练习、熟练，需要较长的时间。在此情形下，来自晚辈的数字反哺成为老年人微信学习的主要方式。

通过访谈发现，大部分老年人在拥有了智能手机后仍然存在许多操作方面的困惑，使用的功能较为单一。老年人在微信使用的能力和习惯上与年轻人有着很大的区别，他们在微信使用中面临的最大问题是操作技能的生疏。如果说解决操作设备的问题需要客观条件的改变，那么提高操作技能更需要老年人主观的努力，向他人寻求帮助。不少受访老年人表示，他们经常在使用微信时感受到与年轻人的差距，而正是这种差距，使得老年人在遇到困惑时首先选择向晚辈求助，为家庭代际数字反哺提供了契机。

> 受访者n（男，73岁，初中，工人）
> "我的微信使用是孙子教会的，他帮我申请了微信号，教我怎么加好友、怎么视频聊天、怎么按住说话。但我经常刚学会就忘了。后来他帮我把步骤写在纸上，我忘了的时候就照着看。他也很乐意教我使用微信，我们的关系非常好。"

数字反哺指年轻世代在数字接入、使用和素养上对年长世代的教辅行为。笔者在观察老年人的家庭数字反哺行为时发现了一个有趣的现象：孙代在教老年人微信使用时更有耐心，在数字反哺上发挥着比子代更大的作用。作为"数字移民"，子代在中年时代才接触到智能设备，因此在操作技能方面也存在一些问题。而作为"数字原住民"的孙代，新媒体早已融入他们的成长过程中，相关使用是他们必须习得的技能。家庭内的代际互动成为老年人学习微信的主要渠道，这一过程也促进了他们彼此的认知和情感，在缩小数字鸿沟的同时增进了彼此的关系。

（二）同辈交往对老年人数字融入的影响

社会资本是嵌入在社会网络中的资源，除子代、孙代等亲属关系，朋友、同事、邻居等同辈群体成了老年人社交网络的又一重要组成部分，亦是老年人可以轻松动用的社会资本。同辈群体是社会地位相同且年龄相仿的一群人自发组织形成的关系亲密的首属群体，成员在年龄、人生经历、兴趣爱好等方面比较相近，他们的交往频繁、自由、广泛，彼此可产生很大的影响。同辈群体成了老年人微信学习的另一重要对象，退休后的老年人的社会交往以"地缘社交"为主，养老院、老年大学、公园或广场是老年人聚集的主要场所，同辈共同探索的活动也在此发生，能及时、有效地解决老年人在微信使用中遇到的问题。

受访者 q（女，74岁，初中，工人）

"最开始我没打算学微信，我觉得我都这么大岁数了，肯定学不会。但是隔壁的李奶奶比我用得早，比我岁数还大。她对我说这个操作没我想象得那么难，可简单了，学会了打电话不用花电话费，我就开始跟她学。我俩住隔壁还经常视频聊天，有时候没信号就出门，一人拿着个手机面对面视频，把工作人员都逗笑了。"

老年人在向晚辈求助时，经常担心打扰晚辈的工作和学习；而老年人自己拥有更多的闲暇时间，在向同辈学习时，可以随时寻求知识和帮助。地缘上的相近性为老年人同辈之间微信操作技能的习得建立了基础，并且由于年龄、兴趣爱好的相似，同辈间更容易建立信任和认可。此外，老年群体也具备异质性，同一社群的老年人在身体素质、文化程度上存在很大的差异。低龄、微信使用熟练的老人可以为高龄、微信使用困难的老人提供帮助，使同辈之间的交往和联系更加密切，巩固了老年人的社会资本。

三、补偿性媒介：社会资本在老年人微信运用中的积累

补偿性媒介理论最早由"后麦克卢汉主义"的代表人物莱文森提出。他认为，人类在媒介演化的过程中不断进行着理性的选择，任何一种后继媒介都表现为对前者功能的补偿。同时，媒介的进化也是受众选择的结果。新媒介的诞生是为了更好地满足人类真实的信息需求。随着理论的被继承和批判，补偿性媒介理论延伸出两方面的内涵：一方面是对功能性的补偿。社会化媒体实现了信息多元化、多途径的传播，补偿了大众传播媒介中传播环境的封闭造成的相关负面影响。另一方面是对人们的生理和心理需求的补偿。社会化媒体补偿了大众传播媒介的低交互性，实现了人与人、人与信息的连接。作为社交媒介，微信的补偿性不仅体现在内容和社交上，也体现在社会资本上，可以将微信视为老年人社会资本的一种补偿。随着老年人退出了生产、生活的核心领域，原有的社会资本也随之流失并难以重建。在此情形下，微信成了老年人社会资本的重要补偿。除去社交网络的拓展，微信对老年人的社会信任、社会参与、生活满意度均产生了不同程度的补偿。

（一）社会资本在信任机制中的积累

信任是社会资本的基础，社会或群体成员之间的信任也是一种社会资本。依据林南的理论，个体对社会网络的信任程度与个体社会资本的积累呈正相关，因此，社会信任也是考量老年人社会资本的一个标准。在社会资本的生产过程中，信任占据着重要地位，信任程度决定着社会资本的获取程度。对于老年群体，信任是他们在线社交的根基，相互信任增加了沟通的机会，进而使彼此更容易交换资源，获取社会资本。笔者在访谈时发现，老年人在最初接触智能手机时，都存在"信息安全焦虑"，担心自身信息泄露，对智能设备产生了抵触心理。这造成了老年人的媒介信任危机

和交流恐惧，阻碍了他们自身的信息获取和传播，但这种"信息安全焦虑"会随着老年人接触微信而逐渐缓解。

作为社交媒介，微信拥有"用户真实性"和"用户自主性"的特性。自推出以来，微信就具备以熟人连接为主的属性，基于手机通讯录建立起来的熟人社交圈使得微信有着先天的信任机制，这对老年人在线社交的风险起到了控制作用。此外微信也为老年人构建了虚拟社交圈，并且具备"用户自主性"，好友的添加和删除、朋友圈可见的范围、朋友圈屏蔽等功能赋予了老年人在线社交的自主选择。这弥补了陌生关系交往中缺乏信任机制的缺陷，实现了虚拟社交与现实社交的完美衔接，补偿了老年人因互联网的开放性和不确定性而流失的媒介信任，有助于老年人社会资本的扩充和积累。

（二）社会资本在线上参与中的延伸

依据社会资本的理论，"社会参与"是社会资本的重要关键词，也是其测量标准之一。积极的社会参与既有助于老年人保持身心健康，也为老年人的社会生活提供了保障和支持。然而随着老年人退出社会核心领域，其社会参与机会也随之锐减，这使得老年人逐渐被社会"边缘化"。所幸社交媒体的发展逐渐改善了这一局面。之所以将微信视为老年人社会参与的补偿，是因为微信创造了老年人社会参与的新模式，将老年人的社会参与由线下扩展到线上，同时跨越了时间和空间的限制，使得社会参与随时、随地进行。对老年人来说，积极的社会参与可以充实自身的精神世界，缓解他们退休后脱离社会而带来的心理障碍，也为他们构建了新的生活方式和社会关系。

以某市老年大学的国画学习班的微信群为例，除去微信群中的讨论、信息分享等，国画学习班经常举办主题国画比赛活动，学员通过微信群将作品上传，由工作人员统一汇总到老年大学的微信公众号中，进行展示和投票，投票结果也成为作品评选的一个标准，这也是老年人线上参与的一部分。老年大学微信群的功能不限于线上参与，也为老年人的线下参与提供了支持，上课时间通知、教学内容讨论、节日聚会组织等活动都通过微信群这一平台进行。此外，参与线下活动可以解决老年人手机使用的问题，减少老年人线上参与的技术障碍，从而促进其线上社会参与。线上与线下贯串的新特征保证了老年人社会参与的积极性，实现了线上、线下之间的良性循环，补偿了老年人退休后因社会参与不足而缺失的现实需求和情感需求，重塑了老年人的社会归属感，为老年人社会资本的扩展创造了条件。

（三）社会认同被自我呈现重构

老年人社会资本的流失不只体现为社交范围的缩小，还体现为社会认同的流失。伴随着微信的触角延伸到老年人生活的方方面面，这一融合了多重功能的社交媒介为老年人提供了一个自我呈现的平台，老年人的身份符号系统予以呈现，印证了这一群体存在的特殊性和意义，同时也在一定程度上重构了其社会认同，拓宽了其社会资本的获取途径。

自我呈现这一理论最早由戈夫曼在《日常生活中的自我呈现》一书中提出。戈夫曼从戏剧的角度研究自我互动，他认为，人们在日常生活中非常关心并试图控制自己留给他人的印象，个体通过自身行为在他人面前呈现出符合自身预期的形象，这一理论也被称为"自我印象管理"。在访谈时，笔者对老年人微信基本功能的使用进行了考察，除去视频、文字聊天功能，受访老年人中有超过一半的人能够熟练地使用朋友圈功能。这证明，在老年人的网络社交中，他们更倾向于利用朋友圈进行人际交流和自我展示。

受访者h（男，65岁，中专，中学教师）

"喜欢朋友圈是因为它是我进行自我展示的一个平台，我发到朋友圈里的都是一些积极向上的正能量的东西，经常收到朋友的点赞和评论，觉得心里得到了满足。"

除去朋友圈，笔者仔细观察了老年人自我呈现的其他形式，例如老年人的微信昵称、头像、朋友圈封面图片及表情包，均是他们自我呈现的途径。由此可见，微信对老年人来说不只是简单的沟通、交流工具，亦是他们进行文化输出的重要窗口。老年人开始通过微信进行自我呈现，重构社会话语权和社会认同。

四、数字排斥：困境中的老年人微信学习

尽管老年人在面对数字社会时是一个主动的群体，主动、积极地学习使用微信，扩展自己的社会资本，融入当下的数字社会。但面对数字化浪潮，老年人仍是被动的一方，老年群体的被动性来自技术的更迭。随着信息设备的更新换代，数字产品的界面不断升级，服务功能也随之扩展，但老年人的学习速度远远滞后于技术发展的速度，这对于老年人形成了数字困境。

（一）对网络谣言的判断不够

缺乏对互联网信息的置疑和批判能力是老年人的普遍特征。笔者在观察中发现，老年人喜欢转发的信息大多为"中国人必转""方便面致癌"之类的谣言。当晚辈试图辟谣时，老年人总会摆出难以置信的态度："这些都是网上公开的，公开的东西怎么会有假的呢？不可能！"或是一些人已经意识到互联网上的信息真假并存，但不会刻意去求证事件的真假，反而保持着"宁可信其有，不可信其无"的态度："转发的目的就是提醒家人、朋友注意，万一这个事情是真的呢？"不少老年人的子女表示，父母总是很容易相信养生方面的谣言，甚至通过推销养生、保健的公众号购买过"三无产品"，这些现象反映出老年人微信使用中的一个普遍困境：老年人已然成了网络谣言的易感人群。

老年人一直以来都是微信忠诚度和信任度较高的群体，他们在享受微信带来的便利的同时，也受到了网络谣言和网络诈骗的侵害。老年人并非数字时代的"原住民"，在来势汹涌的互联网浪潮面前只能被动接受。自媒体时代把关人的缺失也造成了传播失范的局面，以追求点击量、博人眼球为目的的虚假新闻和标题党新闻层出不穷。而一直习惯了传统媒体的老

年人对媒介的信任程度较高，再加上消息都来源于熟悉的亲人和朋友，大多又与自身的生活、健康相关，基于从众心理的老年人容易失去理智的思考和分析，成为网络谣言的受害者和传播者。

（二）关于微信使用的社会支持有待提升

老年人在信息社会中一直属于弱势群体，很难独自学会微信的使用，并且随着年龄的增长，在微信使用上也越来越感到困难，这会降低老年人的微信使用欲望，从而降低他们的自我效能感。相较于会使用微信的老年人，不会使用微信或者网络的老年人会产生更多的孤独感和无助感。研究发现，老年人的微信使用普遍缺乏社会支持，一方面缺乏来自晚辈的数字反哺和情感支持，另一方面缺乏社会技术和社会资源的支持。社区和老年大学未能真正地了解到老年人面临的数字困境，并提供相应的社会支持，会加深老年人本身就难以逾越的数字鸿沟。

此外，当下社会也缺乏助力老年人数字融入的技术支持。随着现代社会的发展，信息技术不断成为一种公共资源，对老年群体来说，这种公共资源的获取仍然相对滞后。受市场主导的现代信息技术并未将老年人设置为自身的目标群体，这使得老年人在信息获取中处于明显的弱势地位。当下智能设备的目标对象仍以年轻人为主，围绕老年群体设计的产品寥寥无几，适老化产品改造匮乏，产品设计缺乏对老年人的人文关怀。

（三）数字排斥：对信息社会的应对滞后

互联网是一种民主化的媒介，打破了信息垄断权，为老年人重塑了社会话语权和社会认同，但仍然未能改变老年人数字排斥的局面。学者常江在研究数字排斥的文章中提到，尽管互联网陷入了近乎狂欢的平等主义的情绪，但互联网在技术和文化上的排斥性表现得越来越严重。互联网的接入有经济和技术的要求，而老年群体面临着数字接入的困境，视觉、听觉等身体机能的衰退增大了老年人使用微信的难度。此外，新媒体使用技能的缺失造成了老年人微信使用的困境，生理、心理特征限制了老年人学习新技术的速度。接入困境、使用困境等多重困境的叠加造成了老年人被排除在数字技术之外，成了智能时代的局外人。

与老年人滞后、迟缓的学习情况相对的是迅猛发展的信息技术，虽然老年人成了互联网的积极参与者，但网络技术同样存在复杂性和操作性。作为一种商业产品，微信的开发和应用仍以盈利为主，因此不断地推陈出新，以新功能占据市场，并不把适用性聚焦于老年人。微信的新功能层出不穷，尽管老年人拼命地追赶，仍造成了"老沟未平，新沟又现"的局面，大部分老年人对自己落后于信息技术的发展表示很失落，但又无可奈何，学习速度远远滞后于技术发展的速度，居于被数字排斥的尴尬局面成为当下老年人使用微信面临的首要困境。

五、再社会化：提升社会支持

（一）再社会化在数字化生存中的体现

综合本研究发现，微信使用是老年人拓宽社交网络、促进社会参与、提高生活满意度，从而积累社会资本的过程，同时也体现了老年人由传统社会生存转向数字化生存，从而再一次社会化的过程。"数字化生存"一词最早见于尼葛洛庞帝的著作《数字化生存》，按照他的解释："人类生存于一个虚拟的、数字化的生存活动空间。在这个空间里，人们应用数字技术从事信息传播、交流、学习、工作等活动，这就是数字化生存。"依据尼葛洛庞帝的理论，数字化生存是一种社会生存的状态，即人类的沟通方式、社会关系、社会结构均以数字化形式显现。

现代社会的老年人面临着社会角色、社会地位、生活环境的剧变，信息社会为老年群体带来了与传统生活方式完全不同的数字化生存方式，这造成了老年群体的现实生活完全与当下的数字生活断裂。随着老年人接触微信，他们逐渐摆脱了这种困境。微信介入老年人的生活后，维系、建构着老年人的社会关系。微信营造的现场感使得老年人因地缘而逐渐淡化的社交网络演变为线上熟人社会，而老年人基于兴趣、爱好加入的群组又形成了一个庞大的社交网络，每个个体都是这个庞大社交网络中的节点，在数字世界里形成了新的社会关系，方便老年人获取并积累社会资本，再一次融入社会。

微信对老年人再社会化的影响还体现在其他方面。在信息社会中，知识更新迭代的速度越来越快，老年人原有的知识结构已不能满足社会需要，逐渐落后于社会发展。而微信不仅仅是一个通信工具，老年群体可以通过手机获取时事新闻，从广度和深度上进一步了解到新媒介技术带来的社会生活的观念和行为的变革，同时补充了新知识，习得了新技能，从而拉近了自身与社会的距离。此外，微信拓宽了老年人社会参与的渠道，为他们提供了更多的社会参与机会。老年人在社会参与的过程中承担了新的社会角色，并且在自我呈现的过程中实现了由"社会边缘群体"到"社会中心群体"的转变。

但与公众的想象不同的是，微信对老年人的影响不是单向的，老年人的微信使用体现的既是对自身社会资本的积累和扩展，也是自身动用原有的社会资本来对待新媒介技术，从而在双向互动中实现再社会化的过程。在晚辈数字反哺和同辈共同探索的过程中，老年人动用了原有的社会资源，将自身的社会关系网络转化为交流信息和共享知识的重要渠道，在动用社会网络习得知识后又带来了社会资本的回报，同时促进了自身与晚辈、同辈的社会交往，推动了再社会化的进程。

（二）社会支持对数字困境的化解

综上，技术的变革为老年人带来了数字化的生活方式，促使已经退休的老年人再一次社会化，因此必须重视老年人的微信使用，为老年人提供各方面的社会支持。

首先，不能将老年人与技术的关系视为简单的被动接受，应重视人与技术的双向融合发展。社会要加大技术的投入力度，开发适合老年人使用的、操作简便、字体较大、具有自动过滤垃圾信息功能的老年智能机。微信开发者要本着重视用户体验的宗旨，推出"适老化"的老年版微信，在内容、设置及操作系统上尽量满足老年人的需求，重点突出老年人使用较为频繁的功能，同时设置信息过滤功能，完善老年人信息安全保护机制，帮助老年人迈过数字鸿沟，融入信息社会。

其次，化解老年人的微信使用困境要从他们自身入手。老年人主动学习的意愿是他们实现数字融入的重要驱动，而当下使用媒介的老年人存在严重的两极分化，一部分积极、主动地接触并学习，另一部分被动接受甚至有抵触的情绪。因此，提高老年人的微信使用技能，需要激发他们主动学习的意愿和动机，使他们愿意接受新鲜事物，克服对媒介的恐惧和抵触心理。培育老年人主动学习的意愿需要老年人自身、家庭、社区和社会的共同努力，从心理层面上让老年人放下包袱，从而跨越数字鸿沟。

最后，要为老年人提供家庭和社会支持。数字反哺是老年人学习微信的主要方式，也是解决老年人数字鸿沟问题的重要途径。解决老年人的数字鸿沟问题，首先要发挥好家庭数字反哺的主导作用，为老年人的微信学习提供物质支持和情感支持，鼓励老年人的微信使用。在进行数字技术反哺的同时，也要重视更深层的数字内容反哺，教会老年人辨别虚假信息，提高其数字安全意识和防范意识。其次要重视社会数字反哺的支撑作用，在全社会树立数字反哺的共识，强化年轻人的数字反哺意识，为老年人的数字融入提供全方位、多层次的支持，实现代际成果共享、和谐发展。

六、结语

本章以社会资本理论为视角探究老年人的微信使用。研究发现，老年人并非天然的"数字弃民"，而是有着强烈的主动学习意愿。通过微信的使用，老年人重建了因地缘距离而疏远的亲密关系，依靠各类群组扩大了社会交往的范围，积累了联结型社会资本和桥接型社会资本。同时，老年人也善于动用自身的资源，利用、整合现有的社会资本，通过晚辈数字反哺和同辈共同探索的方式解决微信使用中遇到的困惑。在熟练使用微信的过程中，微信完备的信任机制缓解了老年人对信息社会的担忧和焦虑，扩大了他们的社会参与范围。但老年人在当下的社会中仍属于数字弱势群体，需要被提供全方位的社会支持，化"数字鸿沟"为"数字包容"。

参考文献

[1]胡春阳,周劲.经由微信的人际传播研究(一)[J].新闻大学,2015(6).

[2]胡春阳.手机传播与人际亲密关系的变革[J].新闻大学,2012(5).

[3]周裕琼.数字弱势群体的崛起:老年人微信采纳与使用影响因素研究[J].新闻与传播研究,2018(7).

[4]周裕琼,丁海琼.中国家庭三代数字反哺现状及影响因素研究[J].国际新闻界,2020(3).

[5]武晓立.跨越"数字鸿沟":社交媒体时代老年人媒介素养的提升[J].青年记者,2020(25).

[6]Paul Levinson.McLuhan and Media Ecology[J].Proceedings of the Media Ecology Association,2000(1).

[7]程明,程阳.论智能媒体的演进逻辑及未来发展——基于补偿性媒介理论视角[J].现代传播(中国传媒大学学报),2020(9).

[8][美]欧文·戈夫曼.日常生活中的自我呈现(第2版)[M].冯钢,译.北京:北京大学出版社,2022.

[9]常江.互联网、数字排斥与弱势群体[J].青年记者,2020(28).

[10][美]尼古拉斯·尼葛洛庞帝.数字化生存[M].胡泳,范海燕,译.海口:海南出版社,1997.

第四部分　媒介形象传播研究

第一章　媒介与乡村女性主体意识的关系研究

　　大众传媒进入乡村空间加剧了传统与现代的碰撞，一方面以新的技术维系着乡村空间内各要素的稳定，另一方面又建构了与传统乡村不同的媒介场景。乡村女性在不同媒介带来的现代性场景体验下，价值观念发生了变化，清醒地认识到自己不是按照规律运行的无生命之物，她们的主体意识在参与、选择、竞争、创新中不断强化。为更清晰、深入地了解乡村女性主体意识的变化，本章采用参与式观察、田野调查的方法获得一手资料，在乡村空间内部把握大众传播媒介。此外，笔者受梅洛·庞蒂"现象身体"的启发，通过局内人的视角对北截村女性的主体意识进行现象还原，在对北截村空间改造和主体经验的描述中展现大众传媒与乡村女性主体意识间的作用机制，构建乡村女性主体意识"媒介化"研究的理论范式。

　　（1）在发展传播学视角下关于大众传媒、农民观念的现代化研究。在乡村地区，传统向现代的转变与村民的价值观、生活方式的转变相辅相成。如裴正义在博士论文《大众传播与中国乡村发展》中提出与现代化有关的理论框架和假说，认为"大众传播媒介对人的现代化，首先是观念的现代化直接或间接地发生着影响作用，从而促进了社会的发展"。

　　（2）社会—人类学路径下大众传媒与乡村社会变迁的研究。费孝通以家乡为对象，以"局内人"视角撰写了博士论文《江村经济》和作为中国乡土社会重要代表作之一的《乡土中国》。20世纪80年代以来，关于乡村的传播学研究便吸收了社会—人类学的养分，如孙信茹、杨星星在

《"媒介化社会"中的传播与乡村社会变迁》中总结了自己多年来以人类学田野观察的方法对传统乡村社会进行的研究，认为在关注社会群体或个人的社会结构变动，经济、生活发展，文化差异及变迁等问题时，应该把媒介及其传播活动纳入考量之中。

关于"女性主体意识"这一概念，"女性主体意识是女性作为主体，通过反思产生的对自己在客观世界中的地位、作用和价值的自觉意识。具体来说，就是女性能够自觉地意识并履行自己的历史使命、社会责任、人生义务，又清醒地知道自身的特点，并以独特的方式参与社会生活的改造，肯定并实现自己的需要和价值"，其内容主要包括自主意识、进取意识、竞争意识、创新意识。

关于"女性与乡村空间"的研究成果十分匮乏，且都只侧重客体或主体某一方面的作用，并没有呈现乡村女性从身体经验到主体反思的完整过程。

主体始终是现象学家关心的核心问题，梅洛·庞蒂在把身体放入空间的研究中超越了经验主义和理智主义的二元对立。梅洛·庞蒂关于身体的"现象空间理论"的形成主要经历了三个阶段：第一，在牛顿与笛卡尔、贝克莱、莱布尼茨三人的争论中实现的从"绝对空间"到"关系论空间"的转向，如牛顿在《自然哲学的数学原理》中提出"绝对空间"后，莱布尼茨反驳说空间是由单子及其组合构成的"现象"世界，具有"相对性"；第二，在康德对前人空间观的理解和反思中实现的从"关系论空间"到"先验论空间"的转向，如他在1783年出版的《未来形而上学导论》中通过对现象世界和本体世界的划分界定了自己的空间观中的"经验视角"和"先验视角"；第三，在里巴切夫斯基和黎曼非欧几何学的影响下实现的从"先验观念论空间"到"空间具身化"的转向，如经历了海德格尔的"在世存在"、胡塞尔的"空间现象学"后，1945年，梅洛·庞蒂在《知觉现象学》中通过对本己身体经验的现象学还原，揭示出身体与空间的原初关联。在现象空间中对身体的关注意味着北截村女性的现象身体是一个场域，具有开放性、动态性、稳定性的特点，现象身体与乡村空间体现的是运动意向性表达的相互构造关系。现象身体中包含着质料和形式的原初综合，开放的现象身体利用原初经验在乡村空间中体验媒介，并且在对不同媒介场景的体验中通过反思发挥主体意识。认识到这一点，有助于我们在现象空间视角下理解北截村女性主体意识与媒介的关系。

本章以哲学维度重点讲述乡村空间是"在世存在"的村民通过开放性的"原初知觉"在"彻底的反思"中建立的。

一、北截村女性的主体意识呈现

北截村地处胶东半岛东北部渤海湾畔的招远市，地势平坦、水源丰富、土壤肥沃。北截村有公交车、高速公路等，交通设施完善，这使得它与招远市各地及其他地方的联系也越来越便利。北截村所在位置是招远市的主要矿区之一，村内有两家金矿企业。进入21世纪后，乡镇企业为村民提供了就业机会，村民的收入由依靠农业转向依靠工农业。如今，当地有的家庭已经完全不种地了。北截村女性人口占多数，在工作中与外界的联系逐渐加强。北截村符合乡村社会学的选址要求，它是中国一部分乡村的缩影，具有一定的代表性，但其发展之路又有自身的特色。

2014年，经社区改造，北截村的公共空间被划分出了多个功能区，聚集在不同功能区的女性做着不同的事情，空间本身就是连接人与人的关系的媒介。电子媒介创造的虚拟空间是列斐弗尔空间概念中的"空间表象"，尚无法连接虚拟技术与现实城市中活的空间实践。因此，虚拟空间不会导致物理空间的塌陷，它在与物理空间的交织中延伸了个人空间的界线。北截村的乡村空间中多种形式的大众传播媒介并存，当地女性的媒介体验呈现出在"个人空间"与"公共空间"之间流动的特点。空间中的构成要素维系着乡村女性的价值观念和行为方式，而北截村的空间演进为女性提供了不同的空间体验，使她们走出家庭，进入工作场所，参与各项政治和娱乐活动，不断调整原有的生活方式，从不同维度激发了女性的自主意识、参与意识、竞争意识、创新意识，使她们渐渐认清自身的价值和责任。

大众传媒对北截村女性主体意识的影响来自她们对媒介使用"原初经验"的反思。下面笔者将通过对北截村女性"前反思"的媒介体验和"反思"的媒介认识的相关现象描述，抽象出大众传媒影响她们的主体意识的机制。

（一）前反思：现象身体与技术身份媒介的互动表达

北截村公共空间中的大众传播媒介主要是大喇叭广播、布告和移动手机，个人空间中的媒介主要是电视和手机。不同的媒介构建出不同的使用情景，而同一种媒介在不同的空间中营造的环境氛围也不同。媒介的进化越来越明显地呈现出人性化趋势，从纸张和文字构成的书写媒介发展为设备、屏幕，以及看不见的线路、程序、算法等构成的数字媒介。就像麦克卢汉所说的"媒介是人体的延伸"，人们在使用媒介的过程中需要调动的感官越来越多。不同技术的媒介表现存在于由媒介技术代理的过程中，它吸引着北截村的女性进入由它建构的场景，身处于同一场景中的她们几乎能做到遵循规则表现出一致的行为特征。笔者对北截村女性在进入不同的媒介场时产生的与媒介特性相关的行为进行过深入的观察，依据代表性、启发性原则选取以下场景进一步说明。

第一，广播、电视这类电子媒介使用条件的开放性连接了她们的个人空间和公共空间，即使待在家里也能听到外面大喇叭的广播，观看公共空间的电视时却能随时沉浸于自我联想中的世界。虽然广播和电视仍是线性传播媒介，但乡村广播凭借与日常生活的高度相关性，总能促使她们产生自主决策的意识，例如广播在抗击新冠病毒中的作用。普通村民也有使用大喇叭广播的权利，她们受广播媒介影响产生创新意识，如家里有什么事情，想在村里卖自家种的瓜果、蔬菜，等等，都可以到村委找相关负责人帮忙广播。

第二，手机、ipad等网络媒介的使用不仅延伸了她们的个人空间，还使她们随时、随地在不同的空间中切换，并在不同的空间中呈现出不同的使用场景。60岁的女性C是村委工作人员，在不是很忙的情况下，上午到了办公室她就坐在椅子上，一只手举着手机，另一只手的手指在屏幕上滑动，看学习强国App上的内容，即使播放视频，也不会有很大的声音。晚上她常去村子南面的小空地跳舞，在这里，手指与手机的互动频率降低，手机的功能发生了变化。跳舞时，手机连接蓝牙音箱播放着极具动感的音乐，会跳的跟着站在最前方的领舞者跳，不会跳的若是跟不上，便随着音乐的律动自由摇摆。舞后唱歌时，她们使用全民K歌或唱吧等App点歌，谁想唱，谁就点歌，拿着连接音箱的麦克风在田野间尽情地歌唱，不管唱得好不好，氛围都被营造出来了，周围的人又随着跳起舞来。手机娱乐性功能的发挥虽受使用环境的限制，但其触感增强了乡村女性自主选择的体验，它的轻便、可移动性使她们简单地利用它在小空地营造出引人参与的氛围，同时在这种选择和参与中提高了主体意识。

（二）反思：北截村女性主体意识的体现

1.对身份媒介的认知图式

"认知心理学把世界分为物理空间和认知空间，认知空间是物理空间通过各种感知器官被人们认知的空间世界"，认知便是个体以身体为中介、以前反思的体验为材料探索事物的性质和规律的心理过程。村里老一辈的女性经历了很长时间的前电子媒介时代，她们年轻时只能用口语或书写的形式传递信息。后来村子里逐渐有了广播、流动电影和电视，这几年又流行起了手机。每一种媒介都体现为不同于以往的全新形态，一段时间内占主导地位的媒介维持着乡村系统的稳定，并且使乡村女性产生与之匹配的行为，新进入乡村空间中的媒介对她们来说像一个闯入村子的陌生人。但她们实实在在地经历了从偶尔看电影、经常看电视到频繁玩手机的行为转变，媒介与她们的耦合度越来越高。每当接触到一种新的媒介，她们都会建立起相应的认知图式，以适应新的媒介环境。

就拿现在极具热度的手机来说，智能手机对她们来说是个新鲜玩意儿，开始她们缺乏对智能手机的认知，但就像麦克卢汉所说，"刚问世时，它们似乎是旧媒介的降格形式，新媒介必然把旧媒介当作内容来使用"。北截村女性也是以脑海中已有的关于旧媒介的认知理解新的媒介，笔者在访谈中听到了很多她们与媒介的故事，其中女性C讲述的一段经历很有代表性。她说：

"2014年夏天，我们村的人陆续搬到了楼上，女儿回来给家里安上了宽带，给我买了一个智能手机。那时我真的觉得这个手机太不好用了，以前的电话、BP机、手机都有按键，这个没有按键，用手指触摸，感觉手指不灵活，总担心把它弄坏了。我用了很久才慢慢习惯，后来女儿帮我下载了爱奇艺、微信并教我怎么用，我才慢慢对智能手机有了新的认识。我平时也不是特别忙，现在可真是离不开智能手机，每天一睁眼就看看它，没事还能找人聊聊天。女儿在外面上班，我本来挺不放心，但现在能通过视频看见她的模样，觉得放心多了。"

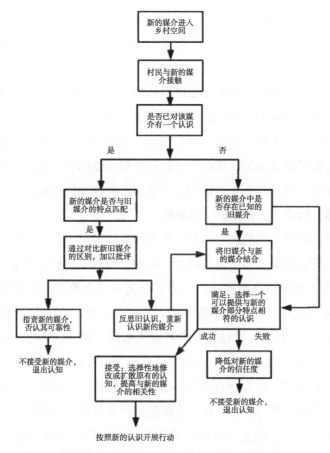

图17 北截村女性对新的媒介的认知图式（笔者整理）

正如认知心理学的"基模"理论所说，我们总是先入为主地运用已有的知识处理当前的信息。北截村女性对新的媒介环境的适应也总是基于对旧媒介的认知，如图17所示，每当一种新的媒介进入乡村空间时，她们首先与媒介接触，并且根据该媒介的形态、性能做初步判断，然后依据结果做下一步反思。倘若判断后对该媒介没有初步认知，她们就会在新的媒介中寻找旧媒介的影子，然后将新、旧媒介结合，再选择一个与新的媒介部分特点相符的认知图式。这个认知会带来两种结果：认知倾向于新的媒介，就接受它，并且在循环使用新的媒介的过程中不断修改或扩散原有认知；若认知不利于新的媒介，就拒绝接受该媒介，并退出认知过程；倘若判断后对该媒介有了初步认知，她们就依据这个认知确定新的媒介是否与旧媒介匹配，再依据比较结果确定是否信任新的媒介。这个判断也会产生两种结果：若信任，她们会重新反思旧认知中不适用新的媒介的部分，再进入将新、旧媒介结合的程序中继续认知；同样，若不信任，就会拒绝新的媒介，并退出认知过程。需要注意的是，认知不是一个线性的过程，它并没有按照固定的顺序进行。她们总是以身体为中介不断地体验着新的媒介及它建构的媒介环境，依据前反思的体验调整旧的认知，并产生不同的行为，而这个认知过程正是她们主体意识发挥作用的结果。

2.媒介构成"主体意识"的影响

重文本的媒介研究在分析对女性主体意识的影响时，通常采用话语分析的方法先把媒介文本中呈现的女性形象、节目内容提炼出来，进行纯文本的分析，或者结合观察和访谈将媒介文本与女性主体意识直接关联起来。这种关联的合理性此处暂不做讨论，但当媒介的发明使人类由口语时代进入文字时代时，"话语"本身成为依附于媒介的内容，大众传播时代"话语"的呈现方式则更加多样。前仆后继出现的每一种媒介都有各自不同的运作方式，而媒介自身对乡村女性主体性的影响就体现在不同的运作方式蕴含的"能指"中。缺乏主体意识的人就像只会执行命令，却不会反馈的机器，但主体意识体现的不单单是因果模型中的"刺激—反应"，而是对打破话语与现实间的固有联系做出尝试。

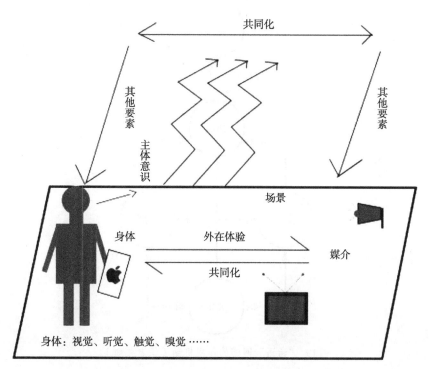

图18 媒介与女性主体意识的作用模型（笔者整理）

通过对前文的总结，笔者对媒介与女性主体意识的作用机制进行整理，如图18所示，北截村的乡村空间中容纳了不同的个体、媒介和其他要素，受权力网络支配的媒介传达着一种固定的话语，规训着她们的行为，她们发挥主体意识采取行动，才能改变现有处境。大众传媒对乡村女性主体意识的影响体现的不是主体与媒介内容的线性关联，而是媒介背后的权力网络与乡村空间内各要素相互作用的结果。

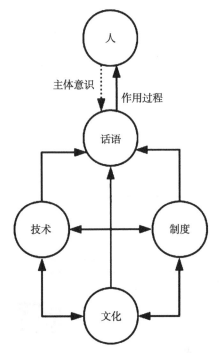

图19 "话语"网络的作用机制（笔者整理）

乡村空间中传统的民俗文化和信仰是女性主体意识缺失的根源，这些都是在口语和书写文字时代产生的。起初男性以体力优势获得了支撑家庭的能力而掌握了话语权，女性成为被动的倾听者。后来文字的发明使人的价值不再限于体力劳动，但维持书写支配的教育系统与口语时代的连续性仍由男性主导。印刷媒介是书写系统的产物，教育系统使媒介器物、书写方法、阅读规范凝固，成为媒介文本赖以生存的技术配置。

归纳来说，新的媒介诞生之时，不仅把旧媒介作为其内容，还部分继承了支撑旧媒介的物质要素，这就使她们对新的媒介的认识不必从头来过，从而加快了它们自身粉墨登场的速度。一直以来，人们看似掌握话语的主体，可以运用不同的媒介生产、记录并传播话语，实则语言系统（听、说、读、写）按照被权力网络操控的规则运行。电子媒介一方面通过数字化技术储存、复制、再现话语，使之成为可以被审视的事实；另一方面将手、思想和书写行为分离，给了人们反思旧媒介系统的可能。大众传播媒介的进化正是在打破看似理所当然的媒介场域的过程中影响着行动者的主体意识。另外，北截村大众传媒的普及得益于乡村空间演进中基础设施的改进和完善，这也为大众传媒作用于女性主体意识提供了新的场景。

二、北截村女性媒介体验的主张思考

（一）媒介化：乡村女性主体意识研究的新范式

正如媒介人类学家Lisa Gitelman的主张："新媒介的出现并不总是革命性的。与其说新媒介科技代表与旧的认识论全然的断裂，不如说新媒介必须设法嵌入既有的社会场域中，并持续协商其存在的意义。"从北截村女性的媒介体验中可以看出，新的媒介进入乡村空间的过程并不总是确定的，她们在反复尝试中寻找一种维持新的媒介和乡村系统恒定的状态。一种新的媒介进入乡村不只表现为对旧媒介形式的更新；媒介本身就像鱼网中的一个节点通过网线与其他节点连接，若节点与其他节点的连接断开，网就破了。媒介网与鱼网不同的是：鱼网上的节点和连线肉眼可见，媒介背后的复杂关系却被隐藏起来。人们常常惊叹于媒介产品更新迭代的速度，联想到媒介生命力的有限性，认为旧的媒介形式终将被替代，只有内容才能影响人的认知和行为。媒介学重新检视媒介的影响力时，"就拿'书籍'来说，就要同时包括文字，作者使用的语言，纸、编辑、印刷工艺，发行等，才能完整地呈现'书'这种媒介。"可见，媒介作为"中介"连接社会场域中的配置要素，并在更迭时继承或调整原有要素，它对主体意识的作用并不是单方面的，影响过程体现出近代英、美学界"媒介化"理论的特征。

（二）再思考：媒介化与主体意识

1986年，瑞典学者Kent Asp首先使用"媒介化"一词，"观察瑞典媒介的政治新闻报道如何影响政界人物公开发言的内容。21世纪以来，'媒介化'的概念逐渐清晰，如Schulz认为，'媒介化'与传播媒介所引发的社会变迁有关。这种社会变迁可以被定义为'延伸'（extension）、'替换'（substitution）、'融合'（amalgamation）、'适应'（accommodation）"。这四种角色同样体现在笔者描述的北截村女性的媒介体验中："延伸"，自然条件下她们只能面对面地交流，而媒介延伸了她们的传播能力；"替换"，电子商务综合服务站依赖媒介技术连接线上、线下，并以一个门店替换多个机构；"融合"，楼下的女性一边绣十字绣，一边看电视剧这类媒介行为与非媒介行为的交叉；"适应"，她们在对不同媒介的体验中调整自身认知及乡村空间内配置要素对新媒介的适应。当然，"媒介化"不只发生在一个小村子里，而是体现为一个更大的社会过程。在这个过程中，媒介与其他社会领域牵连在一起，且这些学者把它视作一个线性的历史过程。这种线性过程难免会夸大媒介的作用，其他社会领域迎合媒介的种种行为导致各类"媒介事件"频发，"去媒介化"似乎成了当务之急。与北欧学者的观点不同，拉美学者 Martín Barbero 突出了媒介的"中介化"作用，认为"传播是众多相互对抗与融合的力量的交汇点"。这样的观点虽然突破了前者对"媒介化"认识的线性局限，但他又把二者对立起来，在肯定"中介化"的同时几乎否定了"媒介化"。

在厘清概念的基础上，学者们逐渐形成共识，即"媒介化"和"中介化"二者互补而非对立。从数学集合概念来看，二者是一种包含与被包含的关系，"中介化"是一个范畴更大的概念，"指的是两个相区分的元素、成分或过程的连接"，所有的"媒介化"现象都要以此为基础，但使用"媒介化"的说法利于缩小范围，突出传播研究的焦点。

正如胡翼青所说"真正的媒介技术决定论指人类被悬置于媒介技术营建的环境之中，其观念和行为受制于'媒介化'环境的限定，因媒介技术的变革而重构"正体现了媒介化理论的内涵。

"范式"一词的使用源于美国科学哲学家托马斯·库恩，指"提供一种观察社会生活的角度和方法，它往往基于对社会现实本质的一系列基本假定"。当学者们从某一"理论"及相关领域出发，经历萌发、修正到确立，过程中的所有研究成果构成一个新的"范式"。经过对北截村女性主体意识的探讨，笔者发现"媒介化"理论范式在乡村女性主体意识研究中的作用主要体现在两个层面：一是媒介化理论对乡村女性主体意识的"解释性"，二是该理论在思考提高她们主体意识策略方面的"实用性"。下面，基于对北截村的研究，把"媒介化"理论这两个层面的功能做一下描述。

1.解释性：传播媒介域

城市女性更热衷于服装的搭配，但乡村女性在大众传媒的影响下对服装的自主选择也是她们主体意识的体现。例如，有一天村委会计穿着一件玫红色修身上衣和黑色裙子，笔者便问她对服装的选择是否受电视明星或广告影响，她想了一下回答道：

"电视剧、广告里那些人都是明星，她们身材好，又高又瘦的，而且看着年轻、漂亮。我们这个年龄段，或是体型胖点的那样穿肯定不好看。我买衣服还是喜欢去店里试穿；如果不试，还是觉得参考生活中和我体型差不多人的穿着比较靠谱。而且有时候穿什么衣服还要看情况，我今天穿得比较鲜艳是因为等会儿要去参加个婚礼。现在是夏天，天气热，平时我过来上班都是穿个棉线的短袖 T 恤。"

可见，对衣服的选择不是大众传媒内容单方面影响的结果，而是女性在乡村女性主体意识的作用下根据自己的体型、年龄、场合等进行综合判定后做出的选择。在这个过程中，面对面的人际传播比大众传播更有效。用"媒介化"理论解释这一现象，就是说传播媒介能够对社会和乡村女性的主体意识产生影响，但这个过程体现的不是线性的关联，而是"媒介域"中各类要素互动的结果。电视明星或广告的呈现要同时包括影像、语言、文字、明星的经纪公司、媒介组织、广告厂商、空间中的一切技术基础设施等。然而在市场的推动下，媒介把内容卖给受众后，再把获得的"受众注意力"二次售卖给广告主，电视背后复杂的权力网络使其内容的创作并不一定传递特定的信息，也不一定通过文化、信念或价值的表达团结大众，而是为了用层出不穷的媒介产品吸引、保持受众的注意力。

2.实用性：提高乡村女性主体意识的策略

"媒介化"理论范式使媒介历史的变迁蕴含在它所处空间的权力网络

中，体现着空间中各类要素的相互博弈。它像后视镜前的镜子，能更清楚地发现媒介何以成为现在的媒介。"媒介化"更加关注"媒介"本身，而乡村女性能够因媒介体验的变化主动设计所处空间中的媒介化场景，这正是传播媒介作用于乡村女性主体意识的最佳设想。"乡村女性主体意识的改变是一个漫长的过程，不可能通过革命式的变革迅速转变"，媒介总是与其场域中的其他配置要素相互配合，并适应着这个过程。从"媒介化"理论视角看来，空间中的"媒介域"有一套完整的动态系统，系统内部有不同的单元，每个单元受权力支配，都有自己的规则，且它们相互渗透，权力的重叠在奉行自由市场模式的国家更加严重。在我国，传播媒介的意义在于维持社会的稳定，"媒介域"中各类要素的控制权掌握在不同人的手中利于各类信息流通的平衡，且在危急时刻能由国家调控。在这样的背景下，大众传媒在提高乡村女性的主体意识的过程中，应该有侧重性地调整空间中的要素。

例如，笔者在观察中发现，招远市整体推动乡村地区发展的有线电视的资费较低，提供的频道少且多为购物频道、本地频道、农经类频道。为响应"三网融合"的号召，招远市政府努力让电视在乡村社会发展中发挥作用，因地制宜地制定了符合乡村现状的电视传播策略，但大多数村子的女性并没有像北截村女性一样有较为普遍的参与各类活动的积极性、对新的媒介使用的创新性、离开田野进入工作岗位的择业感、穿衣搭配的时尚感等。

大众传媒对乡村女性主体意识的作用，需要"媒介"与"空间"要素匹配。传播媒介为她们提供了接触新思想的可能，空间要素为她们打开了把思想转变为现实的大门。正处于发展之中的"媒介化"理论并不一定提供新的知识，但它逐渐成为一种研究范式，为我们提供了认识媒介和现实的关系的新视角，也为我们通过大众传媒提升女性的主体意识指引了道路。

三、结论

北截村空间的演进加快了大众传媒进入乡村空间的步伐，广播、电视、手机等媒介成了现代化村庄的标配。笔者从"作为物质的媒介"入手阐释的重点不在于大众传媒影响了女性主体意识的哪个方面，而在于其中的影响机制是什么，只有弄清楚大众传媒对主体意识影响的过程，才能对症下药。

技术驱动下媒介产品更新迭代之快，使每一种新的媒介在乡村空间中或许地位并不突出，或许会迟到，却几乎不会缺席。在推动村民自治之际，乡村女性是乡村生活的参与者、乡村话语的传播者，她们的主体意识理应受到关注。而她们的媒介接触情况和成长环境各不相同，不仅不同地域存在差异，同一地域不同村子的空间要素也不尽相同，以田野调查法研究乡村问题十分有必要。乡村女性的主体意识与大众传媒的关系体现在两方面：一方面是传播媒介建构的场景吸引着女性主体的参与，另一方面是乡村女性利用媒介传播自身话语。女性的主体参与性是多种因素综合作用的结果，如相应的功能空间、村委的倡导、亲人和朋友的提议，但后者与媒介直接相关，新闻与传播的研究领域更需要对此进行探究。通过田野调查和现象还原，笔者经过归纳和演绎，把大众传媒对乡村女性主体意识的影响机制总结为：人的"身体"是有生命的，通过视觉、听觉、嗅觉等感官与世界互动，为大脑的反思提供经验材料。"媒介"是一个比大众传媒更大的范畴，房子、车子、马路等也像报纸、广播、电视一样传递着某种信息，它们与传播媒介一起构成乡村空间。任何媒介都有自己的属性，技术革新中产生的新媒介在继承其形式的同时，也部分地继承了其属性。媒介是复杂的社会制度和权力关系的中介物，它们规定了媒介的形式和使命，依据时代需求引发乡村女性的主体意识。乡村女性正是在这样的媒介体验中，为适应占主导地位的媒介而不断调整思想中不合时宜的部分。在这样的前提下，大众传媒才能对她们的主体意识产生影响。

本章虽以"空间"为切入点，但并不否认时间的意义。空间的作用体现在媒介与其他要素的配合，而时间的意义正是体现在媒介属性的延续和更迭。本研究的价值在于：第一，通过对"媒介"本身的关注，归纳出"媒介化"的范式取向，找到了乡村主体行动力弱的症结。笔者认为单靠传媒的内容或宣传无法真正提高乡村女性的主体意识，主体意识的提升需要一个与之配套的完整系统，为有效的乡村治理提供了一个思考路径。第二，借鉴现象学中的"现象空间"概念凸显了身体"在场"的重要性。人们出生时身体就遗传了感知世界的工具，媒介技术的发展使人们深陷于虚拟空间的体验，正如麦克卢汉所言："媒介是人体的延伸，延伸意味着截肢。"未来传播研究理应重返"身体"的维度。

参考文献

[1] 裘正义.大众传播与中国乡村发展[D].上海：复旦大学，1993.

[2] 孙信茹，杨星星."媒介化社会"中的传播与乡村社会变迁[J].国际新闻界，2013（7）.

[3] 祖嘉合.女性主体意识及其发展中的矛盾[J].社会科学论坛，1999（Z1）.

[4] 刘胜利.身体、空间与科学：梅洛·庞蒂的空间现象学研究[M].南京：江苏人民出版社，2014.

[5] 李耘耕.从列斐伏尔到位置媒介的兴起：一种空间媒介观的理论谱系[J].国际新闻界，2019（11）.

[6] 方经民.汉语空间方位参照的认知结构[J].世界汉语教学，1999（4）.

[7] 张晓锋.论媒介化社会形成的三重逻辑[J].现代传播（中国传媒大学学报），2010（7）.

[8] 唐士哲.重构媒介？"中介"与"媒介化"概念爬梳[J].新闻学研究，2014（10）.

[9] 陈卫星.传播与媒介域：另一种历史阐释[J].全球传媒学刊，2015（1）.

[10] 王琛元.欧洲传播研究的"媒介化"转向：概念、路径与启示[J].新闻与传播研究，2018（5）.

[11] 潘忠党."玩转我的 iPhone，搞掂我的世界！"——探讨新传媒技术应用中的"中介化"和"驯化"[J].苏州大学学报（哲学社会科学版），2014（4）.

[12] 胡翼青.为媒介技术决定论正名：兼论传播思想史的新视角[J].现代传播（中国传媒大学学报），2017（1）.

[13] 金兼斌.传播研究典范及其对我国当前传播研究的启示[J].新闻与传播研究，1999（2）.

[14] 李洁.英尼斯传播研究中的制度主义方法论[J].新闻大学，2009（2）.

第二章　社会性别视角下"泥塑粉"对男明星媒介性别形象的重塑

　　传统媒体时代，粉丝对明星的种种认知局限在报纸、杂志、电视、广播等传统媒介上，明星展现出的媒介形象并非粉丝自己直接接触并了解到的形象，而是由传统媒体提供的信息建构出来的，粉丝只能被动接受媒介呈现的明星媒介形象。日新月异的媒介技术与日益低廉的媒介使用门槛使得大众传播格局发生了转变，传播主体多元化，粉丝既是受传者，也是传播者，有着双重角色的粉丝被赋予了与媒介机构相同的男明星媒介形象建构和传播权利。部分粉丝为了满足对男明星性别形象倒置的幻想，积极投身男明星媒介性别形象的二次建构中，在粉丝文化内部划分出属于自己的建构空间，催生了为粉丝所普遍认为的"泥塑"（将男明星以女性性别对待）文化的诞生。"泥塑粉"群体在重塑男明星媒介性别形象的互动中不断壮大，并将女化后的男明星媒介性别形象广泛传播，不仅影响到了男明星活动的方方面面，更引起了巨大的舆论争议和讨论，成为不可忽略的亚文化现象。

　　首先是关于媒介与性别的研究。凡·祖伦的《女性主义媒介研究》和卡特编著的《新闻、性别与权力》较为系统、全面地分析了媒介展示出的社会性别形象，从社会性别角度探讨媒介、文化与社会性别的关系，对社会性如何影响媒介机构和媒介实践，以及对媒介受众进行分析。至此，国外关于媒介与性别的研究经过30多年的发展，确定以社会性别的理论点来审视大众传播过程中的传播现象，积累了丰富的研究成果。曹晋的《批判的视野媒介与社会性别研究》和《媒介与社会性别研究的理论建构》展现了媒介与性别研究的理论地图以生成语境，表达了对消费主义盛行下社会性别歧视更加隐蔽且顽固的担忧。

其次是关于粉丝文化的研究。英国伯明翰学派的斯图亚特·霍尔提出"编码与解码"理论，否定了法兰克福学派的"白痴观众论"，将受众对文本的解读分为三种类型，即"主导性解读""妥协性解读"和"反抗性解读"，强调受众对信息意义生产的能动性，成为粉丝文化研究的重要理论。米歇尔·德塞都、约翰·费克斯、亨利·詹金斯等人以粉丝文本实践的视角，认为决定大众文化意义生产过程的不是文化工业，而是作为消费者的粉丝，肯定了粉丝通过消费行为进行的抵抗。在粉丝消费实践中，粉丝是积极、活跃的，并且可通过自己的智慧进行思考，"挪用""盗猎""游牧民"等概念阐释了粉丝受众对文化工业生产的文本、产品的创造性和能动性。粉丝群体建构了一种新的参与式文化，将粉丝消费实践经验转化为新文本、新文化和新粉群的生产。以上学者的理论为粉丝文化研究创建了引起学界关注的理论框架和研究空间。目前学界对粉丝文化的研究呈现出多学科理论交叉研究的图景，心理学、社会学、文化学、传播学等都为研究者切入粉丝文化研究提供了丰富的理论支撑。

孙慧英的《漫谈"粉丝"现象及其文化解读》形成了学界对粉丝文化的初次理论探讨，从偶像泛化、手段科技化、"粉团"多样化、追星非理智化和消费产业化五个方面分析了粉丝文化较之以往的变化，并从文化研究和大众传播的视角解读了粉丝文化中的主、客体与对立面，认为粉丝代表着一种符号，粉丝行为都是符号消费的表现，不必高度赞扬粉丝文化的平民性，也不必将它过度贬为洪水猛兽。

国内外将粉丝性别身份引入文化研究视角，可分为两类：男明星的女性粉丝和"耽美文化"中的女性粉丝。结合本研究的对象，笔者在整理文献时更注重关于男明星的女性粉丝研究。

笔者发现，知网上关于"泥塑粉"的研究甚少，只有一篇硕士论文和一篇学术论文针对该现象进行详细的研究和探讨，因它本身体现的就是粉丝文化内的亚文化群体现象。"泥塑粉"的研究并未引起学界的重视，但这一女性粉丝群体开发的性别倒置文本空间，以及在空间内关于性别政治的实践，在当下影响愈发扩大化的女性主义思潮中，值得学者继续探讨。

最后是关于媒介性别形象的研究。李普曼在《公众舆论》中提出的"拟态环境"理论从传播学角度思考了"媒介形象"这一问题。媒介形象作为拟态环境中的构成符号，再现的也是经过过滤、加工的人或事物。依照吴予敏在《论媒介形象及其生产》中定义的媒介形象的第二层含义"'形象'乃是通过媒介存在的"，媒介机构与节目生产组织在经济利益的驱动下将媒介形象当作吸引大众欲望的叙事手段，代理了大众对该事物的认知。一旦媒介形象为大众所接受，将成为社会关系和价值尺度的参照对象，而形象建构的完成意味着巨大的经济利益的掌控。潘晔、李亚在《"小鲜肉"现象研究：基于性别权力的视角》中分析了"小鲜肉"这一男性中性化，甚至是女性化的形象符号体现的是女性通过消费表达自己的审美自主意识和独立姿态。

在溯源其理论的过程中，涉及社会性别理论。社会性别理论源自社会学中的社会建构论，社会建构指的是个体在社会文化背景下，在与他人的互动中主动建构自己的认识和知识。它为性别研究提供了一种批判思维定式，打破了生理性别决定社会性别的绝对性和必然性，即人存在的社会性别特征与人的生理性别并不总是一致的，有时是无关的，有时甚至是完全相反的。社会性别理论的核心观点认为，人生活在社会中，不仅有生理性别，而且还拥有社会性别。这种社会性别指人受生活的文化环境影响，被规范了行为而形成的男女角色、性格、地位、行为特征等方面的差异。社会性别强调社会现实中女性对男性的依附性或非主体性是文化建构的结果。

基于社会性别理论，运用社会性别理论分析范式检验"泥塑"文化中"泥塑粉"重塑男明星媒介性别形象的文本建构方式，剖析"泥塑粉"重塑行为表面上虽体现为女性意识的微观觉醒，实际上仍以男权视角审视"成为女性"的男明星的行为本质。

一、"泥塑粉"身份的形成缘由

"正苏"意为粉丝将男明星视作完美无瑕的"万人迷"，因他种种极具吸引力的行为令人产生心动感，粉丝将自己置于弱势地位而需要被爱护，清醒地幻想着与男明星处于一种亲密的关系（并不一定是爱情关系）中。顾名思义，"逆苏"则与"正苏"相反，将男明星视若娇花，楚楚可怜，正因为他完美，所以有被摧残的危险。为了保护可能受到伤害的他，粉丝承担起守护者的角色。虽然同样身处幻想世界中，"逆苏粉"却始终保持上位者的姿态。

随着"逆苏粉"群体逐渐壮大，"逆苏"之风也在男明星"饭圈"之中散播，参与到其中的粉丝越来越多。而在实践中，"逆苏"更加极端化，男明星仿佛被置于幻想真空之中，不论他们做什么，都能被"逆苏粉"看作一位女性应当做的事，粉丝都能使用非常规形容两性的语言描述他们的存在。她们认为将男明星视作女性正如女娲用泥土造人一般，她们从自我意志出发重塑了男明星在媒介平台上的形象。经过粉丝长期的文本实践，"逆苏"亦由此变化为现今绝大多数粉丝认知中的"逆苏"="泥塑"="女化"，此后的"泥塑"都指代"逆苏"一词。

二、社会性别文化观念变化背景

（一）迎合粉丝经济市场的文化商品

让·鲍德里亚在其著作《消费社会》中曾提出："消费不仅是一种经济活动，它已经延伸到社会的各个领域中，成为人的基本生存方式。正是消费物质商品动力的支配性和渗透性，使得社会中的任何领域都不能远离它而独立存在。文化活动当然也不例外，它不再只是建立在经济基础之上的上层建筑，而是与经济活动合二为一，成为关系复杂的文化商品。"

粉丝经济时代，粉丝群体的规模逐渐壮大、成熟且稳定。长期以来，粉丝经济中的消费主力军为女性粉丝，而女性粉丝的购买力又是以流量为生的互联网KOL和品牌重视的营销因素之一。所以，为了不断吸引女性粉丝的注意力，媒介机构和组织在面对"泥塑粉"将男明星"女化"的行为时，并非以强化主流传统性别审美观的方式与"泥塑粉"对抗，而是将"泥塑粉"当作流量供给源，迎合"泥塑粉"的审美取向，在满足她们对男明星女性媒介性别形象的需求下，利用她们获得更多的关注量。媒介利用图片、文字、影像等方式构建了一个具备女性气质的男性形象，并在各种媒介平台中呈现给女性粉丝，通过与粉丝互动产生一种形象传播的合作方式。可以说在影视产品生产领域，电影、电视剧、综艺节目中呈现的妆容甜美而精致、服装可爱且柔美的美男形象的目标受众就是男明星的"泥塑粉"群体，媒介构建符合"泥塑粉"审美需求的媒介形象供她们欣赏和消费，从而获取大量的关注度和流量收益。

媒介时刻关注粉圈生态，营销号察觉到"泥塑粉"对男明星有女性化形象的需要，就经常发布男明星被女化后的图像，以此牢牢抓住粉丝的注意力。在此影响下，化妆品品牌方邀请男明星做代言人已常态化，形成一种粉丝审美倒逼媒介改变男明星形象、性别塑造和呈现的怪象，殊不知，这种现象反映的并不是媒介对性别意识的思考，其目的只不过是从女性粉丝消费者手中赚取更多的利益。

（二）文化工业对粉丝的消费

影视剧的发行方与综艺节目平台把追求版权、收视率、点击率、中插广告、周边产品等多种价值形态的收益最大化，作为资本累积的终极目标。于是，他们抓住女性群体对男明星强烈的消费意愿，变常规的影视营销策略为提高资金的回收速度。对于文化资本，生产一切文化产品的目的只有一个——赚钱。粉丝正沉浸在对男明星狂热的感情当中，对资本的利用毫无察觉，只要能得到身体的愉悦和精神的满足，他们便心甘情愿地接受资本的"收割"。

特别是文化工业注意到粉丝随着消费力不断上升而逐渐上升的组织力、传播力及造势力后，主动将部分明星形象运营权下放到粉丝手中，授权粉丝对男明星的图片和视频形象进行二次编辑，让粉丝自发参与策划应援推广活动，例如在男明星生日来临之际在人流量大的商场中及地标建筑物上滚动播放庆生视频和图片，或是在男明星有重要活动时帮助男明星宣传其作品。这种看似赋权于粉丝的操作，不仅让明星所属的公司节省了大量的宣传费，而且为粉丝织造了一个自己的话语权前所未有的强的"茧房"，"泥塑粉"为自己喜欢的男明星重塑媒介性别形象已被媒介工业广为接受。

从影视剧中的"奶油小生"到流量"小鲜肉"，再到养成选秀的诞生，在"腐文化"与男明星女性化形象建构的重叠中，资本已经掌握了如何动员粉丝消费更多的"财富密码"。"泥塑粉"认为支持男明星代言的产品是在表达自己对男明星被重塑了的媒介性别形象的支持，然而实际上已经不知不觉被资本收编。资本鼓励"泥塑粉"对男明星媒介形象进行二次建构和传播，粉丝在商业利益生产环节中不仅是消费者，还充当了资本的免费数字劳动力。

（三）男明星与"泥塑粉"互动中的形象设计

男明星的元媒介性别形象由多种媒介产品打造而成，他们在影视作品中扮演的角色形象是展现在大众面前最基础的媒介形象。角色为了强化戏剧冲突或迎合观众喜好，都具有普通人难以拥有的鲜明的性格特征，所以一个被人喜欢或怜爱的角色往往吸引更多的粉丝。为了留住这部分粉丝，男明星往往精心设计，让自己的形象愈发靠近角色，还会通过行为展现自己因入戏而改变了自身性格，让粉丝将对角色的喜爱移情到自己身上。久而久之，粉丝也在这种真人与角色的黏合中无法对他们进行剥离看待。

单一化、神化的媒介形象难以让粉丝对男明星保持热情。通过影视作品塑造的形象可以被看作男明星的"第一层形象"，而真人秀和媒体采访成为男明星在脱离角色之后为了固粉而展示的"第二层形象"。社交媒体搭建的明星与粉丝直接沟通的桥梁成为男明星展现"第三层形象"的场所，他们可以在评论区回复粉丝，与之进行实时互动，塑造更私人化的亲民形象，完成了其媒介性别形象从文化工业初产到明星真人管理的塑造环节。而在此期间男明星会以回复"泥塑粉"或是将"泥塑粉"制作的图像文本发布到微博来丰富自己的媒介性别形象，以吸引潜在粉丝消费者。

三、"泥塑粉"的性别意识划分

一直以来，大众文化中社会主流审美的标准对男女性别、气质的划分界限分明：男性的气质和外貌特征就应当表现为充满力量、气场强势、身材魁梧、肌肉发达、头发干净利落等，女性气质则表现为温柔而感性、妩媚而柔和、身材苗条而性感、长发飘飘等。这种审美标准的划分与审美主体为男性有关。男性希望模仿比自己更强大的男性形象来增强自己的社会角色存在感；而对女性形象的要求则为取悦自己，女性长期作为被看的对象，成为审美掌控权之下的弱势群体，导致早期的明星都遵循这种审美标准塑造自己的媒介形象。

然而长期遵从男性主流审美的形象呈现让女性观众产生了审美疲劳。随着女性消费水平的提高、明星粉丝文化的兴起，新的审美趋势出现，"小鲜肉"男明星形象的流行表现出女性审美地位的上升。从那时起，作为粉丝文化内的绝对审美主体的女性发现，原来男性气质和女性气质并不体现为绝对的二元对立，它们可以同时存在于男明星身上。粉丝审美的多元化打破了男明星媒介性别形象呈现的固定化和模式化，扩大了自己的审美视角，也让男明星大胆尝试社会定义之外的媒介性别形象。越来越多的年轻男明星呈现多元化形象，他们上节目时可以蓄长发，也可以妆容精致，可以温文尔雅，不向他人展示出攻击性和竞争性。这种改变颠覆了传统社会关于男女性别、气质和外貌的评价标准，他们展现出的形象模糊了美的性别界限，所以受到粉丝的追捧。"泥塑粉"重塑男明星媒介性别形象，并以此为认同基础。既然男明星的美不分性别，那以往常常用来描述女性气质和外貌的词语亦不应该只用在女性身上，对于男性、男明星也同样适用。对此，受访者"小啊""小Z"和"小桃"都表达了对"美不分性别"的认同：

"感觉网络上大家越来越能接受'美''漂亮'这些概念，不再框定性别。"

"我泥塑一位男'爱豆'，只是觉得他身上有一种美好的特质，与性别无关，并且也不是所有的女明星都拥有好的特质。"

"我觉得我通常很喜欢的男'爱豆'或女'爱豆'身上有不能用性别来看待的特质。"

虽然符号允许假设性思考，但是语言符号反映的是长期存在于社会的文化价值观，它表达社会主流性别观念，并且在传播中不断复制着这些观念。社会大众通过语言符号的使用为语言贴上了性别标签，短时间内难以更改。所以，"泥塑粉"只能先以生理性别是男性，媒介形象却具有模糊传统两性的性别，为大部分人所认可的美的男明星为实践客体，重塑他们的社会性别，以去除语言中的性别标签。

四、形象解读："泥塑粉"重塑男明星媒介性别形象的文本呈现

媒体专家道格拉斯·恺尔勒指出，我们生活在一种媒体的文化氛围里，这种文化的"形象、声音和景象帮助建构日常生活的结构，主宰业余生活和社会行为，并且提供给人们赖以打造他们的身份的各种材料"。

（一）亲密关系女性形象

"泥塑粉"在建构男明星形象的过程中主要表现为把男明星塑造成"姐姐""妹妹""老婆/妻子""妈妈/妈咪""女儿"等在现实生活中与自己最具有亲缘性和亲密性的女性。这些几乎是粉丝自己在人际关系中正在担当或即将成为的社会角色，而作为他者身份时，又是与自己关系亲密和在现实生活中与自己最贴近的人。换言之，男明星不再是高高悬挂在天上的星星，也不再是"哥哥""弟弟""老公""儿子"等男性社会角色；在粉丝的假想中，男明星就是自己在日常生活中接触到的那些女性。

显而易见，男明星在"泥塑粉"建构的具有亲属和亲密关系的女性形象里都具有传统社会中大众对女性特征的刻板印象。"泥塑"表现为粉丝挖掘到男明星身上女性化的性别气质和行为后，自顾自地将他们塞进女性

的躯壳里，再以"我"的视角配上精心选择的男明星图片，叙述当男明星作为女性时与自己发生的故事，由"男—女"到"女—男"的权利位置关系变化制造出男明星男性特征的假性不在场，依靠这种塑造反差拥有自己渴望的占有、宠爱、保护男明星的能力。

（二）职业女性形象的建构

"泥塑粉"构建的男明星所展现的职业女性形象，主要仍以"明星"为主，男明星本身的职业形象就是明星。尽管"明星"这一职业在词义和理论上并未被区分性别，但因其社会性别已经被认定为女性。为了将他与其他男明星区分开，"泥塑粉"在构建他的形象时再三强调他是一个经过重塑的"女"明星。其次就是"老师""主播""总裁"和"女团"，其中"主播"与"女团"和"女明星"有一定的场景关联性。男明星日常的工作场景与主播相似，此时作为"盗猎者"的"泥塑粉"将男明星直播时的工作画面借用到她们自己构建的女主播正在直播的场景里。男明星作为"女主播"时粉丝偏好将他塑造成游戏主播，但内容往往并不是描述主播游戏水平的高低，而是强调他多么美丽、清纯，让人所有的关注点都集中于男明星的外在表现。

同理，"女团"在粉丝投稿的男明星里多数是偶像男团出身，经过"泥塑"后当然就成了"女团"。比如从《创造营》出道的男团"R1SE"走红毯时拍摄集体照的图片在投稿中变成了"R0SE女团手牵手走红毯"，转换性别于无形中为"男色消费"披上了"女色消费"的外衣，又倒回女性是"被凝视"的欲望客体的观念中。

"泥塑粉"虽然塑造了男明星"女总裁"的形象，但文本里并不着重强调他是一位独立、自主的职业女性，而是更加注重描写他处在总裁身份之外，面对"我"时与工作状态完全相反的性格特点。"泥塑粉"对女性总裁抱有崇拜心理，所以选择了这一职业呈现；然而一旦将男明星代入女总裁角色时，取代崇拜心理的是更希望男明星臣服于自己的征服欲。

（三）童话与神话女性形象的塑造

除了常规的普通女性形象，粉丝也喜好将男明星塑造成童话式角色形象，如果明星是男性且被称为"王子"，那与之相对应的女性称谓就是"公主"。"泥塑粉"在成长过程中对"公主"这一形象的角色模式认知往往来自电影、电视剧等。如迪士尼的"公主"系列塑造的公主的外貌特征都是年轻、美丽、身材姣好；性格特征较多面，既有善良、勇敢的木兰和贝儿，也有温柔的睡美人和白雪公主。粉丝将男明星的形象与迪士尼的公主形象糅合：皮肤白皙的男明星是"白雪公主"，照片上含有海洋元素的男明星是"人鱼公主"。即便男明星元文本上没有模式里的公主元素，但是只要粉丝认定男明星符合自己心目中的公主形象，他就可以成为"迪士尼在逃公主"。

"女王"形象则着重凸显男明星呈现的高贵而不可攀的冷艳气质，常与"公主"形成对比，形象功能与"女总裁"类似，因为在粉丝看来，她们都是外表强势，但面对"我"时表现得很温柔的女性。经回归文本本身，锁定关键词的使用时发现，高频词中出现的"圣女""天使"源自西方神话，且与"恶魔"一词伴随使用，意在表现男明星极具反差的双面魅力。"狐狸""兔子""小鹿"等动物类形象的建构，一是出于男明星本身外形贴合动物的某些特征，粉丝认为他们像这些动物一样可爱，却不具有攻击性。二是与国内独有的精怪神话文化有关。在国内影响颇深的妖精志怪小说中，《西游记》中的女妖形象有"九尾狐狸""玉面狐狸""玉兔精"，《聊斋志异》中有不少的以"狐女"为主角的篇章。故事中，它们幻化成人的模样都美丽动人，善于迷惑人心，这与小说中被妖精蛊惑的男主角一样，粉丝对男明星的情难自拔亦通过几乎是同样方式表现出来。

（四）美少女女性形象的呈现

表现"美"是"泥塑"一个男明星的出发点之一，向"内娱泥塑bot"投稿的粉丝心里都会默认自己的偶像拥有世人认可的美貌和让人怜爱的气质。所以在粉丝的投稿中，形容男明星是"美人""美女""辣妹"的表达最常见。这也是"泥塑粉"建构的男明星最基础的"泥塑"媒介形象，先认同他是一个"美女"，再添加他美女身份之外的角色，这与媒体在呈现女性形象的范式中始终强调女性魅力的首要标准是"有吸引力"不谋而合。

有粉丝喜欢将男明星不刻意展现成熟男性形象、打扮得很清爽、行为表现介于男孩和男人所流露出的气质称为"少年感"。这种气质"要素化"模糊了他原本的生理性别特征，所以"泥塑粉"反其道而行之，在"泥塑"男明星时称之为"少女感"。

前文总结了"泥塑粉"构建的男明星四种女性形象。高频形象词汇中，对男明星持正向感情的词汇占绝大多数，她们的确以赞美女化后的男明星为主，但也能看出她们对男明星女性形象角色的塑造依然深受传统性别文化观念的影响。当男明星作为家庭女性时，他依旧要成为"妻子"和"母亲"；当男明星成为职业女性时，他的形象突出点不在于"她"的成就有多高，而在于粉丝为"她"作为事业成功者所征服；当男明星以脱离现实的女性形象出现时，他则不仅要清纯，而且还要性感，最后回归强调对作为女性必须美丽才具有吸引力的外在要求。从形象呈现的性别气质和性别地位来看，"泥塑粉"只表现为在自身女性意识松动的前提下按照既有的性别秩序二次塑造男明星的社会性别。

五、对"泥塑粉"重塑男明星媒介性别形象的批判反思

粉丝对男明星媒介性别形象的重塑可以被看作粉丝文化崛起的背景下粉丝对文化传播中媒介女性发声位置缺失及社会观念中根深蒂固的性别观念的积极挑战，粉丝在男明星形象建构过程中充分发挥能动性，收集形象、进行文本加工后传播，在文本互动中彼此认可传统性别观念并非不可动摇、社会性别可以被建构的思想。突破传统的二元对立的男女性别建构的实践行为本应是粉丝女性主体性意识觉醒的表现，但粉丝文化不可避免地具有盲目性，被重塑后的男明星形象已经不再神化，粉丝因在现实中被过分压抑而寄托在男明星身上的幻想，在文本的叙事中往往以极端的形式出现，成为女性的男明星客体再次成了被压制的"第二性"，粉丝重新掉

入男权陷阱。

因此，粉丝构建的男明星媒介形象一方面体现了粉丝性别观念的进步，另一方面也展现了粉丝依旧困于男性霸权思维中，始终难以跳脱的困境。如今的青年女性粉丝构成了媒介粉丝群体的主体，作为粉丝，她们不断在自我、群体、社会的互动中实现自己的身份认同，但作为女性，她们在与社会整体性别观念进行的微弱抵抗中寻找性别认同的终点。她们既是媒体化社会积极、主动的"弄潮儿"，同时也容易沦为整体浮躁的"脑残粉"。粉丝富有主动创造的激情，一旦她们的叛逆性和情绪化被不加控制地发泄出来，会导致粉丝骂战升级或生成新的网络话语暴力，甚至产生群体性别意识的倒退，所以要保持以批判视角看待粉丝建构男明星媒介形象，不能对她们在娱乐中随意跨越性别界限的实践太过乐观。

六、结论

媒介技术对粉丝的赋权，让粉丝愈发积极地参与到明星的生产、制造及新的亚文化中。高消费力和新媒介的赋权使作为粉丝的女性群体在网络空间中掌握了大量的话语权，并开始了对男性的凝视和消费。本研究起源于内含于粉丝文化中的"泥塑"文化新现象，并以粉丝对男明星媒介形象的建构为着眼点，去探讨这一可以被看作女性亚文化的产生和发展的过程，以正确、全面地认知这一现象，并对其意义和社会影响进行思考，以期在未来对这一现象进行正确的引导，从而在网络文化的多元、健康发展上发挥作用。

本研究首先溯源了研究行为主体 —— 粉丝中社会性别意识觉醒的"泥塑粉"的所属文化现象诞生，实现自我身份认同，进行阐述。这一代女性恰恰是受社交媒体信息传播影响，最先在媒介平台上了解到女性主义和社会性别认同的群体。她们依照对男明星社会性别的认同与否对自己进行粉丝群体内部的再分类，将自己划分为"泥塑粉"，意识到男明星的生理性别形象并不决定他在媒介上呈现的社会性别形象，所以她们利用手中的"权力"，从男明星形象接收的下游站到了与传统媒介一样的位置，通过"挪用"和"盗猎"男明星形象元文本参与到男明星的媒介性别形象重塑和文本创造中。起初，她们只是为了满足对男明星的另类幻想，但在重塑男明星社会性别的实践中发现这一行为更具有特殊的意义，即抵抗传统的二元对立性别观念，重建大众传媒中的女性话语权。

本研究发现，不同于其他粉丝群体中的女性性别自卑，"泥塑粉"对女性性别予以肯定和高度自信，展现了女性性别意识在粉丝文化中长期以来存在的男明星崇拜中的松动，认为不应该对性别、气质设置框架，鼓励传统性别话语符号去标签化。而媒介为了迎合这种意识的变化，出于趋利目的，不得不跟随粉丝形塑观念的变化而改变媒介呈现的男明星媒介性别形象。虽然本质上是在逐利，但是也促进了审美的多元化发展。然而以男性形象符号做女性权利争取，"泥塑"行为从逻辑起点上就是错误的，后续的媒介性别形象重塑更加不能逻辑自洽，自然失去了现实意义，甚至在文本的生产和传播中巩固了父权制话语体系。

最后，如何在"女性"和"粉丝"的身份之间更理智地思考自己的性别身份，利用粉丝的身份团结作为女性的彼此，仍需要大众持续关注粉丝文化的演变过程，促使主流话语体系提高对女性的权利分配，促进性别平等。

参考文献

[1]曹晋.批判的视野：媒介与社会性别研究评述[J].新闻大学，2005（4）.

[2]曹晋.媒介与社会性别研究的理论建构[J].南京大学学报（哲学、人文科学、社会科学版），2008（4）.

[3]孙慧英.漫谈"粉丝"现象及其文化解读[J].现代传播（中国传媒大学学报），2006（6）.

[4]吴予敏.论媒介形象及其生产特征[J].国际新闻界，2007（11）.

[5]潘桦，李亚."小鲜肉"现象研究：基于性别权力的视角[J].现代传播（中国传媒大学学报），2017（9）.

[6]刘利群.社会性别与媒介传播[M].北京：中国传媒大学出版社，

2004.

[7] [法]让·鲍德里亚.消费社会（第4版）[M].刘成富，全志钢，译.南京：南京大学出版社，2014.

[8] [美]伍德.性别化的人生：传播、性别与文化[M].徐俊，尚文鹏，译.广州：暨南大学出版社，2005.

第三章 中华人民共和国成立初期《人民日报》 工农劳模报道研究

劳动模范作为一个中国特有的荣誉称号，相关的奖励制度在社会主流价值观的塑造中发挥着重要的作用。劳模人物作为中国特有的一个群体，孕育、成长在革命战争时期，发展、壮大于中华人民共和国成立初期。《人民日报》在1949年3月迁至北平并发刊后，作为中华人民共和国成立之后的机关报，在劳模人物的宣传和树立方面发挥了特有的作用。因此本章选取1949年3月至1951年12月《人民日报》对工农行业劳模人物的报道作为研究对象，力求再现中华人民共和国成立初期《人民日报》对工农行业劳模人物的报道状况，并挖掘相关报道的特征及历史价值。

一、中华人民共和国成立初期《人民日报》工农行业劳模报道的内容变化

（一）1949年：劳模报道进入起步阶段

《人民日报》对劳模人物的挖掘和报道在1949年正式开展。通观这一年的报道稿件，篇幅简短、内容简短、体裁以消息为主、劳模事迹讲述得平实是这一年劳模报道的突出特点，这正体现着劳模人物报道的起步状态。

1.对劳模人物的最初报道

1949年10月1日中华人民共和国成立，恢复国民经济，将工业和农业生产拉回正轨成为国家发展的首要任务。国内生产、建设逐渐拉开局面，《人民日报》对工业、农业及恢复经济建设的相关报道也逐渐增多。3月16日，《人民日报》第2版上刊登了第一篇对劳动模范的报道，题目为《泊头永华火柴公司康波技师试制硫化磷成功》，对原文摘录如下：

> 【冀中电】康波乃下定决心用硫磺和黄磷试制硫化磷，从去年十月开始研究，最初用二分五厘厚之铁板制成做硫化磷的锅炉。因铁板太薄，制得又粗糙，用时散毒气，一度致使工人李冠萧、李丑曾被熏得晕过去，没有成功。康波并未因此灰心，仍苦心钻研，又第二次试制锅炉，加厚铁板，并设置了蒸馏器，使硫磺和黄磷混合后变成气体。经蒸馏，二者变成固体硫化磷，终于制造成功。制造出的硫化磷颜色金黄，质量很好。康波研究制造硫化磷的成功一方面因为他能与工人合作，得到配药工人李冠萧等的协助，另一方面，他有高度的生产热情，坚持了两个月的苦心研究，手被烧烂了一个多月，却从未影响到他的情绪和信心。现在火柴头还不够鲜亮，康波正与工人们研究改善。

这篇报道行文简约，是《人民日报》迁入北平后劳模报道的雏形。对长期生活在农村的《人民日报》编辑、记者们来说，关于城市生活和工业的报道是一个新领域，他们是不熟悉的。因此在这段时期的报道中，工农业劳模报道量增多，但出色的报道不多。

2.得到多次报道的劳模人物及其主要贡献

（1）山西劳模李顺达

李顺达是山西平顺县西沟村的一位农民，《人民日报》的前身晋冀鲁豫《人民日报》在创刊之初就报道了李顺达，最早的报道可追溯到1946年6月19日《太行一等劳动英雄李顺达订出五年发家计划》，文章内容简略，只有300多字，却详细地列出了李顺达生活的方方面面，真实地展示了李顺达作为劳动模范带头搞好生产的实干家形象。1948年6月1日,《人民日报》又在头版刊出报道《太行劳动英雄李顺达等号召英雄带头推动生产》,在这篇报道的内容为李顺达、郭玉恩等平顺县劳动模范联名向县里全部劳动英雄发出的公开信。在1949年3月至12月的工农业劳模报道中,关于山西农民李顺达的报道有4篇,他成为被报道次数最多的模范,其中,《民主之家——平顺劳动英雄李顺达家庭访问记》是《人民日报》编辑部进城后第一篇对农业劳模李顺达进行的长篇报道。从这篇报道开始,李顺达得到了《人民日报》的持续报道。1950年9月25日,中共中央在北京召开全国工农兵劳动模范代表会议,会上,李顺达获得了毛泽东亲笔题词"生产战线上的模范"和"模范互助组"的奖状,并当选为大会主席团成员,同毛泽东、周恩来等领导人一起坐在了主席台上。李顺达本人和他领导的互助组很快被提升到国家的层次,他的先进事迹和生产经验不仅成为别人学习的榜样,而且成为全国农民努力搞好生产的方向。

（2）"毛泽东号"司机长李永

李永,男,"毛泽东号"司机长,在1949年3月至12月被《人民日报》报道过两次。第一次是刊登在1949年6月28日第4版的一篇通讯《新中国(中华人民共和国成立以来)模范机车的旗帜》。在这篇由本报记者陈迹写的通讯中,介绍了"毛泽东号""铁牛号""八八四号"三台模范机车。"毛泽东号"由李永负责,在他的领导下,机车状态一贯如新,且从未出过责任事故。3个月后的9月29日,另一篇报道李永事迹的通讯《"毛泽东号"司机长老英雄——李永》被刊登在第4版。这篇通讯是《人民日报》对李永的第一篇专门报道,李永作为劳模代表参加人民政协会议,接受了记者的采访,报道讲述了李永对工作认真负责的模范事迹。1950年8月24日至10月4日,《人民日报》以连载的形式连续39天刊出《毛泽东号》(中篇连载)。这是一篇中篇报告,内容主要是"毛泽东号"及乘务员们在工作中竞相进步的事迹,里面提到司机长李永的事迹,从侧面宣传了李永。李永也成为《人民日报》20世纪50年代模范报道中比较成功的工业劳模人物。

从以上对劳模人物事迹的报道中可以看出,《人民日报》对所挖掘的模范人物的报道还停留在事迹报道的层面，并未增加明显的政治色彩。在1949年得到多次报道的劳模之后也一直被《人民日报》编辑部关注，李顺达、李永成为中华人民共和国成立初期第一批全国闻名的劳动模范。

（二）1950年：劳模报道的第一个高峰

进入1950年后，《人民日报》编辑部开始对工农行业涌现出的劳动模范进行大量的挖掘和报道，报道数量明显增多。从劳模人物报道的具体内容上看，《人民日报》编辑部对劳模人物模范事迹的报道开始走向成熟。1950年符合统计标准的报道一共有267篇，其中单篇字数超过1000字的有161篇，占劳模人物报道总量的60%；而在1949年的劳模报道中，单篇字数超过1000字的占劳模人物报道总量的43%。这也从侧面反映出《人民日报》编辑部的工作人员对劳模人物模范事迹的报道更加成熟。

1.中华人民共和国成立后第一次工农兵劳模大会的召开

对党报编辑而言，经过1949年以来的报道工作，对如何发现劳模和报道劳模也渐渐熟悉；报社对工农劳模的报道稳步发展，逐渐增多。从1950年劳模人物报道量的数据可知，1950年9月出现了中华人民共和国成立以来劳模报道的第一个高峰，9月份关于劳模人物的报道共108篇，报道男性劳模115人、女性劳模15人，这与当年9月召开的第一次全国工农兵劳动模范代表会议密切相关。参加大会采访的新闻机关及各文艺团体的记者、作家共195人，据不完全统计，他们先后经由通讯社、报社、电台发布的新闻、特写、通讯、访问记等有528篇。

在《人民日报》对这次大会的报道中，农业劳模宋洛学、张树义、李顺达、梁军、戎冠秀，工业劳模马恒昌、赵桂兰、赵国有、刘德珍、李永均得到了大量的报道。更重要的是，大会总结并交流了各地工农生产的经验，对鼓励全国人民发展生产，提高各地生产效率起到了重要的推动作用。

2.得到连续报道的劳模及其主要贡献

（1）党的女儿——赵桂兰（系列报道）

赵桂兰是20世纪50年代的老劳模。1950年3月1日一篇题为《共产党的好女儿——赵桂兰》的报道被刊登在《人民日报》第3版，报道辽宁省旅大（即大连）建新化学配制厂女工、共产党员赵桂兰舍身护厂致残的事迹，自此，赵桂兰的事迹在全国传播开来并引起广泛而强烈的反响。3月10日《人民日报》第3版刊登了一篇题为《热爱赵桂兰！我们是不认识赵桂兰的，而她的名字我们将永远记在心里！》的报道，人们就这篇文章中赵桂兰是否应扔出"雷汞"展开了争论。对此，报社编辑敏感地抓住这一话题，附上编者按："关于这个问题，我们希望读者展开讨论。"由此，对赵桂兰的报道形成系列。3月13日的《人民日报》上继续刊出关于"赵桂兰是否应该扔雷汞"的讨论文章。4月13日《人民日报》第3版刊登了不同的讨论意见。6月29日，《人民日报》的编辑在第3版的"党的生活"专栏发表文章《赵桂兰应不应扔雷汞？——讨论之三》，刊登了更多读者的观点。这场讨论持续到1950年7月1日，在当日第3版刊登了以"本报编辑部"署名的《赵桂兰应不应扔雷汞讨论总结——赵桂兰的英勇行为是（反映了）共产党员应有的品质》，继续肯定并赞扬了赵桂兰在危险时刻的做法。归纳起来，1950年当年总共有25篇标题中出现"赵桂兰"字样的文稿，其中对赵桂兰事迹的报道近10篇，在这当中有人物通讯3篇、连续报道（8月13至15日）3篇。

（2）"新纪录运动"的创造者赵国有

赵国有是沈阳机器三厂的一名工人，1949年年末，东北的工友们掀起一场轰轰烈烈的运动，这个运动就是创造新纪录运动，也就是不断打破旧的生产定额，创造新的生产标准的运动。这场"创造新纪录运动"的倡导者就是工人赵国有。1949年12月10日，一篇题为《东北创造生产新纪录的模范赵国有》的文章被刊登在《人民日报》第6版的专栏中。文章报道了在这场创造新纪录的运动中，赵国有在自己的工作中不断改良工具，创造新纪录，并带领大家掀起"创造新纪录运动"的先进事迹，这篇报道也是《人民日报》对东北劳模赵国有的第一篇报道。进入1950年后，《人民日报》对赵国有的报道共有18篇。

3.对1950年年底爱国主义生产竞赛的持续报道

1950年10月25日，中国派志愿军赴朝鲜作战，直到1951年年初，

《人民日报》对劳模的报道大多是在抗美援朝战争的背景下进行的。这段时期《人民日报》刊出了许多关于各行各业的劳动模范号召人们团结生产，同美帝国主义斗争，抗美援朝、保卫国家的报道，比如《劳模李永禄给全国铁路工人的一封信》《劳模张子富怎样进行宣传鼓动》《各地铁路员工开展爱国主义生产竞赛，保证提高运输效率，提前完成任务》。同一时期，东北第三机器厂劳动模范赵国有发起了东北工矿企业的生产大竞赛，因此这场各行各业争先创造新纪录的生产竞赛同工人的爱国精神结合，形成爱国主义生产竞赛，并迅速在全国蔓延。在1950年10月至12月这短短的3个月，《人民日报》对爱国主义生产竞赛的相关情况做了大量的报道，各地劳动模范纷纷表态，要加强生产，为巩固国防及经济建设效力，比如全国铁路劳动模范李永禄写的《以完成生产支援解放台湾做纪念开国第一周年献礼》、部队模范工作者蒋维平发表的《我宣誓：为党、为人民，坚决把革命进行到底》、关于华北区农业模范张树义的《要把各首长指示带回村去，勉励老乡把生产搞得更好》。仅仅在10月份，《人民日报》刊发的此类表达各地劳动模范坚持生产、反对美帝国主义侵略的文章就有18篇。

由以上劳模报道的重点内容及得到多次报道的劳模人物的事迹可知，1950年这一年《人民日报》劳模报道发生了很大的变化，报道的地域范围广了，涉及的行业多了，报道的篇幅及总量也开始明显增长，并且在稿件写作上有了出色的人物通讯稿件。所有这些都说明，在1950年的工农行业劳模人物报道中，《人民日报》的报道开始由雏形一步步走向成熟。

（三）1951年：转向对模范生产小组及农业互助组的报道

进入1951年后，在抗美援朝战争不断推进的形势下，爱国主义生产竞赛在1951年初继续发展，后来在山西劳模李顺达的号召下开展了爱国主义丰产竞赛。此时，农村互助组的发展也有了成果，对模范生产小组和互助组的报道成为1951年《人民日报》工农行业劳模报道的主要内容。

1.对生产小组及农业互助组的大量报道

农业生产互助组是我国劳动农民在个体经济的基础上为解决劳力、耕畜、农具缺乏的问题，按照自愿、互利原则形成的劳动互助组织。在农业合作化运动中，互助组进一步发展成为初级农业生产合作社。进入1951年后，《人民日报》编辑部便开始对生产小组进行报道；在此之前，此类报道很少。关于对生产小组的报道，其主要特点就是文章内容很少涉及对劳动模范个人模范事迹的描述，而是着眼于对整个生产小组的生产进度、突出成果的报道。1951年1月出现两篇非常具有代表性的报道，分别是1月12日刊发在第2版的一篇通讯《刘立富模范生产小组》和第二天刊发在同一版的题为《王兆达先进生产小组》的一篇通讯。这两篇通讯各自报道了刘立富生产小组和王兆达生产小组钻研提高生产技术水平，总结生产经验，帮助大家提高产量的模范生产情况。经过检索得知，在1951年的上半年，报道量最多的是马恒昌小组和李顺达互助组的生产事迹。

（1）马恒昌小组

对马恒昌小组的报道可以追溯到1950年4月，当月21日，一篇题为《沈阳第五机器厂马恒昌组成绩大，创造出许多特殊工作方法与制度，〈东北日报〉号召向他们学习》的新华社通讯被刊登在《人民日报》第2版。之后，《人民日报》又陆续刊出8篇关于马恒昌小组的报道，重点报道马恒昌小组的生产经验和生产成果。1951年是对之报道最多的一年，在这一年里，关于马恒昌小组和与之相关的报道共有36篇。1951年年初，第五机器厂马恒昌先进生产小组为了使爱国主义生产竞赛经常开展，提出五项条件，向全国各厂矿工人提出挑战。马恒昌小组的挑战条件和消息在1951年1月19日被刊发在《工人日报》上，消息被刊发后，首都工人立即热烈响应。次日，题为《保持爱国主义生产竞赛经常性：马恒昌小组向全国工人发起挑战，首都工人热烈响应，纷纷提出应战条件》的一篇新华社通讯稿被刊登在《人民日报》第2版，引起了热烈反响，各地工人纷纷响应马恒昌小组的挑战。此后，对马恒昌先进生产小组及这次生产竞赛的报道成为1951年劳模生产报道的重要部分。

（2）李顺达互助组

李顺达是山西平顺县西沟村的一位农民，《人民日报》对李顺达的报道最早可追溯到1946年6月19日，该报第2版刊出消息《太行一等劳动英雄李顺达订出五年发家计划》。对李顺达互助组的报道则始于1950年6

月，集中报道于1951年。1950年6月11日，一篇题为《坚持七年半的平顺西沟李顺达互助组向毛主席报告致富经过，听毛主席的话组织起来，走对了路，穷沟变成富沟，生产已超过战前》的本报通讯被发表在第1版的专栏上。文章正文是平顺县二区西沟村互助组全体成员写给毛主席的一封汇报增产致富成果的信，详细汇报了自1943年成立互助组以来的生产情况。经过努力生产，大家终于顺利度过了灾荒，并有了存粮。后来成立了互助组，执行自愿、等价两利原则，如今的生产总量是之前的一倍多，家家有了存粮。《农业劳模李顺达互助组向山西全省农民挑战，发扬爱国主义精神，努力增产，支援我赴朝志愿部队》是1950年11月25日刊发在《人民日报》上的一篇通讯，自此，《人民日报》开始了对李顺达互助组的持续性报道：《李顺达互助组写信给应战农民兄弟，报告最近春耕生产情况》《李顺达互助组给全国各地应战者写信，报告完成春耕播种情况和夏季保苗计划》《李顺达互助组胜利完成增产计划，认真实现了向全国农业劳动互助组进行丰产竞赛的条件》《陕西、山东等地许多互助组开展秋季生产竞赛，响应李顺达互助组的挑战》，等等。在这一时期，李顺达互助组是得到《人民日报》报道量最多的互助组之一，李顺达本人也成为20世纪50年代全国闻名的著名劳动模范。

2.全国丰产竞赛的开展

1951年是中华人民共和国成立后对互助组集中报道的一年，出现这一状况的原因之一是1951年开展了全国丰产竞赛，这次全国丰产竞赛是丰产运动同爱国主义结合的竞赛，可以看作1950年爱国主义生产竞赛的后续发展。对于这次生产竞赛的相关情况，1956年《人民日报》特约记者武光汤写了一篇题为《发动爱国生产竞赛是领导生产的最好方法》的通讯，发表在《人民日报》第2版，文章介绍了这次发源于山西省的生产竞赛是如何发展成为全国丰产竞赛的，以及这次生产竞赛的特征和内容。为了推动全国爱国主义丰产竞赛的开展，《人民日报》又连续刊发了《李顺达互助组介绍》《李顺达互助组的主要领导经验》和《平顺县怎样推广李顺达互助组的先进经验》等报道，并转发了《山西日报》题为《李顺达是劳动模范，又是爱国模范》的社论。《人民日报》1951年上半年关于全国丰产竞赛中农业互助组积极生产的报道达到30篇，无论是报道量、涉及领域还是报道引起的社会反响，这次爱国丰产运动都是1951年《人民日报》劳模报道中的重要部分。在农业互助组的发展小有成果的时候，《人民日报》劳模报道的方向也相应转向对农业互助组模范生产事迹的报道。这说明编辑部对劳模人物的报道已经开始同国家发展的政策方针结合，配合经济的发展方向对相关劳模人物进行挖掘，以发挥模范人物对经济建设的引领作用。

二、中华人民共和国成立初期《人民日报》工农行业劳模报道的特征及反思

（一）中华人民共和国成立初期《人民日报》工农行业劳模群体报道的特征

1.政治色彩浓重

这一时期，《人民日报》对工农行业劳模人物的报道带有明显的目的性，即挖掘各地在劳动生产过程中表现突出、成果丰硕的劳动代表，将他们树为学习的榜样，并将他们的模范生产事迹加以报道、宣传，使甘于奉献、劳动最光荣的精神深入全国各地劳动人民的心中，以号召全国各行各业的人员投入国民经济的建设中。因此，《人民日报》在对工农行业劳模人物的报道中，通常将劳模人物的模范行为同爱国主义、国际形势结合，政治色彩较为浓重。比如晋绥分区农村妇女生产运动中的合作社劳模张秋林在被《人民日报》报道时，文章末尾提到：

"英雄张秋林将在今后的农村生产运动中加倍地发挥她浑厚的力量。她历尽艰辛创办的合作社虽只是一个雏型，但已为中国广大农村妇女合作的生产铺出光辉的道路！"

类似的报道内容还有很多，可以感受到《人民日报》对工农劳模的模范事迹进行的报道同时事政治，国家政策、方针及国际发展形势密切相关，具有很强的政治色彩。

2.多采用讲述性叙事方法

《人民日报》常常使用讲述性叙事方法来报道劳模人物的模范事迹。拖拉机手梁军是中华人民共和国成立以后的第一个女性拖拉机手，她在19岁的时候争取到学习开拖拉机、当一名拖拉机手的机会，之后又在实际的农业生产工作中认真负责、表现积极，还帮助其他人学会了开拖拉机，并成立了中华人民共和国成立以来第一个女子拖拉机队，她自己任队长。于是，《人民日报》编辑部对这位特殊的劳动模范进行了采访和报道，报道题目为《女拖拉机手梁军》，这篇文章就是采用讲述性的叙事手法写作的。记者按照时间性讲述了梁军成为模范人物的事迹，当中不时穿插记者对这位勇敢的女拖拉机手的评论，这是一篇典型的采用讲述性叙事方法的劳模人物报道。中华人民共和国成立初期的劳模报道虽然文字简单、实在，但在人物通讯的写作中大量使用了讲述性的叙事方法，在对劳模人物的模范事迹进行讲述时随时插入编辑部的评论或看法，使广大读者对模范人物及劳模精神有了更清晰的认识和理解，符合当时劳模报道的初衷。

3.文风较为朴实

1942年，《解放日报》发表了标题为《报纸和新的文风》的社论，认为建立新的文风是报纸和相关的一切工作者应当倡导的事情，并且对健康的新闻文风做出界定：真实、实在。要求不仅报道的事实完全真实，而且在文字表达上朴实、客观，拒绝假话、空话，简洁明了，让群众喜闻乐见。综观中华人民共和国成立前后《人民日报》对劳模人物的相关报道，可以发现朴实的文风一直贯串于对劳模人物的报道当中。一篇报道只有300多字，却极其具体又简洁地描述了李顺达的五年发家计划，此处附上对其两年生产计划的描述：

> 四五年已盖成西房三间、中房两间，新修厨房一座，雇长工一个，增加驴一头，养母猪一口。四六年新修地一亩，增加羊十三只、驴一头，产小猪两窝，修理窑三孔，全家连长工共八口，每两人要缝新被子一条，两口要铺一条新毛毡，不吃糠，今年过年吃猪肉。

这样简洁、明了的表达对文化水平不高的劳动人民来说，亲切、直白，贴近生活，更容易对劳动人民的生产产生号召。

（二）对中华人民共和国成立初期《人民日报》劳模人物报道的反思

1.报道模式化掩盖了人物本身的生命力

在对1949年3月至1951年工农行业劳模报道进行检索、收集的时候，仔细阅读报道内容可以得知，在关于劳模人物的报道，尤其是劳模人物的名字出现在标题中的报道里，"努力＋成果＋号召"的报道模式非常普遍。在报道中，先提劳模人物有关方面的努力，然后叙述通过这种努力取得的成果，为家庭、为村民、为国家提供了什么样的好处，最后号召大家以此为榜样，努力搞好生产，因此称为"努力＋成果＋号召"的模式。这种劳模报道模式不仅限定了人们对事物复杂性的认知，也影响了报道的深度和力度。在中华人民共和国成立初期，编辑部的记者受限于时代，写出的报道文章也带有局限性。但是在当今社会，媒体对劳模人物进行报道时一定杜绝这类写作问题，如果报纸上对模范人物的报道全是此类模式化的文章，那么劳模人物的报道就会流于形式，造成像"会议报道"那样受众懒于问津、学界不断批评的局面。

2.劳模报道应当走向人性化

作为典型，劳动模范人物最鲜明的特点是在劳动生产中无私地付出，劳动者勤劳、敬业是其本质属性。《人民日报》在中华人民共和国成立初期对工农行业劳模人物进行的报道中把劳动者的本质属性完全展示出来，同时还增加了政治色彩。在当时工农业生产急需得到快速恢复的时代背景下，劳模报道承担了较多的"任务"。

比如，著名劳模赵桂兰因保护工厂财产而致残，"财产重要还是人重要"这个问题在当时引发了全国性的讨论。《人民日报》对这次讨论的进展做了全程报道，最终，赵桂兰舍己救厂的行为被认定为个人利益服从于国家利益的表现，她因此成为全国闻名的劳模，之后还作为劳模代表得到了毛主席的接见。不可否认的是，那时《人民日报》对工农行业劳模人物的报道是存在缺陷的，报道原稿中存在人物事迹报道模式化、语言政治色彩浓重、过分抬高体力劳动而忽视脑力劳动等问题。这与当时的历史环境有密切的关系。在高度政治化的时代背景下，媒体是国家宣传政策、方针的重要工具，在动员人民群众的过程中扮演着重要的角色。劳模是时代的产物，因此对劳模群体的报道也必然带有中华人民共和国成立初期的时代色彩，存在一定的报道缺陷也是必然的。

在当今社会，更需要把劳模身上丰富的人性归还给劳模，使劳模报道回归新闻本身。劳模报道需要反映劳模人物热爱劳动、爱岗敬业、无私奉献的可贵精神，但每个劳模既具有这些劳模人物的共性，又具有作为劳模个体的个性，从多角度对劳模人物进行报道，才能使劳模形象深入人心，使劳模精神真正传播开来。

三、中华人民共和国成立初期《人民日报》工农行业劳模报道的价值及影响

（一）树立了全新的社会主义劳动价值观

中华人民共和国成立初期，各行业的劳动者对劳动价值的认识是模糊的、存在偏差的。而且当时广大劳动群众的文化水平有限，不能很好地领会国家提出的经济建设方针和主流价值观，而树立一个个承载着国家主流价值观，又真实可见的劳动模范人物，可以使各行业的劳动者清楚地了解生产、建设的方向。在1949年3月至1951年12月这段时间，《人民日报》将发现和报道工农领域劳动模范作为日常的工作任务，取得了明显的成效：共报道劳模人物567人，其中男性劳模484人、女性劳模83人；农业领域劳模85人；工业领域劳模393人。其中得到重复报道的劳模人物有39人，平均每月报道劳模17人，比如《各地农民发挥伟大爱国主义精神，缴粮迅速，质好量多》《东北工业、农业劳动模范带领群众积极生产，并在各种抗美援朝志愿活动中发挥带头作用》等报道篇目。通过阅读这些篇目，我们可以了解到，中华人民共和国成立初期《人民日报》对工农行业劳模人物的报道使得他们代表的劳动价值观得到了广泛的宣传和认可，纠

正了这一时期各行业劳动者对劳动行为的偏见，树立了正确的社会主义劳动价值观。

（二）增强了各行业劳动者对新政权的认同感

《人民日报》对工农行业劳模的报道表现了对相关工作人员劳动成果的高度肯定，这种肯定必然带来劳动者对国家的认同感。东北公营企业工人在新年到来之际给毛主席写信汇报生产情况，提到"全市六十多个公营工厂一般都提前完成了全年任务。毛主席您看到这个消息，可能也会高兴。但我们觉得我们的努力还不够，成绩还不太大。我们愿意就这个机会向您表达我们的决心，坚决在一九五〇年以更大的努力创造更多的新纪录"。通过报道，劳动人民的生活有了变化和很大的改善可以被直观地感受到，因此他们对社会的发展方向和党的领导有着深刻的认同感，在中华人民共和国成立后国家认同感的树立过程中，关于工农行业劳模人物的宣传和报道发挥了重要的作用。

（三）对快速恢复国家经济建设起到推动作用

中华人民共和国刚刚成立时，面临着错综复杂的内外形势，国内的广大人民群众还未真正投入各行业的生产中去，经济生产方面存在很多无秩序的行为。作为新生的国家政权，需要各项制度进一步完善、社会资源整合调配，并动员广大人民群众加入恢复国民经济建设的洪流，以报道和宣传工农行业劳动模范的方式使"劳动最光荣"的价值观深入人心，各个行业的工作人员以极大的热情投入实际的生产、工作中去，竞相学习，参与生产竞赛运动。同时，各地先进的生产技术和积累的生产经验得到广泛的推广，全国各地在生产方面互相学习，共同提高生产效率和生产总量，使中华人民共和国成立初期的经济生产迅速得到恢复和发展，各行各业都有了优异的生产成果。

（四）媒体在塑造社会观念过程中具有重大作用

关于大众传媒的社会功能，不同学者从不同角度做出了论述。施拉姆提出的功能说则是从政治、经济、一般社会功能方面对大众传媒进行的阐述，也更加符合当今社会对传媒职能的要求和理解。通过树立典型人物来影响民众的价值观就是媒体发挥协调功能和提供社会规范的体现。中华人民共和国成立之初，劳动光荣、任劳任怨、爱岗敬业的劳模精神成为一种新制定的社会规范，需要被推广。《人民日报》通过对各行业的模范人物进行报道，将劳模人物身上凝结的奉献精神传递给广大劳动群众，在成功引领了社会价值观的同时，对劳动态度不端正的行为进行了规范，为快速恢复国民经济奠定了良好的基础。当今社会，随着媒体的多元化发展，获取利益渐渐成为媒体发展的主要目的。然而在传递新的社会规范、提供社会信息、制定并推广经济政策方面，媒体仍有着重要的责任。应当注重媒体在传递社会规范方面的重要作用，传播积极向上的社会观念，建立媒体宣传的良性制度，以健康的思想引领社会的发展。

四、结语

从社会效果上讲，中华人民共和国成立初期《人民日报》对劳模人物的报道是成功的，而且是不可复制的。首先，通过树立这一时期的模范人物，成功推广了全新的劳动价值观，并且约束了不端正的行为；其次，国家对劳动行为的高度认可使广大人民群众获得了尊严，感受到了自身的价值，因此自觉将个人同国家经济发展结合起来，从思想上建立了对新政权的归属感，增强了对新政权的认可，同时也为恢复发展国民经济建立了扎实的基础；最后，中华人民共和国成立初期作为劳模报道发展、壮大的时期，对工农行业劳模人物的报道体现着我国对劳模人物报道的初始探索，对往后开展更大范围的模范人物树立活动提供了借鉴。

参考文献

[1]范宝俊，朱建华.中华英烈大辞典[M].哈尔滨：黑龙江人民出版社，1993.

[2]李永安.中国职工劳模大辞典[M].北京：北京工人出版社，1995.

[3][德]马克思，[德]恩格斯，中共中央马克思恩格斯列宁斯大林著作编译局.马克思恩格斯选集（第2卷）[M].北京：人民出版社，1995.

[4]中共中央马克思恩格斯列宁斯大林著作编译局.列宁选集（第4卷）[M].北京：人民出版社，1995.

[5]毛泽东.毛泽东选集（第1卷）[M].北京：人民出版社，1991.

[6][美]E.M.罗杰斯.传播学史——一种传记式的方法[M].殷晓蓉，译.上海：上海译文出版社，2005.

[7]陈建宇，化冰.中国人民解放军英模大辞典[M].成都：四川文艺出版社，1991.

第五部分 媒介与多元文化生产实践

第一章 Keep App使用者行为实践研究

2014年10月20日，国务院发布《关于加快发展体育产业促进体育消费的若干意见》文件，指出发展体育产业是提高我国人民身体素质和健康水平的必然因素，有利于扩大就业、解决内需、发展新经济点、解决人民群众多样化体育需求、改善民生。2015年7月4日，国务院发布《关于积极推进"互联网+"行动的指导意见》文件，强调互联网与各行业的融合发展，增强创新能力，促进行业经济快速发展。2016年6月15日，国务院政府下发《全民健身计划（2016—2020年）》文件，明确表明全民健身是国家综合实力增强和社会进步的重要标志，是国家重要的发展战略。

Keep作为一款全网下载使用率最高的健身App，致力于为广大用户提供健身指导，帮助更多的人改善生活方式。目前国家政策为健身类App的发展提供支持，健身App颠覆了传统的运动方式和运动体验。

从理论意义上讲，目前关注"运动媒介化"的研究基本围绕制度化的体育机构展开，忽视了非制度化的体育运动，尤其是人们日常生活中的运动实践。另外，在关于日常运动实践和媒介的大量讨论中，直接指涉"媒介可供性"概念的研究又付之阙如，这就为探讨日常运动实践的媒介化留下了空间。

一、可供性定义及阐述

美国生态心理学家詹姆斯·吉布森（James J. Gibson）认为可供性指动物与环境的协调性，是由动物的主观感知和环境的客观属性共同构成的，它不属于动物和环境。可供性理论的核心是动物与环境的关系。这一概念提出之后，可供性在设计学、社会学、传播学等多个领域都得到了进一步发展。

基于动物与环境的相互关系的可供性概念，发展到媒介，对应的则是"使用者 — 媒介"。

（一）移动可供性与时间、空间

移动可供性通过可携带（便于携带，适合不同场景）、可获取（实现随时、随地获取信息）、可定位（位置特性下的实时监控）、可兼容（容纳图片、文字、视频多种信息元素）等可供力，将媒介技术、使用者与二者根植的时空建立相应的联系，表现为"使用者 — 健身App — 时空"。移动可供性如何通过四种可供力重组用户在使用健身App时的时空秩序，从而实现时空自由，甚至改变时空中人与媒介技术的关系是本模块重点探讨的问题，从移动可供性角度对位置媒介进行研究，能够增加对空间、地理、地方、位置等概念的理解层次和深度。

（二）生产可供性与身体实践

生产可供性通过信息的可编辑（用户自己生产、编辑、制作内容）、可审阅、可复制、可伸缩、可关联等可供力，将媒介技术、使用者与所依托的运动中的身体建立联系，能够实时记录、呈现、分析用户的身体运动数据，表现为"使用者 — 健身App — 身体"。生产可供性通过以上五种可供力改变人们运动时对身体的感知，进而影响身体实践活动，数字媒介构成了感觉和符号系统之间的桥梁，经由数字设备产生的数据成为感知铭刻的重要途径。而在个人情感、意义等数据无法触及的方面，自我书写促成了"感知 — 铭刻"的最后一公里。

（三）社交可供性与交往实践

社交可供性通过可致意、可传情（用户可以通过各种方式表达情感）、可协调（用户能通过各种类型的平台协调社交关系）及可连接（建立社会网络连接）将人与自己的互动置于群体环境中，将媒介技术、使用者与用户交往的人群建立联系，表现为"使用者 — 健身App — 他人"。社交可供性通过以上四种可供力塑造并维持位置媒介的运动交往关系，并创造出新型社会交往关系。随着新型社交媒体的出现，研究者也将研究方向转移到了人与人的社交性上。当前对位置媒介与社会交往的研究侧重于个体与个体的交往，群体与群体的交往处于被忽略的状态。但在目前，随着位置技术逐渐向日常休闲活动渗透，健身类App逐渐出现在虚拟社区融合地缘和趣缘社交关系中，同城跑团、线上马拉松等活动进入大众视野。位置媒介融合地缘与趣缘创造出的新型社会交往关系具有研究意义和必要性。

二、作为Keep媒介可供性理论下媒介属性分析

（一）移动可供性：时空重塑

移动可供性重新塑造了时空的秩序和形态，运用五种可供力实现了时间的线性化和节奏化，将被搅乱的时间重新排列、组合；同时，通过将实体空间与虚拟空间混合的方式实现了空间的流动化和可见化。可定位、可获取、可兼容的Keep App在时间上满足了使用者对课程内容的进阶式需要，将碎片时间合理利用。在空间上满足了用户对随时性、轨迹定位等可移动式的需求，将实体空间与公共空间加以混合，并倾向于虚拟空间，在时间上和空间上给予用户更多的选择。移动可供性最终实现了媒介的时空转换，重组了使用者整个日常生活的时间安排。

Keep App设置了一系列"创生性"进阶课程，实现了时间的线性化。可携带、可获取、可定位、可兼容等可供力基于本身的特征，通过节奏化、有序化、制定运动时间表等方式，将被碎片化利用的时间重新排列、组合，实现了时间的节奏化和线性化。

福柯研究规训分析时，以学校为例对创生性概念做出了分析，他将学生的每个学习阶段做出划分，并通过等级考核的方式对每个阶段做出区分，最后在每个阶段中制定适合每个阶段的或简或繁的教学大纲，根据学生的学习情况做出评定。Keep 的教学课程规划中同样存在对每个阶段课程动作的编码和星级划分，即同样存在"创生性"的课程安排。举例来说，从 1 星相对基础的手臂、臀部和背部拉伸动作，到 2 星动作"左右侧小哑铃单腿硬拉"，再到 3 星动作"俯身小哑铃反握划船"，再到"小哑铃锤式复合推举"，这种循序渐进的教学内容正符合福柯所谓"创生的筹划"。连续活动的"序列化"使得权力有可能控制时间，并最终得到一种被连续整合的线性时间，这是一种定向的、累积的社会时间。值得注意的是，Keep App 在指导使用者如何运动期间还指出用户应当如何正确休息，合理分配健身和放松的时间，帮助他们避免过度健身造成的身体部位损伤，实现有效健身。此外，合理利用碎片化时间也成为 Keep 发展成功的一大亮点，类似"5 分钟跑后拉伸训练""2 分钟甩掉拜拜肉"的课程设置使用户将闲暇时间都利用起来，完成了线性时间的调度。而那些所谓的"休息时间"也作为课程内容的补充性角色而存在。列斐伏尔晚年从节奏的角度出发，对日常生活进行批判性反思。在列斐伏尔看来，节奏化就是异化，节奏化的日常生活就是异化的生活，而身体是节奏控制的主要承担者。事实上，正如家电、汽车、机器等需要定期维护，身体也需要适当的休息，以保持节奏化。积蓄体力是为了实现健身效果最大化，Keep App 移动可供性的可供力特性在满足使用者线性健身的同时，也实现了用户健身效果的最大化。

移动可供性使 Keep App 实现了空间位置和运动轨迹的移动化，当"移动"的状态在互联网上留下痕迹，那么在空间中得以记录时间的"数字地图"就使运动的媒介转化为一种"记忆媒介"。"数字地图"改变了地图与现实空间的对应，变成了时间在空间中的向导和记忆轨迹。位置媒介实际上就是一种空间记忆媒介。

从空间方面来看，一方面，用户在使用 keep App 之前，会选择在实体空间的健身房满足运动需求，自身与运动相关的意识及可以接触到的与运动有关的范围很狭窄。但在接触了 Keep App 之后，进入 Keep 社区并与微信捆绑，与微信好友形成用户关联，就能够看到好友的运动动态，对运动行为起到促进作用，一定程度上在 Keep 虚拟空间中增强了自己对运动的空间感知力。另一方面，用户会对有共同爱好的群体加上友好滤镜，久而久之可能改变先前对一些群体的看法。而这两个方面也影响了人们日常生活中的行为方式和交友方式，实现了实体空间与虚拟空间的混合，重塑了空间形态。

综上所述，运动轨迹的移动化通过空间将使用者最初的运动时间保存下来，以保存并传播记忆的方式让使用者不断回溯运动地图和行动轨迹，在虚拟空间中分享、传播。空间位置的流动还将健身爱好者的运动地点从健身房迁移到家中、街角等，使得规训的空间不断延伸，从封闭的空间转化为被多数人观看的透明空间。同时，移动可供性推动 Keep App 实现线性运动时间，形成流动空间，重新塑造了时空形态。值得注意的是，Keep App 在让时间线性化、扩大了运动空间的同时，也强化了相隔很远的人们的认同感，拉近了彼此的距离。

（二）生产可供性："感知 — 铭刻"身体

在媒介技术参与到人们的日常运动实践中之前，人们在身体运动的过程中直接感知身体的变化。随着媒介技术的参与，可实时记录使用者的身体运动状态的健身类 App 将健身运动转化为"身体 — 文本 — 身体"的运动模式。在这个过程中，运动体现的不再是简单的身体感知，而是媒介技术的客观数据与自己的主观书写共同塑造数字时代的"感知 — 铭刻"身体。

"身体 — 文本 — 身体"的转变让每个普通人都参与到健身活动中。由于疫情防控期间人们不得不居家，一股新的全民健身热潮随之兴起，人们对身体塑形也有了更进一步的认知。身体作为一种表达空间，传媒的发展对理想的身体的塑造和强调加剧了身体焦虑，对身材塑形的具体感知在"胖"和"瘦"这两个群体当中体现得较为明显。

瘦弱焦虑：生命不能承受之轻。身形太过瘦弱的用户群体利用自己在信息生产过程中的能动作用，在自己生产、编辑、制作的身体数据内容中不断地感知自己的身体变化，根据生成的数据情况针对性地开始新的行为实践活动。天生体形瘦弱的人存在很多只有像他们这样太瘦的人才懂得的烦恼。有的"瘦"是身体基础代谢太过旺盛导致的，有的"瘦"是由于家族遗传或者生理疾病引发的。这类人群在运动过程中达到期望目标值的过程与普通群体相比会更加漫长。在数据内容中感知自己身体变化过程缓慢，会让他们产生更强的焦虑感。过度消瘦的群体在与人相处、自身生活、谈恋爱等方面都形成了障碍。随着时间的推移，Keep App 的生产可供性对于过度消瘦群体自身会形成一种焦虑情绪。进入数字时代，Keep App 可以实现用户自己生产、编辑、制作内容，能够融合不同平台产生传播效力，将用户使用过程中关于健身、塑形的状况、效果和意见汇聚在 Keep 社区，形成了想法相互交融的渠道和平台，但"感知 — 铭刻"的过程会在一定程度上导致过度消瘦的人群产生焦虑情绪。

肥胖焦虑：低头不见脚面。一直以来，"胖"与"瘦"都是相对而言的。尽管两者构成了完全相反的对立面，但相比之下，太胖的人在人群中会遭受更多的冷眼。在现代社会，人们总会将"胖"与慵懒、沉闷、馋、没有自制力联系在一起。随着健身类 App 的兴起，越来越多的过度肥胖的人为了避开健身房里其他人的目光而走上居家健身的道路。胖人健身减肥的过程与瘦人不同，均以减脂、减重为基本诉求。这一点可在餐饮和健身课程项目中进行区别，他们以低脂食物进行饮食搭配，在 Keep App 中参与训练项目时侧重于有氧课程，跑步居多。Keep App 的生产可供性通过可编辑、可审阅、可复制、可伸缩、可关联的 Keep 内容，会在用户每次跑步之后提供跑步里程、卡路里消耗情况，每公里用时情况及步数分布统计图表，对运动者进行运动数据分析，在满足了减肥人群实时关注身体脂肪变化的需求的同时，也在一定程度上防止想瘦身，体重却一直没有变化的人产生焦虑情绪。

不可否认的是，对胖人或者瘦人这两个群体而言，他们希望通过 Keep App 这一媒介来实现减脂或者增肌的目的，但也难以摆脱作为行动者主体具有的自我意识，陷入焦虑情绪。

Keep App 用户在 Keep 社区分享自己的健身成果，借自己的身体图像传达健身期间的情感和记忆。长时间通过不同用户分享的身体数据欣赏各类肌肉，使得参与健身的群体对外貌审美标准的感知也发生了变化，进而影响到后续自身的运动行为。Keep App 的生产可供性赋予了使用者编辑、生产健身信息的权利。Keep App 与其他 App 关联，在微信朋友圈日更腹肌练习状态或许是出于跟风，或许是出于自身的健康需求，总之，线上健身用户越来越多。另外，随着经济的快速发展，"微"时代到来，Keep App 的生产可供性在使用户的生活方式产生变化的同时，也使用户产生了精神获得感，进一步强化了软件的使用，影响了他们的健身行为。

（三）社交可供性：融合式交往关系

运动健身一直与社会交往息息相关。随着媒介技术的嵌入，人与人的交往呈现出融合多个平台、融合线上和线下、融合地缘和趣缘、融合小群体和大群体的状态，形成了一种新型的交往关系。由此，在运动的媒介化进程中，融合式交往关系成为不可或缺的一部分。

健身 App 的出现使更多的人实现了健身自由，自由得到最大化满足的健身者往往自主性更强，他们在投入巨大的热忱的同时，专注度也会随之增长。Keep App 的社交可供性形塑着人类的交往活动，通过可致意、可传情、可协调、可连接四项可供力，个体行为与传播空间呈现出互相建构的关系。运动化媒介的广泛使用带来了个体交往行为的改变，使得个体处于一种既"缺席"，又"在场"的情景模式下，融合线上和线下、地缘和趣缘。同时，个体又穿梭在既"主动"，又"被动"的交往方式中，融合不同群体的交往，构建新型交往关系。

互联网络及移动终端的发展使人们更加方便地穿梭在"现实"和"虚拟"的空间中，现实与虚拟的相互作用产生了"物理性缺席"和"符号化在场"的概念。"在场"指与特定的时空存在联系，个体行为是在特定的地域和时空中进行的；而"缺席"指的是个体行为过程的时空分离性，且这一现象随媒介形态的变化而演进。两者表达了个体在相同时间、不同空间中的交往渐变，形成了新的融合式交往关系。

Keep App 也有其社交化的一面。在不同的社交媒体平台上，人们总能看到各式跑步达人"秀图""晒跑步"。媒介的社交可供性满足了用户融合多平台网络互联传达情感，融合线上、线下协调社交关系等需求。在平台上分享自己的运动结果对跑步者具有较大的影响，向好友秀出自己可以激励其他人做出类似行为。将跑步数据发到朋友圈，朋友看到会鼓励，从而起到监督作用；如果哪天没跑，可能还会遭到朋友们的挖苦。

三、可供性造成健身软件使用者的身体数据化和身体规训的产生

随着 Keep App 的出现，人们利用数字技术随时监控自己的身体状况，分析、管理并调整身体。借助可穿戴设备，人们实现了通过数字了解自我和身体，体现了"身体数据化"。Keep App 还通过行使制度化、规范化的"身体管理"创造出了新的、顺从的、训练有素的身体，表现出"身体规训"。

（一）身体数据化与身体管理

随着 Keep App 的发展，跑步者能够了解自己运动时、运动后的心率及身体详细变化的数据，以便对每一次运动进行详细分析。运动者不通过身体来认识身体，而通过一系列的客观数据指标来认识身体，以配速、心率、步频等判断自己的身体状况。大部分运动者都特别关注运动配速、步频、心率变化等相关数据，这些运动数据从侧面反映出跑者的实力，有时也成为运动者认识、沟通、联系的信号，用以管理身体，使身体出现"数据化""量化"的倾向，再根据身体的变化制定个性化、针对性的运动计划，Keep App 的出现为运动者提供了展示身体的资本，便于更好地实现自我。

身体数据化的另一个重要意义在于对身体资本的量化。由于数据具有精确性，人们将自己每次跑步的数据整合为可以积累和计算的数据"资产"，针对性地调整之后的运动方向。Keep App 产生的数据使运动群体对

自己的身体运动情况了解得更加深入，便于今后规律性地认识、针对性地改善运动情况，进一步提高身体运动能力，掌控自己的身体。用户群体不断地从 Keep App 上获取运动信息，随着知识的积累，"业余的运动者"逐渐变得"专业"，逐渐养成根据 App 生成的数据认识并了解自己的身体状况的习惯，有效地进行个人身体管理。使用者在使用 Keep App 进行健身的过程中，也可体验到它的赋权、赋能功能。Keep App 也为使用者提供了再造生活和再造自我的机会，使用户享受健身的过程体现出更多能动的、主体性和解放性意义。随着现代化健身 App 的普及，诸多未必有能力花钱请教练的运动爱好者将 Keep App 作为健身的辅助工具，这正好满足了用户通过设备感知自身身体状况的愿望，一系列的智能化数据为运动者提供了专业的运动帮助。Keep App 以身体的各项数字化指标为基础，准确、客观地反映身体的变化，进而改变了使用者认识、管理身体的方式。身体数据帮助普通个体制定科学、完备的训练计划。使用者在自我管理的过程中将现在与过去的自己进行比较，成为自我管理的主体，在保持身体健康的同时实现了对自己的身体的掌控，提高运动自主性，这在一定程度上体现了自我在身体运动方面的解放和赋权。

（二）束缚、隐私与外在"凝视"

运动者使用健身 App 量化自己的运动行为，同时也将 App 赋予的多重监督纳入自己的运动过程中，在加强个人运动行为能动性的同时，也产生了诸多限制，形成了无形的束缚。例如，Keep App 的主动提醒和建议对运动者的运动计划起到了督促作用，但是，在运动者由于种种客观原因无法坚持完成的情况下，App 的督促也给他们带来了诸多压力。Keep App 一方面让使用者拥有掌控权，另一方面也对用户造成了无形的束缚和压迫。于是，一些用户开始抵制 App 量化数据对运动的限制，尤其是中老年群体，他们运动更多是为了健康、身心愉悦，会依据个人身体的实际情况进行针对性的锻炼，App 的数据标准对他们来说作用较弱。有些青年受访者更愿意相信自己对身体的感知，所以会选择拒绝 Keep App 为他们带来的"负担"。

Keep App 在使用者知晓或者不知晓的情况下不断地将用户的运动记录自动上传到软件服务平台。私人运动数据可以用来追踪使用者的运动范围、日常活动，极有可能泄露用户个人隐私。尽管大多数人表示对隐私泄露不会在意，没有对此做过多考虑；但是随着使用App的时间越来越长，部分使用者开始关注个人隐私问题，也对个人分享数据采取更加谨慎的态度，减少或者停止分享行为。当用户规模特别庞大的时候，App产生的海量数据可以反映出用户日常的使用习惯、行动轨迹、运动方式、关注点、爱好点等，这些数据潜藏着巨大的商业价值。例如，保险公司在对重大疾病进行投保时，往往通过对比个人运动数据精准筛选投保人。另外，某些保险公司采用免费增加保费额度的奖励机制促使用户下载并使用带有运动数据记录功能的App，并采集相关数据。设备商通过采集用户反馈的使用数据研发医疗健康电子产品，这种依靠采集用户数据谋取利润的方式被称为"新型数据资本主义"。

运动数据的社交分享使跑步者通过引入外在"凝视"来进一步督促自己的行为。在微信群、朋友圈、微博等各类社交平台分享运动数据会给运动者带来一定程度上的督促、竞争和压迫感。很多受访者表示喜欢这种竞争和压迫感，能够激发自己的运动行为，甚至使自己以此为乐。"自我监督"还可以通过引入"外部监督"的方式来加强，如将数据上传到半公开或公开的平台上，以获得其他人的反馈。社交媒体的展示和分享也加强了一些社会主流的审美观和价值观（如对令人渴望的身体形象的追寻）。社交平台的"晒"行为及他人的点赞让积极进取和自我负责等观念更深地融入人们的头脑中。数据的呈现也不再客观，而是包括主观成分，它定义了什么是完美的身体，什么是健康或不健康的生活方式，什么是正常的或需要改进的运动，等等。

四、可供性视角下 Keep App 用户实践活动的批判与反思

（一）失衡与再平衡

青年群体正值人生奋斗的主要阶段，他们面临快速发展的社会信息环境、繁重的工作压力和学业压力、快节奏的城市生活及窄小的向上流动空间。自身承担的压力越来越大加重了青年群体的焦虑状况。在互联网时代成长起来的青年群体在承担着更多的学业焦虑、就业焦虑等的同时，也拥有更多的娱乐选择，打游戏、看电视剧成为更多青年群体的兴趣和爱好。在压力和娱乐的双重影响下，越来越多的青年无法规律作息，无法健康饮食，也缺少运动，生活处于失衡、失控的状态。Keep App 成为他们调控学习和工作的工具。为了让自己的身体和精神达到好的状态，大多数青年希望自己混乱的饮食和作息、没有规律的生活被加以更好的管理，重新回到健康的生活状态。然而，App 商城首页定期推出家庭器械、运动手环、运动装备、健康食品、服饰、体重秤、健身设备、"线上私教"，等等，持续刺激使用者的消费需求，让用户购买 Keep App 的服务和产品。Keep App 在刺激使用者的欲望的同时，也会让用户陷入新的焦虑。Keep App 推广的信息无时无刻不在向使用者输出瘦即是美，购买服务和产品，挥汗如雨、夜以继日地训练，佩戴 Keep 手环，秀"马甲线"和肌肉等观念，Keep App 针对使用者，对一些关于身体健康、身形管理、美的定义展开了商业化重塑。

对减脂、减重有极大诉求的使用者往往过度关注个人每日运动数据的变化情况，会因数据的轻微波动产生焦虑，引发情绪波动，进而暴饮暴食、阶段性厌食，非但没有达到健康标准，反而给身体带来了更多的负担。App 精确的管理压抑了人的自然需求，某些时候甚至加速了人的失控。

（二）数据与个体的"断联"

Keep App 数字检测的量化内容无法呈现使用者处于运动状态下的各种心理状态。量化的数据还原了运动时的行为方式，但有时数据也会不精

准，造成数据的无用。

Keep App 作为一种被广泛使用的健身类软件，起着身体"教引"的作用。App 通过一系列标准化的、精确的、科学的方式指导使用者的日常行为实践，但是这种普适性的"教引"并不一定适合生活在具体场景中的个体。对没有任何健身知识的使用者来说，他们并不知道这些数据意味着什么、代表着什么、对后续运动有什么帮助。使用者对 App 标准健身模式、饮食方式能否方便日常使用，是否适合有差异的个体存在疑问。尽管 App 努力制定全方位的饮食方案，但是所提供的方案和服务并不能满足使用者的差异化需求，甚至会弱化使用者的消费积极性，进而使他们寻求线下针对性指导方案，因而 App 的使用也变得更加不稳定。

（三）行为反规训

Keep App 作为一款位置媒介，使很多参加 App 运动赛事的使用者运用种种反规训方式进行运动作弊。这些反规训战术都是利用 Keep App 的媒介特性完成的，比如使用者为了方便打卡，有时候懒得跑，就会骑在自行车上用手机刷公里数。尽管 Keep App 设置了阶段跑步速度来限制作弊行为，但是用户依然可以更改运动方式，如以骑自行车代替跑步等。在这一过程中，用户的身体是在场的，但是身体并非跑步的身体，而是在自行车上的身体。也有一些 Keep App 使用者没有利用自行车等技术设备，他们完全遵守 Keep App 运动的固定流程，但会偷偷地让别人拿着自己的手机跑步，制造出空间中身体的不在场。

Keep App 用户在生产数据的过程中受数据追踪、指标量化等方面的数据规训，在 App 限制的范围内分享运动成果，制作运动数据内容。而没有参与 Keep App 运动实践的用户通过使用者的数据分享间接"凝视"使用者在特定的时间、空间及运动内容中的运动实践行为。但是"凝视"并非全面、客观，而是具有一定的局限性。用户利用这样的数据漏洞，通过一系列方式生产、制造出局，进行 App 反规训，将身体"藏"起来，实现多种方式的"不在场"。

五、结论

运动者并非通过身体来认识身体。用户群体不断地从 Keep App 上获取运动信息，随着知识的积累，"业余的运动者"逐渐变得"专业"，通过一系列客观数据指标来认识身体，以配速、心率、步频等来判断自己的身体状况，量化自己的身体。运动者使用健身 App 量化自己的运动行为实践，同时也把 App 赋予的多重监督权利纳入自己的运动过程中，在加强个人运动行为能动性的同时，也带来了诸多限制，形成无形束缚。使用者在分享运动数据的同时，引入外在"凝视"进一步规范、督促自身的运动实践行为。使用者有意识地将运动数据分享在全公开（Keep 社区、朋友圈、微博等）、半公开（微信群等）的网络平台上，以此获取激励，在被他人"凝视"的同时也以此作为自身运动记录的方式，可理解为使用者通过外部监督规范自身的行为，进一步加强自我监督。

Keep App 作为一款位置媒介，使很多参加 App 运动赛事的使用者运用种种反规训方式进行运动作弊。这些反规训战术都是利用 Keep App 的媒介特性完成的。用户通过一系列方式制造出局，进行 App 反规训，将身体"藏"起来，实现多种方式的"不在场"。健康生活应该是多样化的，身处不同情境中的人可以选择适合自己的健身方式。Keep App 使用者可以在 Keep 商城消费，也可以完全没有任何消费地进行健身锻炼。因此，健身不应该被过度商业化，被资本控制。

从媒介可供性理论视角分析，Keep App 具有使用价值及实践价值。一方面，使用者从理论层面了解 Keep App 对用户行为实践的影响，促使使用者利用媒介特性改变运动行为，提升运动效率；另一方面，Keep App 平台能够对软件本身做出改进，进一步满足用户的使用需求及使用体验感，促进平台良性发展。

参考文献

[1]涂炯.从自我监督到他人监督：跑步 App 使用者的数据追踪与身体实践[J].青年研究，2019（2）.

[2]李耘耕.从列斐伏尔到位置媒介的兴起：一种空间媒介观的理论谱系[J].国际新闻界，2019（11）.

[3]关巍，张晓娜.资本主义异化问题的节奏分析——读列斐伏尔《节奏分析：空间、时间和日常生活》[J].大连干部学刊，2016（4）.

[4]曲欣欣.社会化媒介环境下个体交往行为的时空审视[J].安徽理工大学学报（社会科学版），2018（2）.

[5]曾丽红，叶丹盈，李萍.社会化媒介赋权语境下女性"能动"的"可见性"——兼对B站美妆视频社区的"可供性"考察[J].新闻记者，2021（9）.

[6]宋庆宇，张树沁.身体的数据化：可穿戴设备与身体管理[J].中国青年研究，2019（12）.

[7]刘洋.群体焦虑的传播动因：媒介可供性视角下基于微信育儿群的研究[J].新闻界，2020（10）.

[8]张茜岚，王润极.运动类App的品牌利益对体育消费行为影响研究——以"咕咚运动+"为例[J].南京体育学院学报，2018（5）.

第二章　以犬为媒：人与动物关系的媒介互动

在"万物皆媒介"的认知下，一切物质或者技术都可以成为媒介，作为人与人交往的载体传递信息。但是如果没有交往，物质也无法成为媒介，研究人与人之间的传播活动或是媒介的功能作用，必须把这一种"媒介物"放置在交往实践中去考察。在马克思主义视域下，交往又分为物质交往和精神交往，因此需要在物质实践和精神实践中综合考察媒介的功能。媒介正是因为交往被赋予了生命力；也正是因为人的实践，媒介物在本身的物质属性上又兼具了交往属性。在现实社会中，人类的相处之道和传播之道不断变化，越来越多的物质形态成为互动的媒介。除了我们最容易认知的有形物品和媒介技术，宠物目前已经成为一种媒介，并且影响我们的生活。

犬作为与人关系最亲密的动物，在日常生活中随处可见。人们虽不曾指望依靠小狗获取更广的交友圈，也不曾以养宠这一行为作为维系人际关系的唯一途径，但在人宠互动中，宠物实实在在地承担了交往中的媒介作用。从宠物狗这一视角出发，可以探寻养宠动机及背后实际的社会互动走向，以及导致这种现象出现并越来越流行的根本原因。养宠是否只有扩大人际交往这一种作用？养宠之后会不会反而降低了人与人的互动频率？为什么越来越多的人愿意养狗？养宠对养宠主而言，除了陪伴，是否产生其他作用？人与人之间的有效传播占多大比例？人宠互动又为人带来何种正向作用？可以说在一定程度上，以犬为媒的发生和持续也反映了当下社会生活的问题。

一、犬的"媒介"历史衍变：从食狗到宠狗

马克思主义传播观反映了物质对传播的制约作用，开始基于"生产"的概念去思考人类传播活动。看不到物质，就容易走向唯心主义；看不到生产，就没有"产品"和"产业"的概念。正如随着生产力的发展，养犬也衍生出系列的小狗文化、小狗经济。物质性视角下，物质媒介不依附人而存在，同时也对当时的社会文化起着塑造作用。犬类的出现可以追溯至原始社会时期，当时人类周围的野生动物主要是狼，随着外界环境的不断变化，人们发现一部分狼有被驯服的迹象，因此一部分幼狼被专门驯化为犬类。后来，随着农业的发展，其他家畜开始被驯养，并替代了犬的功能，犬失去了它原来的实用性意义，被更为广泛地应用到看家护院、牧羊、斗牛上。古往今来，犬常伴在人类左右，从原始社会由狼到犬的物种进化到农耕文明时期犬类工具性的展露，再到近现代以狗为中心衍生出的经济和生产活动。当代社会，生产水平的进步也影响着狗在人类的生活中扮演的角色，狗的角色从看家护院等工具演变为人类的陪伴者，融入人们的交往。狗的媒介性得到增强，以犬为媒的传播行为得以活起来。

（一）原始时期：环境助推物种进化

14000多年前的原始人类身边有多种野生动物，经考古调查发现，原始人类将狼选为驯化的对象。对这个选择，学界有不同的观点。其中一种观点认为，旧石器时代，人和狼皆为食肉物种，因此面临竞争食物和领地的局面。原始人类驻扎范围的扩大使得狼群领地减少，食物开始缺乏。而人类居所附近会堆积食物残渣，这些残渣就成了狼群的目标，故而常有狼群出现在人类居住地附近。在这样的外在环境的驱使下，人们开始接触狼群。而后，人们发现狼在狩猎其他小动物方面有天然的优势，逐渐开始训练它们的追捕、围剿、狩猎、看守等能力。不仅如此，由于原始社会生产力水平极低，人们的生活状态和需求远远落后于农耕时期，原始人只需要满足自己的温饱、休息等需求，对食物的要求是果腹即可。根据马斯洛的需求层次，原始人只停留在最初级的生理需求上，他们只需找到维持自身

生存的最基本要求，没有物质生产、情感交往等高级需求。因此结合前文论述的狼与人被捆绑在相对一定的地理范围内的状况，狼也凭借自身的可狩猎性帮助人类满足了最基本的生存要求。二者的共存有着相同的原因，就是顺利、成功地活下去，满足各自基本的生存条件。然而随着时间的推移，部分狼不适应人类的居住环境，回归自然；也有一小部分狼继续与人共同生活，并根据打猎的情况获得相应的食物奖励。人们对这一部分狼进行驯养和繁衍，产生具有相似特征的家庭后代。这个群体逐渐扩大，并最终形成了新的物种，正式成为"犬"。

（二）古代时期：农耕促进犬的工具性

进入新石器时代，原始的农业产生，并慢慢发展成为社会生产活动的主要产业。人们通过改进农具、革新技术推动了社会生产力的发展，也基本形成了男耕女织的生活格局，农耕经济在此时也已基本形成。从经济基础决定上层建筑的角度来说，农耕经济和畜牧经济的起步和发展奠定了犬在人类生活中的变化发展：一方面，在畜牧经济的发展中，人们将一部分犬驯化为专门的牧羊犬；另一方面，随着人们对农耕经济的重视，一部分犬的看家护院功能得到开发。还可以通过部分诗画推测，宋代已经开始将犬作为宠物来饲养。以宋朝为例，有些人家喜爱饲养猎犬，如叶氏邻居，"家素畜数猎狗，甚狞恶"。猎户畜养猎犬的首要目的是打猎，故这些犬多数长相凶恶、狰狞，并无半分憨态可掬的萌宠姿态。还有关于猎犬的例子："累世以弋猎为业"，"畜猛犬十数，皆常日放猎所用"。此外，猎户还需要在打猎过程中保护猎犬，毕竟当时的医学手段不如现代发达，如果猎犬受伤，打猎势必受到很大影响。因此，一些诗作中常有猎户为保护猎犬而采取种种措施的相关描述，如"猎犬之良者最畏狐，盖狐善以秽气熏犬，目即瞽，故猎者凡见狐必收犬，盖恐为所损也"。

得益于农耕业及畜牧业的发展，人们对生产工具与耕作技术做出了改进和创新。唐宋时期，经济得到飞速发展，人们的生活状态也安逸了许多。宋代社会制度也较之前开放，社会分工更加细化，市场的地域和时间界限被打破，为商品经济的发展提供了便利条件。在《蚕桑叙》中，作者强调了自然经济中农民的种桑养蚕："古人种桑育蚕，莫不有法。不知其法，未有能得者，纵或得之，亦幸而已矣。盖法可以为常，而幸不可以为常也。"家庭手工业成为农业的有力辅助者。宋代的产业已经不再如原始社会，以打猎为主，他们从自给自足的小农经济逐步迈入商品经济。在物质条件的助推下，人们的生活习惯也发生了改变。通过诗画推测，在宋代，犬的打猎、看护等实用功能得到了有效利用，人们也随之开发出了犬的可供娱乐性。

（三）现代时期：经济塑造媒介偏向

媒介环境学认为，不同的媒介因特质不同，都会导致出现不同的偏向。英尼斯提出，任何媒介都具有时间偏向或空间偏向，由于每个媒介的固有属性不同，它对社会发展起着偏向性的作用。进入工业化社会，随着生产力水平的不断进步，经济状况愈加良好，人们积极投身于经济建设，由此社会上空巢老人、空巢青年比例持续增加。随着社会发展水平的提升，犬的打猎、牧羊等实用功能逐渐失去用武之地，部分犬类被选择训练成为导盲犬、军犬、警犬；在唐宋时期被开发出来的娱乐性更是在现当代社会得以延续，并衍生出相关的犬经济、犬文化。可以说，犬的陪伴性和可供娱乐性的产生是因为犬已经成为可被买卖的宠物，宠物消费屡见不鲜，这也正强化了犬作为媒介的经济偏向。

中国的狗粮经济的产生晚于国外。随着改革开放的深化，国民对精神生活有了更高层次的追求，犬类在人们的生活中的娱乐属性越来越明显地体现出来，"宠物"的概念于是在中国悄然兴起，这促进了宠物食品狗粮及相关行业的起步。进入21世纪，国际化进程的加快使得国人愈发注重狗粮，认为宠物狗进食狗粮也是饲养宠物的一个标识性环节，国民对狗粮的需求迅速增加。近几年来，得益于国货、国潮的崛起，以及国货科技研发等的逐渐完善，中国宠物食品市场的外国品牌独大的市场生态正在悄然发生改变：《2022年中国宠物食品消费报告》显示，在主粮品牌使用方面，犬主粮使用率排在前十位的品牌中，中国有4个，国外有6个。国人对狗粮的物质需求反向促进了国产狗粮的进步，在与国外品牌的良性竞争中，国产品牌崛起，逐步跟上了国外品牌的脚步。

狗粮制作技术也在稳步提升，并得到大面积的推广，冻干粮已然成为最受欢迎的新购品类。据报告，在2022年，44.6%的犬主人首次购买冻干粮，占比明显高于选其他品类的人。单从狗粮的诞生和进步上足以看出人们对小狗的重视。受宠物食品消费的影响，其他相关产业，例如宠物服饰、宠物医疗、智能化宠物用品等都被牵动发展，包括以动物为主题的线下咖啡店等娱乐性场所也逐步兴起，得到许多爱狗人士及养狗人士的喜爱，成为当代年轻人偏爱的交友场所。犬的可消费性带动宠物行业相关产业链的发展和改良。在《传播的偏向》中，英尼斯指出："一种新媒介的长处，将促使一种新文明的产生。"尽管宠物狗并不是当代社会的主导媒介，但它以平淡却不可阻拦之势嵌入生活的方方面面，对人们的消费有着潜移默化的影响，使宠物经济占据市场的一席之地。

二、犬，何以为媒

（一）新型交往方式的诞生

1998年，世界上第一家猫主题咖啡馆"猫花园"在台北诞生。遗憾的是，这一新潮的概念在当时并没有获得太多的关注。直至2004年，日本的第一家猫咖"猫的时间"在大阪开业。或许是源于日本猫文化的举世闻名，抑或是现代都市人孤独感和压力感的迅速倍增，一时间，猫咖啡馆以燎原之势风靡日本，并在全球流行起来。但综观各城市不难发现，狗咖的数量远远少于猫咖，尽管宠物猫和宠物狗已然成为当代最受欢迎的家庭宠物。那么宠物狗本身的特质是否影响以狗为主题的交往空间的建设和流行？人类驯养犬最初主要用于狩猎、护卫和运输；随着社会不断向前发展，人们又开始训练导盲犬、搜救犬，以应对各种群体或工作需要。而这些"工作犬"也都在努力完成着自己的"事业"。对以狗为主题的咖啡馆、花店等娱乐性质的场所来说，小狗扮演了一种"服务"角色，正如猫咖店的猫咪一样，它们也需要用肢体讨顾客开心，用其萌宠形态、动作博得顾客的喜爱，以此吸引客源、维持客源。而之所以选择小狗作为讨人欢心的宠物，也是因为小狗可被驯化的特质。

但犬类一旦被购买或者收留，就介入人们的生活中，它们的饮食、作息、活动都要时刻与养宠主保持同步。养宠主看似没有对它们的饮食时间、食量做出规定和限制，但在实施"喂养"行动之时，他们对狗的改变和驯化就已经产生了，更不用说用犬类构建一个可供人们娱乐、消费的场所，那样它们的自由势必被剥夺更多，不仅仅表现为对饮食、作息的调整，它们还需要学会表演、表现，学习"讨好"技巧。

长期的训练让犬类学会了"舔狗"式的行为表达，并逐渐融入这样的环境，甚至在这样的规训中乐此不疲。这些店内的狗越是听话，顾客越会给予它们更多的物质奖励或精神奖励；而店主也会在小狗当中评选"优秀员工"，给予小狗狗粮、罐头等食物奖品。对于部分难以驯化的小狗，店主会考虑到它们有可能给顾客带去危险，故而它们也就被排除在狗咖等以狗为主题的娱乐场所之外。

（二）宠主精神的向外延伸

麦克卢汉认为，媒介是人的延伸。正如衣服是人的皮肤的延伸、广播是人耳的延伸、电视是人眼和人耳同步的延伸一样，每一样新技术体现的都是人体感官系统的全新延伸。然而，不仅单个的技术发明作为媒介是人的一种延伸，人类在生活中创造的各种交往方式、人际互动的各种介质都是人的延伸。犬在当代已然为人们创造了新型交往方式，无论是随机的遛狗场所还是以狗为主题的咖啡馆等社交场所，小狗都成为人们之间的谈资，并充当交往介质。

据网络调查，人在与动物互动的过程中是处于放松且无压力的状态下的，原因可能在于动物不会对人做价值或道德判断，人在动物面前是更为纯粹的存在体，它们的陪伴是无条件的。动物的存在给了人从复杂、繁冗的现实世界中解脱出来的机会，而这种无负担的解脱在心理治疗中可能是非常关键的步骤。现代社会，年轻人不会轻易同他人谈心，却愿意与宠物共同成长，分享自己的喜怒哀乐。随着人宠的长期相处，有一部分养宠主认为小狗与他们的互动满足了他们的情绪需要，因此，他们逐渐增加了与小狗互动的时间，减少了外出社交的次数。

狗在情绪价值的提供过程中也与宠物主建构起了人宠间的亲密关系。在《亲密关系的变革》中，亲密关系属于情感互动的问题，即在一种平等的语境中与自己、他人、社会进行交流和互动。人宠间的亲密关系的塑造得益于前文提到的"无压力"，在"无压力"的推动下，人对自己所养动物的信任感和依赖性逐渐增强。可以说犬延伸了人对社会的感知和体悟，强化了人对亲密关系的感触，帮助人更加深刻地感知自我，并且像报刊、手机等媒介一样影响着人与世界的关系。

三、以犬为媒建立动态人际关系

在当代，人与人关系的亲疏可以透过手机屏幕一键传达，距离已经不是人们沟通、交流、联络感情的最大制约因素，人们可以凭借一张飞机票在短时间内到达大洋彼岸，可以通过视频电话与多个朋友进行互动……然而，我们依然能够感受到，人们的亲密关系并没有因为越来越发达的技术得以巩固，反而更加疏离而表象化。在此背景下，宠物狗介入我们的生活中，人们的社交中也很明显地出现了"弱关系"社区和"强关系"社区，进而，原本的弱关系得到了发展和巩固，进入强关系范畴，而强关系也在宠物狗的介入下发生了微妙的变化。

（一）强关系的维持与巩固

情感将人与人联结在一起，归属于强关系范畴的群体成员本身的亲密感和交往频率是相对高的，而宠物狗在强关系中呈现的媒介角色再一次加深了关系的亲密程度。

养宠的行为本身并不会对家庭成员关系的亲疏造成影响，但是由于养宠行为逐渐出现"拟人化"特征，家庭成员对宠物的态度也发生了转变：宠物不仅仅是工具，它们已经发展为固定的陪伴者，甚至已经被默认为一个新的家庭成员。当我们把宠物狗当成"人"去看待的时候，对宠物狗的吃、喝、拉、撒、睡就如同对自己的孩子一般，对它们的投入也如同对孩子的投资，表现为一种主动的投入和陪伴。在这样的观念的转变下，固有的家庭成员对宠物狗投入了更多的时间和精力，在宠物狗身上完成了自己的情感投射。当宠物狗以拟人的姿态进入家庭当中，它就扮演了一个类似于幼孩的角色。鲍恩认为，每个家庭成员都有自己的角色及遵守的规则，他们根据各自的角色要求，以特定的方式对他人进行回应。倘若把宠物狗视作家庭中的固定一分子，它在家庭中也要扮演属于自己的角色，并以固定的方式与其他家庭成员进行互动，维系整个大家庭的沟通和交流。宠物狗的存在让原本的家人之间多了一重可谈论的话题，使匮乏的交流内容得到丰富，从而提升了家人之间的亲密感和熟络程度。

（二）弱关系的发展与淡化

与强关系相对，对于平时联系、接触得较少的一些人，我们通常可能只是见过面，简单聊过几句，或者打过招呼，对他们也没有什么情感。这部分人可以被归纳在弱关系范畴中。通过宠物狗，我们不得不增加自己与外界的交往次数，而交往并不限制在熟人圈。养宠主会接触到各类人，这些人不属于我们熟悉的生活圈，可能与自己不是同样的年纪，也不是同样的职业，甚至说与自己的社会角色毫无相似之处，但这些人我们都有可能通过宠物狗而接触到。格兰诺维特在《弱关系的优势》一文中提出了人与人之间的关系强度可以通过四个维度测量，包括互动频率、情感强度、亲密程度及互惠性服务。由于情感强度、亲密程度及互惠性服务掺杂较多的主观性因素，只通过互动频率这一维度划分了不同强弱关系的养宠主群体。对弱关系群体进行观察和访谈发现，在宠物为媒介的前提下，养宠主扩大并延伸了他们的弱关系，拓宽了社交面。

由于遛狗、带着小狗到宠物医院就医等行为是每个养狗人的必备社交活动，宠物狗的存在是人际交往中不可忽视的一个焦点，往往在弱关系的建立过程中起到了搭桥功能。弱关系的建立指不认识或没有关系的双方或多方彼此发展成为一种弱关系的变化过程。但是通过宠物狗而实现"搭讪"的情况并不多，能得到长久维持的弱关系也占少数。此外，遛狗也常常受天气情况、场所要求等的限制。能否发生互动，可以说更多的还是靠"眼缘"和运气。

在由小狗建立起来的多种弱关系当中，会有一少部分养宠主与新认识的弱关系对象保持一种微妙的联系。这样的联系尽管并没有发展为强关系，即如同亲人、朋友一样密切，但是也超过了泛泛之交的程度。一位受访者在讲述他的边牧"相亲"的过程中，多次用到了"缘分"一词。显然，要维持弱关系，并使之有可能发展为强关系，需要增强信任度。然而，通过小狗这一媒介联结的陌生人并不能将信任和盘托出，也就无法发展成强关系。上述的微妙联系所体现的只能说是人际交往上的"昙花一现"。

（三）强弱关系的转化

强弱关系并不是一成不变的，宠物主有能力选择是否维持强关系或是弱关系，尽管决定权在人身上，但作为媒介的宠物狗起着不可忽视的催化作用。

宠物狗之所以作为媒介，除了它承载着养宠主的感情，延伸了宠物主对外部世界的感知，还因为它可以被符号化，不同品种的狗不同的体型、颜色、性格等象征或代表着养宠主的个性和身份。经过观察可知，选择饲养金毛这样体型较大但性格温顺的狗的养宠主大都性格内向，不善言谈，但内心温柔，他们在养宠之后也较少主动与外界交流或与人保持长久的联络。选择饲养比熊、泰迪、雪纳瑞这样型体较小、比较活泼的小型犬的人，大都不恐惧社交，他们在日常生活中也更加愿意扩大自己的交友圈。这部分群体更容易通过小狗建立弱关系，也有机会保持联络，同时也有可能通过小狗将曾经淡化的关系再转变为强关系。选择饲养边牧的养宠主个性鲜明，他们并没有把宠物当成自己唯一的陪伴者或者救赎者，更多以朋友的方式与之相处，更加随遇而安。

此外，人们在遛狗时更愿意接近那些所养宠物体型与自己的宠物类似的人。在与他们聊天的过程中发现，他们虽并没有刻意让自己远离宠物体型与自己的宠物相差较大的养宠主，但下意识的举动就是会同宠物品种或者体型与自己的宠物差不多的宠物主交往、攀谈，认为在这样的环境下可以产生天然的亲密感。

异地空间也是影响强弱关系转化的现实因素，可以说人们关系的亲疏、远近受空间影响较大，如果没有什么极具吸引力的因素，大家往往放任一段关系持续淡化乃至恶化。小狗在爱宠人眼里是极具诱惑力的物质存在，不论是线上的话题讨论还是线下的宠物聚会，都为弱关系转向强关系提供了契机。

四、以犬为媒搭建趣缘群体互动

（一）基于趣缘的群体联结与区隔

互动不仅仅存在于人与狗的双向互动交往中，宠物狗作为媒介联结了人与人，同时，宠物狗也能够让更多的宠物主以趣缘为基础形成社群，供大家互动、交流。以狗为纽带，可以构建不同的社群，包括但不限于宠物治病群、流浪狗救助群等，以"宠物狗"为话题的相关虚拟社群也会在豆瓣、微博等平台上形成。群体成员在社群或微信群中交流与宠物相关的看法、态度，当熟悉感和信任感得到上升时，他们分享的内容也不再局限于宠物，可以向深层领域延伸。

基于趣缘形成的社群通常是以网络为连接的。无论是微信群还是豆瓣的宠物小组，大家大多以旁观者的身份参与群聊，极少主动发表言论；而且群内和组内的交流内容也多以宠物狗的喂养、疾病治疗为主，特别是通过养宠而加入的微信群聊，人们的防备心会高于豆瓣、抖音等平台。在微信的宠物群上，养宠主的互动频率是根据自身需要决定的，只有当自己需要了解宠物疾病的救治服务或其他与养宠相关的服务，微信群的互动才得以被打开。养宠形成的趣缘群体中的成员倾向于信任这个群体，愿意袒露心扉，将组群当成自己的"家"。例如，豆瓣狗组需要进组暗号，必须遵守严苛的组规，才能在这一小组中被管理员和其他成员认可；进组后，必须遵守发言规则和发言格式，除4条与豆瓣管理相关的规则，还包括5条与宠物狗饲养相关的话题规则。成为该组成员后，人们可以在组内发布帖子，其他成员会跟帖、留言，组员从趣缘开始慢慢发生情感联结，使得养宠组群形成了较为稳定且持久的群体关系。

然而，并不是所有进入趣缘群体的成员都对任何问题保持同样的见解和看法，在面对更加尖锐的问题时，不同意见的出现会分隔出细小的趣缘群体。由此，群体区隔逐渐显现。

人与人交流、讨论，即便在同一个群体之中，也必然产生冲突和矛盾。社会学家戈夫曼认为人生就是一出戏，他因此提出了"前台/后台理论"，又称"拟剧理论"，即社会和人生是一个大舞台，人们作为这个舞台上的表演者，都会关注他人对自己的形象的认知。他提出，人们为了表演，可能会区分出前台和后台。在前台，人们呈现的是能被他人和社会接受的形象。而在互联网建立起的组群中，人们是可以扮演、匿名、隐去身份的，人们在前台扮演中无法释放的情绪都会在虚拟空间中得到释放，如此形成冲突矛盾并不意外。

在宠物勾连起的趣缘群体中，也会由于观念的不同或者尖锐问题产生被更加精细地划分的小群体，例如科学养宠群体与传统养宠群体容易因养宠理念不同而产生冲突，放养型养宠群体与精密计算型养宠群体也会针对遛狗行为产生不同的意见等。趣缘群体之外，人们对家养小狗也有不同的态度，尽管现在的养宠大环境已经在向好发展，有可以带狗进入的公园、商场、餐厅，与宠物狗相关的服务业也在急速发展，但是仍有一些群体对养狗表现出害怕甚至是厌恶。

宠物狗的拟人化趋势使越来越多的养宠主将宠物狗视为自己的孩子或者精神伴侣，他们对宠物的投入除了金钱和时间，还有情感。因此，在面对一些怕狗或者厌狗群体时，养宠主无法做到感同身受。当不能共情的表现外露时，他们难免与他人发生争执和矛盾。

（二）基于认同产生群体归属

社会认同理论认为：社会认同由类化、认同和比较三个基本阶段组成。类化指人们将自己纳入某一社群；认同体现为认为自己与该社群的其他成员一致，有普遍特征；比较指评价自己认同的社群相对于其他社群的优劣、地位和声誉。通过这三个阶段，人们抬高了自己的身价和自尊。当受访者提及自己加入的宠物狗相关群聊或是豆瓣狗组等社群时，愿意直接称"我们"，而当问及其他宠物社群或者没有养狗的群体时，受访者的回答通常是"他们"。

对于向自己的宠物表露喜爱和善意的群体，养宠主更有可能放下戒备之心，他们愿意把这类人和自己划分到一个群体中，话题由宠物引发，但绝不会局限在宠物上。随着交往的深入，养宠主发现自己与对方有着相同的特征、品质、性格或喜好，对群体产生认同，甚至会从群聊、社群等线上交往转变为线下交往，从以宠物狗为中心的交流话题引申到更广泛、更私密的交流话题。基于趣缘群体得到连接的养宠主不单单拥有"狗主人"一种身份，还兼具都市白领、学生及其他社会身份。他们通过一次次的线下交流深入了解对方的性格、生活、行为方式等，逐渐凝聚了更为深厚的情感能量。

一旦人们把自己归类为一个群体并认同这个群体，就会倾向于将这个群体与其他群体进行比较。随着社会开放程度的不断加深，可供大家选择的宠物种类越来越丰富，从原来的猫狗二分天下，到乌龟、金鱼，现在一些有个性的年轻人甚至会购买蜥蜴、蜘蛛等更稀奇的动物作为宠物。养宠群体还可以种类进行区分，不同宠物种类群体会进行相互的比较。通过不断的比较，群体内成员发现自己的群体优于其他群体，由此可以体验到积极的社会认同，从而不断强化对群体的身份认同和归属。

在进行群体比较时，群体内部人员倾向于给予本群更积极的评价。访谈发现，养狗的群体表示，喜欢小狗并且能够把小狗照顾得很好的人是具备同理心的，群体成员对对方的行为通常持肯定态度。即使是两个陌生人，在遛狗过程中相遇，也能够进行友好的攀谈，不会产生陌生人一般的敌意。这样的肯定也正是群体认同的表现。笔者在豆瓣狗组中发现，凡是与宠物狗相关的小组中都有专门的讨论贴讨论对小狗的保护和救治。尽管各小组之间有些许差异，但如果将"养狗"成员作为一个整体看待，能够发现，他们一直在以积极的态度救助小狗，有时还会在小组讨论中成立临时救助成员小团体，组团将流浪的小狗送到救助站或者宠物医院，自费帮助小狗尽快痊愈。

五、结论

从历史发展的角度来看：在原始传播时期，人们不能依靠自身的力量获取生存必需的食物，因此将犬只看作是帮助人类狩猎的基本工具；在文字传播时期，人们有了物质生产能力，因此将犬只看作是文本信息的载体；在当代电子传播时期，人与人的精神互动得到重视，因此将犬只看作是参与人与人互动、交流的全过程的媒介。那么可以发现犬一直伴随着人类的发展，也在人类的历史进程中发挥着不同的功能，强化自身的媒介属性。

从以犬为媒的种种社交实践中也能发现，越来越多的人愿意置身于人与宠物的亲密关系中，淡化了真实世界的人与人的交往。尽管互联网等媒介帮助人们克服了空间障碍和时间障碍，为人与人的交往带来了客观上的物质基础，但是由于技术的飞速发展，人们更加注重信息的安全性，也无形中提高了人们的交往频率。人们在错综复杂的信息中迅速接收、反馈，再进入其他信息的接收和反馈路径中，反馈的质量势必受到影响。综上，人们便会沉溺于人宠的亲密关系当中，逐渐淡化甚至漠视现实生活中的人际交往和互动。

参考文献

[1]叶坦.论宋代的生产力思想[J].生产力研究，1989（6）.

[2]陈劲松.人的延伸及其社会后果 —— 麦克卢汉的思想撞击到了什么[J].甘肃社会科学，2022（4）.

[3]王敏芝，王军峰.从“交往在云端”到“生活在元宇宙”：深度媒介化时代的社会交往生态重构[J].传媒观察，2022（7）.

[4]李曦珍，楚雪.媒介与人类的互动延伸 —— 麦克卢汉主义人本的进化的媒介技术本体论批判[J].自然辩证法研究，2012（5）.

[5]吕清远.媒介学中的身体问题与身体研究的媒介学理路 —— 探访

一种中介化的身体传播思想[J].新闻大学，2022（7）.

[6]杜嘉惠.媒介化的猫：人际交往的助推器[J].视听，2021（5）.

[7][加]哈罗德·英尼斯.传播的偏向[M].何道宽，译.北京：中国人民大学出版社，2003.

[8]刘莉莉.宋代犬只研究[D].开封：河南大学，2020.

[9]许孝媛.作为媒介的猫："吸猫"亚文化群体的传播联结与障碍[D].武汉：武汉大学，2019.

[10]王丽娜，唐思诗，郭建斌.自然何以成为媒介 —— 基于保山市百花岭村观鸟实践的田野研究[J].新闻与写作，2022（8）.

[11]喻国明，杨颖兮.参与、沉浸、反馈：构建盈余时代有效传播的三要素 —— 关于游戏范式作为未来传播主流范式的理论探讨[J].新闻知识，2018（3）.

第三章 快手App对乡村新媒介空间的转型研究

　　新媒介在乡村落地生根，并且嵌入乡村空间，对传统乡村媒介空间有着消解性的冲击。但在村民作为媒介实践的主体、以乡土性为传播内容的基础的情况下，乡村在新媒体日益发展的今天并不处于被支配的地位，短视频，更进一步说是"快手"，作为新媒介的产物，自身有大众化的特性，使得它更好地适应乡村结构，并且融入乡村中，新的乡村媒介空间随之建立。其实与其说建立了新的媒介空间，不如说传统媒介空间进行了转型，新的"乡村关系"被建立。孙信茹在媒介人类学研究中说：媒介人类学的田野，应该不仅关注空间，也转向"关系"；对于媒介和传播，不仅应将它理解为技术和中介，也应将它看作是情境和网络。本章以媒介人类学为视角，从"技术和中介"的角度出发，对乌兰吉林村媒介使用的历史进行梳理；接着通过快手本身的可供性，再结合乌兰吉林村村民使用快手的情况论述快手如何利用技术特性嵌入乌兰吉林村村民的生活中；再从"情境和网络"落脚，来理解快手基于传统乡村空间，使得乡村媒介空间发生了转变，主要表现为人们使用快手对个人空间、家庭空间、邻里空间、乡村空间做出什么改变；最后针对新媒介空间的转变提出了现实思考，即村民在快手上呈现的形象与日常生活中身份的边界是否消融。本章以此为逻辑，以鄂尔多斯市鄂托克旗乌兰吉林村作为考察对象，在了解该村的实际情况的基础上分析新媒介空间和乡村生活的变迁。

一、传统到视频：乌兰吉林村媒介使用历史梳理

乌兰吉林村从传统媒介的嵌入到新媒介的嵌入经历了一个比较完整的过程和一段较长的时间，此处将对传统及新媒介的嵌入情况，以及媒介的嵌入对乡村造成的影响进行梳理。

（一）纸质媒介：连接与沟壑

费孝通在《乡土中国》中说：乡土社会的一个特点就是这种社会的人是在熟人里长大的。用另一句话来说，在生活中与他们互相合作的人都是天天见面的。在社会学里我们称之为 "face to face group"，直译过来就是"面对面社群"。这符合中国农村的基本情况，在乡村生活过的人大多知道乡村里的文盲还是比较多的，村里的长者大多数没接受过什么教育，这与当时整个社会的发展情况有关。但追根溯源，也与"熟人社会"，"面对面交流"，言传身教耕种、养殖的技能有关，让文字在整个乡村失去了必须存在的意义。随着社会的发展，乡村独立的空间格局被打开，人们有了生活必需以外的需求。有人向往走出村庄去看看外面，有人想为平淡的生活添加一些乐趣……然后，书籍、报刊等开始在乡村中获得市场，但是因为文字的"门槛"比较高，在乡村里影响有限。乌兰吉林村也符合这一特征，以书籍、报纸为主的纸质媒介的影响较小，但书籍、报纸的下乡让乌兰吉林村开展了一定程度上的"扫盲"活动，而且对一些识字的人来说，书籍、报纸的出现之于精神和生活，都是一笔财富，将村民与外面的世界连接。但对于那些存在阅读困难的村民，这成为他们在媒介使用上的第一道沟壑。

（二）电子媒介：劳作与娱乐

随着电子媒介时代的到来，乌兰吉林村也开始拉电建站，村民逐渐开始寻求劳作后的娱乐。广播在这个时候顺势而入。乌兰吉林村的广播媒介主要有挂在各个大队门外杆子顶端的大喇叭，还有部分人家的收音机。广播的嵌入使得传播的空间和时间限制在一定程度上被突破，让原本封闭的

乡村在交通以外的方面与外面密切联系起来，村民的生活发生了一定的变化。但因为村子面积较大，村户居住不够密集，安装大喇叭的成本也比较高。大喇叭虽在一定程度上方便了一些村内工作，但并没有给村子、村民的带来太大的影响。相比之下，收音机让村民们真正接触到了村子外面的世界，可选择性也更强，它带来的影响不仅是让外部信息进入村子。除了广播，那时候村里会不定期有流动放电影的来播放电影。广播、流动电影在那时候让村民在之前日落而息、日出而作的循环往复的劳作之余也有了休闲和娱乐活动，丰富了生活。

随后电视出现了。乌兰吉林村的第一台电视机出现在一户村民家，每到傍晚，附近的人都会聚到这一家看电视。电视的出现再次把人们聚集到了一个小空间里。比起收音机和流动电影，电视的内容更加丰富，吸引力更大，也使人们聚集得更加频繁。也正是因为电视的吸引力大，渐渐地，家家户户都安装了电视机。从那时候开始，人们干完农活儿后最想做的，就是早早打开电视。除了干活儿时，大家基本上不会再闲聚到一起聊天，大家开始沉浸在一家人坐在电视前的生活中，从"村子一家亲"到真正的"一家亲""朋友亲"，村民的交往、情感维系等发生了转变。

（三）新媒介：密切与分散

经济的迅速发展带动我国移动通信技术、新媒介技术迅速发展，这使得村子并没有大规模地经历座机时代，就进入了移动通信时代。2005年左右，村子里陆续有人开始使用小灵通、老年机，这个时候的手机作为移动通信设备，将村子里的人和外面的人联系在了一起。大概从2015年开始，村民们开始使用智能手机，手机承担了娱乐、社交、办公、买卖等多种功能，让因为闭塞而处于落后状态的乡村真正融入中国经济发展的大环境中。村子里老年人比较多，在智能机出现之前，他们仍旧习惯于看电视，手机只是用来打电话的工具，电视已经满足了他们的娱乐需求；但智能手机出现后，一些时尚的老人紧跟时代潮流，开始使用智能手机，再加上村民们的收入越来越高，国产智能机价格也有所降低，所以较之前的媒介，智能机在村子里的普及速度要快得多。从2018年开始，村民陆续安装 Wi-Fi，解决了流量的问题，乌兰吉林村的"短视频时代"到来了。村民们更倾向于看短视频里村子外边丰富多彩的世界，可选择度更高，内容也更丰富，而且短视频在娱乐的基础上还具有社交功能，让村民们心甘情愿地加入其中。新媒介的使用，让村民们不再局限于面对面的交流，体现出一种"分散"的状态。但同时，新媒介的使用方便了村里的老人与在城市里的孩子的联系；除此之外，村民之间也能通过它随时、随地取得联系，拉近了村民之间的距离，表现出一种"密切"。

二、快手下乡：快手可供性与村民使用状况分析

（一）快手的可供性：满足乌兰吉林村村民的需求

学者潘忠党在 2017 年首次把"媒介可供性"的概念引入中国传播学界，并提出"媒介可供性"包括生产可供性、社交可供性和移动可供性，此处基于此对快手的可供性进行分析。

1.生产可供性：村民参与内容制作

从生产可供性上看，快手可操作性强，操作简单，相比于纸质媒介需要的知识储备量很小，甚至不认识字的人也可以使用。乌兰吉林村多数村民受教育水平不高，却也可以轻松使用。快手的受众可被简单分为"观看"和"使用"两种类型。从观看视频的角度看，快手操作简单，只需要用手指轻点或者上下滑动即可。快手还能依托大数据分析为受众精准推放相关视频，这对于村民具有很强的吸引力，他们不用再像看电视一样准时收看喜欢的节目。而且短视频内容比较简短，村民们可以随时、随地利用休息时间刷快手，快手的出现在很大程度上使村民摆脱了娱乐休闲在时间和空间上的限制。从使用快手拍摄视频、直播的角度看，快手为村民提供了一定范围内的自由创新的机会，还会提供很多现成的模板，成为村民进行简单的制作的平台，提升了村民的参与度，并且使村民成为"生产可供"的贡献者，吸引村民加入其中。

2.社交可供性：村民的连接方式得到延伸

从快手的社交可供性上看，快手上"关注"和"同城"两个页面可以满足村民"熟人社交"的需求。亲人、朋友可以通过"互相关注"成为好友，互相查看彼此发布的内容和点赞过的视频，看到感兴趣的视频能一键转发给好友；还能通过点击"消息"进入聊天页面，与熟人聊天；同时也能在"同城"里通过"可能认识的人"找到很多旧识，再通过"关注"重新获得联系。可以说，快手通过大数据很好地满足了村民的熟人社交需求。

以前的乌兰吉林村由于在地理位置上远离城镇，发展缓慢，村民们相互依靠，村风淳朴；随着经济的发展，很多人陆续外出谋生，在提高了生活水平的同时，使得村里的熟人处于分散的状态，找回曾经的熟人于是成为他们内心的渴望。除了找回"熟人"，村民融入村子外面的世界的愿望也很迫切。在结识新朋友方面，快手能通过大数据提供"可能感兴趣的人"，可以用来扩展社交圈，增强了人与人的连接性，还可通过"私信"的功能表达自己的想法、感情等。比起微信，快手更能增加村民之间的话题。同时，快手一键转发到微信等社交应用功能也将聊天延伸到更为密集的社交平台上，在娱乐的同时为聊天增加话题，在建构超越现实网络趣缘群体的同时也能很好地延续并加强现实社交，村民间、村民与村外世界的连接方式得以延伸。

3.移动可供性：村民便捷获取信息

从快手的移动可供性上看，快手作为一款手机应用，首先就具备着手机自身的便捷、即时获取、定位、兼容等特性，可以满足村民利用碎片时间随时、随地获取海量信息，娱乐，休息等需求，并通过定位刷到同城的人和故事。与之前的视听媒介比较，快手更符合移动传播场景的特征，只要有一部智能手机，就可以使用快手应用。快手也只需要通过手机自带的功能，就能完成信息的获取和简单的拍摄，无论是观看还是拍摄、制作，都很符合碎片化的移动终端使用场景，使得村民的精神世界需求与现实世界融合。手机是当前乌兰吉林村村民几乎人人都有的媒介产品，使得村民有机会享受到通过快手即时获取信息的便利，还可以利用定位系统找到周边的信息和人，这些都成为快手被乌兰吉林村村民喜欢的原因。

（二）村民快手使用状况

1.接触情况：高度普及

据考察，乌兰吉林村里使用智能机的村民几乎人人安装了快手，因为快手的使用门槛很低，且如前文说到的，快手自身集信息传播、社交、娱乐等功能于一体，所以被大多数村民接受，使用者不受性别、年龄、身份等因素限制。作为一个短视频软件，快手在村里的逐渐普及需要建立在基础设施日益完备的基础上。另外，村民最终选择使用快手，基于两个很重要的原因：首先，受到了家里人的推荐。对乌兰吉林村村民来说，一些在外生活的家里的小辈首先成了快手的用户，回到村里时，他们会有意无意地向家人宣传快手。其次，村里人相互吸引。一部分率先使用快手应用的人也会有意无意地向其他村民介绍快手，慢慢地，村里使用快手应用的人也就多了起来。总的来说，基于快手自身的技术和计划的吸引、乡村基础设施的日益完备、村民的一些主观因素等，快手成为乌兰吉林村高度普及的应用媒介。

2.使用频率：相对高频

看村民使用快手的频率高不高，要先从村民使用快手的时间上进行分析。在一天里，村民一般会在劳作休息的时候刷快手，这种使用在时间上是不连续的。长时间连续使用快手是在一天的工作结束后，大部分村民会利用之前看电视的时间刷快手。除此之外，因为乌兰吉林村地处西北部，在劳作上有明显的忙闲季之分，因而，村民使用快手应用的时间长短也有着比较明显的季节之分。在春种的时候，村民们劳作时间很长，工作量很大，即使一天的工作结束，也因为疲惫而早早休息，这样，娱乐的时间就会缩短，刷快手的时间也会随之缩短。相应地，忙于秋收的村民使用快手的时间自然也会缩短。反之，在夏天和冬天，村民们的娱乐时间和精力相对充足，所以使用快手应用的时间也相应增加。总的来说，尽管村民在一天中、一年中有忙有闲，对快手使用率的高低也有影响，但村民使用快手的频率相对来说高于其他媒介。

3.使用功能：浏览为主

乌兰吉林村村民平均受教育水平不高，且中老年人比较多，因此在快手应用的使用上，村民缺少拍视频的技能和意识，故大多数停留在浏览视频的阶段。笔者在乌兰吉林村考察期间，问及村民只刷视频而不拍视频的原因，村民的回答基本上可以概括为不会拍、不知道拍什么、认为拍快手的意义不大、不好意思拍。首先，"不会拍"是村民不拍视频的一个重要原因。虽然快手自带的拍摄和剪辑功能在操作上已经很简单，但是仍然需要具备一定的操作知识，这就需要使用者具备一定的文化水平或者较好的记忆力。而这对部分村民来说就是一道很难越过的沟壑，在根本上使得村民"不会拍"。其次，拍摄短视频需要创意，而长年生活在村子里的村民对生活中的一切过于熟悉，激发他们的灵感有一定的难度，所以村民会觉得"没什么可拍的"。最后，乌兰吉林村的村民对拍快手的意义认识得不够深入，基本上也就停留在记录生活、展示自我的层面，并没有有意识地认为拍快手是一种可以变现的渠道，所以不会有强烈、长久的拍快手的欲望和动力，这就会让村民觉得"没什么意义"。基于上述原因，乌兰吉林村村民中使用快手浏览视频的人要多于拍视频的人。

三、地方中的媒介：快手嵌入导致乌兰吉林村空间转变

观察人们使用快手使个人空间、家庭空间、邻里空间、乡村空间具体发生了什么改变，有利于更好地理解乌兰吉林村媒介空间发生了怎样的转变、乡土情结在这个过程中变得松散还是紧密。

（一）个人空间：空前独立

个人在中国传统社会里处于从属的位置，我们一直强调"大家庭"的概念，对"个人空间"的关注则相对少。尤其是在乡村地区，长期处于小农经济下的家庭最讲究的就是"男耕女织"，强调男女合作，再加上在住房方面存在局限性，因此在传统的乡村空间里，基本上是没有个人空间的。乌兰吉林村正是这样。在大约2000年前，多数人家都是一间屋子里

住着一家几口、祖孙三代。在这样的环境下，村民们失去了个人空间，也失去了个人意识和自己的喜好。智能手机的嵌入使得人人都拥有了属于自己的高度个性化的移动媒介，快手的使用使村民不需要再困在同一台电视机前收看同样的节目，而是自己喜欢看什么就看什么，这让村民拥有了个人空间。这个"个人空间"体现的不仅仅是位置、空间层面的内容，更多的是主观世界层面的内容，快手通过手机小小的屏幕将人们分隔开来，可以选择看自己喜欢的视频，而不用再"统一口味"，于是，人们的自我意识逐渐觉醒，也在一定程度上刺激了村民自我呈现意识的觉醒。另外，快手还为村民提供了展示自己的平台，也就是"个人空间"，并且在怎样呈现自我、呈现怎样的自我上为村民提供了很大的空间。但也正如前文所述，乌兰吉林村村民的快手使用多数停留在浏览视频阶段，村民虽然获得了空前独立的个人空间，但村民原有的"内向型性格"得以延续，村民们"保守"的乡土情结并没有从根本上被突破。

（二）家庭空间：延续观念

从媒介空间视角来看，"家庭"也作为一个小社群进行着信息的传递、成员之间的交往和情感维系等。新媒介时代，大家人手一部智能手机，看似在一个屋檐下，却不再像看电视那样接收同样的信息，每个人都沉浸在高度个性化的手机应用中，交流自然也就减少了。从这方面来看，智能手机的出现在一定程度上使家庭关系变得松散。但换个角度看，新媒体还是打破了传播在空间和时间上的限制，促进了族群互动。家庭是实现数字反哺的核心场域，家庭里作为"网络原住民"的一代就承担起了"反哺"的重要责任。这种代际学习使得家庭成员的联系更加密切，同时改变了长者在家庭中绝对的话语权、教导权，长者需要在后辈的帮助下完成对快手的使用。但这并没有破坏家庭内部互相帮助的传统，反而让长者与后辈拥有了共同话题，增进了长者与后辈的感情。快手的加入使得一直生活在相对封闭的乌兰吉林村的村民拥有了独立的空间，同时因为快手本身拥有一键转发给快手好友、一键转发到微信等平台的功能，村民在拥有独立空间的同时可以换种方式与家人联系，在刷到有意义的视频时，会选择转发到家庭群，或者直接分享给不在身边的家人。就家庭范围来说，快手的出现让村民拥有了属于自己的个性化空间，在休闲、娱乐的同时拓展了交往范围，改变了交往方式，乡土情结里的家庭观念并没有因为快手的嵌入而消失，只是换了一种形式延续。

（三）邻里空间：丰富联系

乌兰吉林村是一个以农耕为主、畜牧为辅的乡村。起初在这里生活的村民多是靠种地养家，因为草场的草不够茂盛，养殖比较困难，邻里在种植和收割玉米时总会互相帮助。再加上乌兰吉林村远离市区，到旗里甚至镇子上可以说都很困难，在交通不便利、媒介不发达的年代，人们的交际活动就被限制在乡村这个"熟人圈"里。快手的嵌入为村民们带来了丰富多样的内容，大家交流的话题多了起来，不仅丰富了他们的交流，还丰富了他们的交往活动，改变了他们的交往方式。在家庭中，晚辈承担了"反哺"的责任；尤其在邻里关系中，比较年轻的识字的人任务更重，他们在一起除了分享视频、交流相关话题、一起拍摄，还有一个重要的活动就是教不怎么会玩快手的人如何使用快手。邻里之间的交流从之前的互相帮忙劳作到现在的互相教使用快手，内容上虽然有了补充，但实质上还是延续着乡土情结中"互帮互助"的特色。快手的使用使得交往不再局限于快手自带的"熟人圈"——"关注""同城"和"可能认识的人"功能，让村民在家就能看到邻里发的快手，还能通过相互点赞、评论进行互动。在这种新的交往方式中，大家看似不再像之前一样频繁地聚在村子的某个地方，但实际上联系得更加频繁、深入。村民在快手上复刻了现实中的人际交往，在快手这个虚拟空间中进行新的交往，使交往产生了新的意义，大家在家就能完成交往，维系感情。

（四）乡村空间：重建连接

快手的嵌入影响着乌兰吉林村的整个乡村空间。它作为一个超地域的网络应用，在将村民纳入网络的同时，使乡村空间一并融入其中，在网络上实现了虚拟的网络关系与现实空间相联系。村民们通过快手实践，逐渐实现了线下向线上的空间转移，对乡村媒介空间进行了一种新的建构。首先，总整体上看，快手的嵌入打破了乌兰吉林村远离城镇的物理空间上的限制，村民通过快手可以了解到外面的世界，闭塞的传播环境和社会关系得以与村子外面的世界相连接。其次，快手的嵌入实现了外部文化与乡村文化的交流，为当地文化的再现和文化的集体表达提供了新的平台，形成城乡文化拼接的大舞台，重构了文化认同。可以说，快手在为村民提供了一个观看外部世界的窗口的同时，也为村民提供了一个展现自己、展现乡村的平台。

村民通过拍摄视频发快手来记录生活，拍摄的内容多与村子里的人和事有关，这对于乡村文化是一种创新性的记载和传承。从整个乡村空间来看，快手的嵌入让乌兰吉林村村民加入了对外传播的行列。村民们发快手，除了展现个人娱乐生活，乡村生产、生活，或者当地的文艺等，还将村子里的文化传播了出去。相关部门还组织大家录制了村歌《乌兰吉林幸福村》，并上传到了快手。这对村子里的村民来说是一种改变固有的互动模式的新探索，对于村子里的非常住人口也是一种实现跨地域怀念故土的新途径，是一种文化的集体表达，建构了文化认同，使得乡土情结更加深厚。

四、村民的媒介自我呈现：快手和现实空间的边界消融

快手的嵌入，使乌兰吉林村的媒介空间发生了改变，这样的新媒介空间对乌兰吉林村来说有着重要的现实意义，村民自我呈现意识的觉醒是其中重要的一个方面。

（一）村民的自我呈现意识始现

1.平台赋予话语权

新媒体时代，人人都有"麦克风"的现实使得大众传播资源"去中心化"，打破了一直以来"中心—边缘"的传播结构。正如吉登斯所说的：信息技术改变的不仅仅是人们相互沟通的方式，还有整个社会的组织方

式。正因如此，在传统媒介时代处于底层的群体开启了个体叙事的时代。快手的嵌入，使得村民拥有了展现自我的平台，村民的自我呈现意识逐渐觉醒。随着技术的普及，大家逐渐熟悉了怎么操作，发快手的人逐渐从一两个发展为很多个，大家逐渐开始接受、选择通过快手去呈现自我，被压抑了很久的无处表达的自我呈现欲望释放了出来。另外，快手的嵌入给乡村带来了多元的价值观，村里的男女老少在越来越频繁地接触外面的世界的同时，也变得开放、自信，从内心接受将自己展示在大众媒介平台上。快手作为一种新的传播技术，赋予了村民话语权，使村民自我呈现成为可能，打破了乡村传统的"中心 — 边缘"传播结构，开启了个体叙事的时代，在此之上，村民的自我呈现意识逐渐出现。

2.现实需求的激励

在拥有话语权的基础上，村民在快手上呈现自我的意识被真正唤醒还是因为现实需求的激励。一部分村民出于人际交往的需求而选择呈现自我，他们有着拓宽交际圈的潜在欲望。另一部分村民选择拍摄快手是出于娱乐需求，拍摄快手本来就是一种娱乐活动，可以打发空闲时间。还有一部分村民拍摄快手是为了自己的营生，通过展销自己的产品来获得收入。对村民来说，也许这才是进行自我呈现最大的吸引力的体现。但据在乌兰吉林村的考察，能做到利用快手销售自己的产品的村民还是比较少的，这也成为他们进行自我呈现的一个原因。正是这些现实的需求激起了村民在快手上进行自我呈现的意识。

（二）村民呈现出形象与现实的融合

快手的嵌入使现实空间与网络虚拟空间交织，传统乡村媒介空间发生了改变。在此之下，村民的自我呈现意识觉醒，在快手上积极呈现自我；在这个过程中，村民也在不断的反思中重建自我身份认同。

1.记录生活：源于日常的真实场景

村民在快手上的行为实践其实是他们对乌兰吉林村线下生活的碎片式记录和呈现。快手的嵌入为村民带来了广阔的展示平台，大多数生于此、长于此的村民在传统的环境下习惯了村子里的生活，且每天沉浸于此，所以，日常生活是村里人拍摄快手的首选题材。村民对乌兰吉林村有着深厚的感情，对乡村生活进行展示是一种文化认同的表现。他们热衷于展示自己在这片土地上所做的一切，会以"微叙事"的手法即时地、随心地呈现自己的乡村生活中的片段，展示自己的生产、生活实况。村民将日常生活发到快手上，没有经过后期剪辑，就是自己对日常生活的记录。村民的日常生活在快手上被赋予了社交和乡村文化传播的意义，在展示乌兰吉林村原生态的日常生活的同时，还展现了当地的民俗风情。这些碎片化的展示构成了互联网上"真实"的乡村图景，在其中，村民呈现的形象与现实相融合。

2.自我展现：出于单纯的记录目的

快手激发了村民的自我呈现意识，在一定程度上改变了村民的价值观，激活了村民的自我认同，给了村民相对自由的个人空间，使他们利用快手实现个性呈现。再如前文分析的快手的技术可供性，快手极低的使用门槛和丰富的功能赋予了村民们史无前例的平等的传播者身份，在冲破了时空界限的同时，村民与城市居民之间的隔阂渐渐消除，激活了村民的自我认同。村民在快手上单纯地记录自己的形象是自我认同在快手上的进一步延伸的体现，使得乡村物理空间与互联网虚拟环境愈加深入地融合，二者的边界在村民的生活中渐渐消融。除此之外，还有一些村民喜欢在快手上展现自己的才艺，在乌兰吉林村当地流行的民间小调、秧歌都成为村民展示的主要内容。但总的来说，在快手上进行才艺表演的村民还是比较少的，他们对外面的世界还是缺少认识，对乡村中的文化习以为常，缺乏传承并向外传输当地文化的意识。因此，他们展示才艺的目的很单纯，只是为了记录自己，缺乏对自己的账号和形象的经营意识。也正是因为这样的无目的的记录，村民在快手上呈现的形象与现实中的形象更加吻合，快手作为一种新媒介，与村民的日常生活的结合日益紧密。

3.营生展销：困于技术使用和熟人环境

乌兰吉林村常住人口多为55岁以上的人，且这里的老人受教育水平不高，这从根本上造成了村民对快手功能的使用能力不足。首先，他们在意识里缺少互联网思维，很难在短时间内想象到互联网可以融入自己生活的各个方面，不能敏锐地察觉到网络带来的经济效益。其次，利用快手销售产品不仅需要具有拍摄视频的能力，更需要创作者具备完整的网络营销思维和手段，这对于乌兰吉林村村民是很难实现的。他们有利用快手平台为自己带来经济效益的意识，但缺乏专业化经营的能力。从这个角度也能看出村民在展销产品时的自我呈现也是与现实中的形象融合的，他们并没有刻意在营造一个"快手形象"。另外，不同于网红带货直播，村民售卖的东西都源于他们生活中真实从事的营生。但乌兰吉林村目前还缺乏特产，也没有相关的产业链，村民个人在村里的工作就是喂牲畜和种玉米，他们的产品在没有加工的情况下，就只能在"熟人圈"售卖。所以即使用快手进行宣传，受众也不过是周围乡村的村民。说到底，乌兰吉林村村民通过快手展销产品主要还是依托"熟人社会"，快手在这里仅仅起到一种宣传的作用，当地的经济活动主要还是依赖线下交易和周围的村镇。村民利用快手对自己的产品进行展销，激活了自身在互联网上的经济主体性，实现了更大范围的自我呈现和自我认同，但受困于使用技术的能力有限和营生依托于熟人环境程度高的现实，村民的宣传视频与现实高度吻合。

五、结语

随着新媒介嵌入乡村空间，乡村媒介空间在传统空间的基础上发生了转变，本研究建立在对乌兰吉林村展开的田野调查之上，以媒介空间理论为支撑，并明确了时间在空间中有媒介更迭和空间属性延续的意义。同时以"人"为核心，通过观察村民在快手上呈现自我的具体行为，发现乌兰吉林村村民在快手上和现实中的形象比较吻合，快手与现实空间的边界逐渐消融，既分析了媒介，也分析了人。

参考文献

[1]孙信茹.田野作业的拓展与反思 —— 媒介人类学的视角[J].新闻记者，2017（12）.

[2]关琼严.属性转移、边界消弭与关系重构：当代乡村媒介空间的转

型[J].新闻与传播研究，2021（4）．

[3]韩素梅.国家话语、国家认同及媒介空间——以《人民日报》玉树地震报道为例[J].国际新闻界，2011（1）．

[4]关琼严.乡村家庭媒介空间中人主体性生成的历史考察——以甘肃省滋泥水村为例[J].新闻爱好者，2020（6）．

[5]代晓利.短视频时代乡村社会媒介化现象审视——基于皖北Y村的田野调查[J].阜阳师范大学学报（社会科学版），2023（1）．

[6]韩少卿.重返身体：新媒介空间中的身体景观与建构方式[J].中国网络传播研究，2018（1）．

[7]王鹏.新媒介空间与青年亚文化多重转向[J].新闻战线，2018（2）．

[8]关琼严.乡村媒介空间的现代转型[J].新闻界，2017（7）．

[9]陈华明，刘柳.媒介、空间与文化生产：现代媒介视域下的少数民族社区文化传播研究[J].新闻界，2017（7）．

[10]付强，董洪哲.媒介、空间与身份建构：抖音短视频下的乡村社会——基于鄂西北Y村的田野观察[J].河北农业大学学报（社会科学版），2021（2）．